네겐트로피

야훼 하나님의 창조 영성

네겐트로피

임양택 지음

카리스

프롤로그 |

텍스트에서 콘텍스트로, 다시 텍스트로

필자는 한국에서 신학대학을 졸업한 후 미국 뉴욕신학교(New York Theological Seminary)에서 석사와 박사 과정을 공부하면서 신학의 지평을 넓히고 깊이를 더하는 교수님들을 만났다. 뉴욕신학교는 1900년에 설립되었는데, 성경신학교(The Biblical Seminary)라는 이름으로 개교했다. 이후 학교의 성서적·신학적 성격을 정립하면서 1920년부터 현재의 이름으로 교명을 변경했다. 학교 이름을 바꾸면서 하나님이신 예수(text, "말씀")께서 세상(context, "육신이 되어")으로 오셨다는 데 주목했다. 즉 성서(text)는 사회(context)에서 살아 역사해야 한다는 신학적 이해를 따라 학교 이름도 'Biblical(텍스트)'에서 'New York(콘텍스트)'으로 바뀌었다.

이 학교에서 사회학적 성서 해석의 지평을 연 구약학 교수인 노먼 갓 월드(Norman K. Gottwald) 교수님을 만나면서 필자의 신학은 장로교 교리 신학에서 성서 속으로 들어갈 수 있었다. 갓 월드 교수님으로부터 받은 가장 큰 영향을 꼽으라면 성경 연구에 사회학을 활용하고 사회 변화를 위한 성서 연구와, '성서(text)는 현장(context)에서 역사한다'라는 깨달음이었다. 노먼 갓 월드 교수님은 놓치기 쉬운 성서의 한 구절도 유심히 살피면서 고고학자의 경험과 자료로 자신의 신학을 전개하셨다. 즉 콘텍스트에서 다시 텍스트로 시선을 돌렸다. 성서학회(Society of Biblical Literature) 회장을 역임한 세계적인 신학자이지만 겸손하고 소박하셨다. 아침이면 어김없이 커피 한 잔과 빵 한 쪽 들고 교정에 들어서던 교수님의 수수한 모습이 눈에 선하다. 갓 월드 교수님을 통해 고대 근동에서 유리하던 히브리인들을 당신의 백성으로 택하시고 자유와 약속의 땅으로 인도하시는 하나님, 생명을 존귀하게 대하시는 야훼 하나님을 삶 속에서 경험할 수 있었다. 히브리의 하나님, 곧 야훼 하나님을 새롭게 만나는 계기가 되었다.

또 하나의 소중한 만남은 조지 웨버(George W. Webber) 교수님과 만남이다. 웨버 교수님은 도시 사역(Urban Ministry)이라는 목회 개념을 처음으로 주창했을 뿐 아니라 구체적으로 삶의 현장으로 가셨다. 교수님은 뉴욕에 있는 유니온신학교(Union Theological Seminary) 교수와 뉴욕신학교 총장을 역임하셨는데, 말씀을 현장으로(urban context) 가져가신 신학자였다. 총장과 교수로 재직하시면서도 마약과 각종 중독 및 총기 사고가 일상인 뉴욕시 할렘에서 목회하셨다. 이곳에 사시면서 교인들과 허름하고 방치된 건물을 시 정부로부터 불하받아 수리해서 가난한 이들에게 나눠주는 사역을 하셨는데, 한 번 웨버 교수님의 사역 현장을 방문했을 때 너무도 열악한 상황을 보고 말문이 막혔다. 웨버 교수님은 할렘의 가장 낮은 곳에서 하나님의 말씀을 실천하고 계셨다.

웨버 교수님은 소위 백인이지만 할렘에서 살면서 자녀들을 양육하셨다. 교수님은 목회자이기에 그럴 수 있다고 해도 아프리카계와 라틴계 그리고 혼혈이 전부인 빈민 지역에서 어떻게 자녀를 양육할 수 있는지 여쭈었다. 웨버 교수님은 빙그레 웃으며 이렇게 말씀하셨다. “사랑으로 키우면 아이들은 어떤 열악한 환경에서도 유혹에 넘어가지 않습니다.” 또 교수님은 뉴욕주에서 장기수를 수감하는 싱싱교도소(Sing Sing Correctional Facility)에서 수감자들에게 신학 훈련 프로그램을 운영하셨다. 한 번은 신원 조회와 방문 허락을 받고 웨버 교수님을 따라 교도소를 방문한 적이 있다. 눈에 보이지 않는 도장을 손등에 찍고 나서 다시 그 도장을 확인한 뒤 철문이 열리는데, 3개의 철문을 통과한 후에야 비로소 죄수 학생들을 만날 수 있었다. 웨버 교수님은 소천하실 때까지 350여 명의 수감자에게 신학 석사 학위를 수여하셨다. 웨버 교수님은 예수님을 따라 갈릴리, 즉 뉴욕에서 가장 낮은 곳에서 사역하셨다. 웨버 교수님을 통해서 할렘에서 역사하시는 예수를 만났다.

웨버 교수님은 수십 년째 같은 가방을 사용하셨는데, 가죽 한쪽이 닳아서 꿰매서 들고 다니셨다. 교인들이 가난하게 사는데 목사가 어찌 넉넉하게 살 수 있느냐고 하시며 점심을 늘 사과 한 쪽과 샌드위치 한 쪽만 잡수셨다. 이런 웨버 교수님에게 사람들은 이름 앞에 'Saint'를 붙이곤 했다. 'Saint Webber' 웨버 교수님을 통해서 필자는 예수 그리스도의 숨결을 현장에서 체험할 수 있었다.

이처럼 뉴욕신학교 교수님들과 만남을 통해 사회학적 성서 해석을 연구했다. 성서와 사회와의 만남을 연구하면서 이방인의 땅 갈릴리에서, 또 죄인들의 친구로 사랑과 생명을 전하신 예수를 따르도록 도전받았다. 무엇보다 화려한 도시 속 학교에서 가장 험한 곳에서 복음과 사랑을 전하는 영성, 생명을 경외하는 영성을 훈련할 수 있었다. 대학원에서 기독교 상담학을 공부하고, 에코테라피(ecotherapy, 환경 치료요법, Ecclesiogenesis)를 주제로 박사 논문을 쓰면서 상담의 길로 들어섰고, 지금까지 목회자와 상담자의 길을 이어가고 있다.

다음으로 블랜튼-필연구소(Blanton-Peale Institute)에서 상담학을 가르치면서 성서와 정신의학을 통합할 수 있었다. 이 학교는 적극적 사고방식으로 우리에게 알려진 노먼 빈센트 필(Norman Vincent Peale) 목사와 정신과 의사 스마일리 블랜튼(Smiley Blanton) 박사가 1937년에 신학과 정신의학이 만나야 한다는 신념으로 설립했는데, 신학을 전공한 사역자들을 목회 돌봄 전문가(Pastoral Care Specialist)로 양성하는 학교다.

이후로 상담 사역에 종사하면서 새롭게 성서와 심리학의 만남에 대한 도전을 받았다. 즉 이 만남을 통해 마음의 상처와 아픔 때문에 울고 있는 이들을 어루만지시는 성령님의 손길을 새롭게 경험했기 때문이다. 필자는 이민자들의 영적·정서적 성장을 돕기 위해 성문 밖으로 가신 예수님을 따르고자 성문밖교회를 개척했고, 성문밖교회와 예원장로교회가 통합되면서 현재는 예원장로교회 담임목사로 섬기고 있다.

필자는 이민자 아브라함의 하나님이 나의 하나님이신 것이 참으로 좋다. 이민자의 삶은 아브라함으로부터 시작된 히브리인들의 삶과 같다. 늘 벼랑 끝에 선 기분이다. 불안과 아픔과 슬픔이 많다. 같은 이민자로 살면서 눈물 젖은 빵을 먹어야 하고, 먼저 자리한 이들의 배척도 견뎌야 한다. 자연스럽게 다른 이민자의 아픔과 상처에 함께하게 되었다. 그 아픔과 상처를 어루만지기 위해 아직 기독교 상담이라는 말도 익숙하지 않았던 26여 년 전에 지인과 함께 가족사랑상담센터를 설립해 여러 해 동안 이사장으로 봉사했다. 또 함께할 동역자들을 양성하고자 상담대학원과 신학대학원에서 상담학을 가르치며 패밀리터치(Family Touch)에서 스태프로 일하며 집단 치유 프로그램(가족관계감정훈련)을 개발하여 인도자로 사역하고 있다. 이처럼 신학 공부와 목회 그리고 기독교 상담 분야에서 사역하는 긴 여정을 통해 내 안에 생명을 경외하는 마음이 성장하고 있다.

이 책은 필자의 신학적·성서적·심리학적 경험을 통해서 성서의 첫 부분인 원역사를 새롭게 읽어보고자 시도한 열매이다. 20여 년 전에 정리해 두었던 글인데, 최근에 새롭게 다듬었다. 초고에서는 각주와 참고문헌을 꼼꼼히 덧붙이면서 신학적·사회학적·심리학적 관점에서 다루었다. 그런데 이 책의 독자들에게 설득력 있고 친근하게 다가가기 위해 에세이 형식으로 바꾸었다. 심리학으로 접근하는 과정에 이해를 돕기 위해 중복과 반복되는 부분이 있음을 양해 바란다. 예수님은 농부와 관련한 비유, 일용직 노동자에 대한 비유, 고기 잡는 어부 비유 등 당시 주변에서 경험할 수 있는 일상의 이야기로 하나님의 뜻을 드러내셨다. 필자는 우리 삶의 현장에서 일어나는 이야기로 원역사를 담아내려고 했다. 무엇보다 원역사에 등장하는 인물과 사건을 인문학과 심리학의 관점으로 해석했다. 물론 심리학은 임상학에 근거하기에 필자의 해석이 성서 해석의 유일한 해석이라 주장하지 않는다. 인간은 워낙 다양하고 복잡하기에 한 사건에 대한 반응이 퍽 다양하다. 그럼에도 심리학이 학문으로 자리 잡았다는 것은 상관관계에 있다는 의미이다.

필자는 오늘날 우리 삶에서 일어나는 아픔을 되풀이하지 않고, 생명을 사랑하고, 아름다운 삶으로 이끌기 위해 원역사 다시 읽기를 시도했다. 좀 더 행복하고 아름다운 삶을 함께 만들어가고픈 기대를 담아 쓴 글이다. 여전히 아쉬움이 퍽 많고 더 다듬어야 할 부족한 부분이 많다. 기회가 된다면 좀 더 깊이 성찰한 후

다듬을 것이지만, 졸고를 통해 독자들에게 미력이나마 도전하고 싶다. 신학은 성서에서 인류 구원의 이야기를 찾아가지만, 본서는 인류의 행복을 성서에서 찾으려고 노력했다. 선배 신학자들이 원역사를 구원사적 입장에서 이미 충분히 다루었기에 이 글에서는 다른 시선으로 말씀의 넓이와 깊이를 조금 더하고 싶다. 만약 본서 1장부터의 내용이 다소 어렵게 느껴진다면 4장부터 읽으시기를 권한다.

목사의 아내로, 동역하는 상담사로, 상담대학원(Canada Christian College/North-east Evangelical Seminary)에서 동료 교수로 가르치면서 힘이 되어 주고 뜻을 함께 한 아내, 늘 힘이 되고 지혜로운 질문을 하면서 잘 자라 준 채리와 동하, 어려운 시절에 어린 아들을 공부시키기 위해 도시로 떠나보내는 결단을 하면서까지 모든 힘을 쏟아 주셨을 뿐 아니라 마지막에는 당신의 몸을 의학대학에 기증하면서 사랑을 보여 주신 아버지, 자녀들을 위해 기도와 헌신의 삶을 사신 어머니, 그리고 함께 자라면서 갈등하거나 얼굴을 붉히지 않았던 형제자매에게 감사드린다. 또 늘 사랑으로 함께하면서 동역해 준 성도들에게도 깊은 감사의 마음을 전한다. 행복한 가정과 건강한 사회를 위해 함께 걸어가고 있는 패밀리터치 원장님과 부원장님, 이사님들, 그리고 모든 스태프에게도 머리 숙여 감사한다. 마지막으로 토론과 피드백으로 지평을 넓혀 주신 상담대학원과 신학대학원의 총장님, 학장님, 교수님들과 학우들에게도 감사드린다.

2025년 6월

임양택

차례

3장 하나님의 인간 창조에서 사랑을 읽다

4장 선악을 하나로 두신 뜻에서 생명을 읽다

1장

하나님의 천지창조에서 복음을 읽다

갈라놓음과 경계 지음

산골 소년이었던 나는 걷기 시작하면서부터 땅을 밟으며 자랐고 친구들과 늘 흙을 가까이하면서 놀았다. 마루에서 내려서면 만나는 황토 마당에서 친구들과 땅따먹기나 자치기를 했고, 지루해지면 냇가로 달려가 물놀이를 했다. 해가 구름 뒤로 숨어 입술에 파래지면 냇가 무너진 산자락에서 붉은 진흙을 버무려 다양한 형태의 집, 소, 달구지 등을 만들었다. 만든 집이 맘에 안 들어 다시 만들다 보면 한여름 하루해도 짧았다.

성서의 천지 창조 이야기에는 아이들이 진흙으로 무언가를 만들 듯 하나님이 세상을 두 번 만드신 것처럼 읽힌다. 창세기 1장 1절부터 시작해 2장 4a절에서 첫 번째 창조 이야기가 종결된다. 그런데 2장 4b절부터 다시 시작되어 2장 7절까지 두 번째 이야기가 등장한다. 자세히 보면 두 가지의 창조 이야기는 전혀 다르다.

2:3 하느님께서 이렛날에(게) 복을 내리시고, 그것을 거룩하게 하셨다. 왜냐하면 하느님께서 하시려고, 만들어내신 모든 일에서 그날에 멈추셨기 때문이다.

2:4상 이것이 하늘과 땅이 만들어 내어졌던 때의 계보이다.

2:4하 그때에 야웨 하느님이 땅과 하늘을 만들었다.

2:5 들의 어떤 초목도 땅에 아직 있기 전이고, 들의 어떤 풀도 아직 자라기 전이었다. 야웨 하느님이 땅 위에 비를 내리지 않았고, 흙을 일굴 사람이 없었기

때문이다. (창세기 2:3~5, 조철수역)

조철수의 번역에서 보았듯이 1장부터 2장 4a절까지 천지 창조 이야기가 끝났는데, 2장 4b절부터 다시 천지 창조 이야기가 시작된다. 앞부분 천지 창조는 땅이 혼돈하고 공허하고 흑암이 있고 물이 넘치는 상태에서 시작한다. 반면에 두 번째 천지 창조 이야기는 메마르고 거친 땅에서 시작한다. 두 번째에는 하나님이 땅과 하늘을 만들었다고 되어 있는데, 땅과 하늘을 어떻게 만들었는지 설명도 없이 바로 나무와 풀도 없는 땅, 비가 오지 않는 땅, 땅을 일굴 사람도 없는 상태에서 시작한다. 엄밀히 말해 두 번째 이야기는 천지 창조라기보다 이미 존재하는 거친 땅에서 시작하는 것으로 읽힌다. 이와 같이 창조 이야기가 전혀 다르게 두 번으로 나뉜 것을 발견하게 되면 혼란스럽다. 과연 세상을 두 번으로 나눠 만드신 것일까?

게다가 읽을수록 머릿속이 복잡해진다. 해와 달과 별은 넷째 날에 창조되었는데, 그 이전에 "첫째 날" "둘째 날" "셋째 날"이라는 표현이 나온다. 해와 달, 즉 밤낮이 없는데 어떻게 하루, 이틀이 있을 수 있을까? 창조 순서에 있어서도 앞부분에는 "남자와 여자를 창조하시고"(창 1:27)라고 묘사되어 있고, 뒷부분에는 남자를 먼저 만들고 남자의 갈빗대로 여자를 만드셨다고 묘사한다(창 2:21~22). 첫 번째에는 말씀으로 인간을 만드셨다고 하는데(창 1:26~27), 두 번째에는 토기장이가 토기를 만들 듯 흙을 빚어 인간을 지으셨다고 말한다(창 2:7). 앞에서는 하나님의 형상을 따라 만들었다고 하지만, 뒤에서는 이에 대한 언급이 없다.

그동안 우리는 교회에서 하나님이 무에서 천지를 창조했다고 배웠다. 그런데 첫 번째 창조 이야기 가운데 1장 2절에서는 "땅이 혼돈하고 공허하며 흑암이 깊음 위에 있고"라는 말로 시작한다. 하나님의 창조 사역은 '흑암이 있고 혼돈하고 공허한 땅'처럼 이미 어떤 것이 존재하는 상태에서 시작되었다. 또 두 번째 창조 이야기도 메마른 땅에서부터 시작하고 있다(창 2:5~6). 그렇다면 '혼돈, 공허, 흑암, 메마른 땅, 안개'는 누가 만들었을까? 하나님이 혼돈, 공허, 흑암을 먼저 만드시고 나누어 질서를 정하셨을까? 메마른 땅과 안개를 먼저 창조하시고 나서 인간을 만들고 강을 내어 세상을 만드셨을까? 그렇다면 혼돈, 공허, 흑암, 메마른 땅, 안개는 하나님의 창조가 아닌가? 하나님이 창조하신 게 맞는다면 왜 처음부터 질서 있는 천지를 만들지 않고 혼돈, 공허, 흑암, 메마른 땅, 안개부터 창조하셨을까?

그리고 혼돈, 공허, 흑암, 메마른 땅, 안개는 하나님의 속성에 합당한가? 이런 것들은 과연 하나님이 만드신 것일까? 하나님이 만들지 않았다면 어디서 온 것인가? 성서를 자세히 읽다 보면 창조 이야기는 '무에서 창조냐, 유에서 시작이냐'라는 주제에 대해서는 관심이 없다. 성서 기자(記者)는 혼돈, 흑암, 공허, 메마른 땅, 안개가 어디서 왔는지 관심을 두지 않는다. 성서의 창조 이야기는 어떤 물리적인 세계를 상정하고 그 안에서 생명이 형성되는 과정을 이야기하고 있다.

창조 이야기에는 논리적으로 설명되지 않는 부분이 곳곳에 있다. 따라서 이런 부분은 과학적·역사적·사실적 묘사라기보다 하나님의 영감을 받은 이들의 창조자와 창조에 대한 신앙고백이라고 하겠다. 성서는 사실(fact)보다 사건(event, 이야기)을 이야기한다. 이야기에 하나님의 뜻을 담아 전한다. 그래서 성서를 읽을 때 사실성보다 그 이야기에 담겨 있는 성서 기자의 신앙적 인간관, 우주관, 죄와 구원관에 주목해야 한다. 성서는 사실을 알리기 위해 나열하는 책이 아니라 이야기 속에 하나님의 뜻을 담아 전하는 책이다. 창세기의 천지 창조 이야기는 구전으로 전해진 두 개의 창조 이야기가 편집되어 하나의 창조 이야기로 구성되었다는 것이 대부분 성서학자의 견해다. 두 구전 이야기를 하나의 이야기로 편집했지만, 편집하기 이전의 두 가지 창조 이야기의 흔적이 남아 있다고 보는 것이 설득력 있다.

첫 번째 창조 이야기는 혼돈하고 공허한 땅과 흑암 그리고 수면 위에 운행하시는 하나님의 영이 등장하면서 시작되는데, 여기서 창조자를 '하나님'이라고 부른다. 하나님이 "빛이 있으라" 말씀하시기 이전의 상태는 형상(form)이 없는 혼돈(chaos)과 잡다(disordered many)한 상태라고 말할 수 있다. 이 상태를 명확히 설명하기란 쉽지 않지만, 분명한 것은 혼돈, 공허, 흑암, 물이 어디에서 왔는지에 대해 성서에는 설명이 없다. 뒤에서 이런 상태가 무엇을 의미하는지 설명하겠지만, 성서가 주목하지 않는다는 것은 이런 것들의 기원을 설명하려고 창조 이야기를 기록하지 않았다는 뜻이다. 따라서 혼돈, 공허, 흑암 그리고 물의 기원을 찾으려는 노력은 성서에 접근하는 바른 방법이 아니다. 성서에서 말하지 않는 것은 성서의 관심이 아니기에 우리가 질문할 필요도 없고 질문해도 성서가 답을 주지 않는다. 창조 이야기는 이런 것들의 기원을 알리려고 기록된 책이 아니기 때문이다.

'혼돈(תֹּהוּ [토후])'과 '공허(בֹּהוּ [보후])'는 황량하고 황폐한 상태를 의미한다. '토후'는 헛된 일(사 29:21)이나 무질서를 의미하는 단어로 방향을 잡기 어려운 사막, 성읍이 무너져 뒤범벅된 상태(사 24:10), 황무지(신 32:10) 등을 의미한다. '보후'는 공허의 의미로 쓰인 경우(창 1:2, 렘 4:23)와 황폐로 쓰인 경우(사 34:11)가 모두 3번인데 항상 토후와 결합되어 사용되었다. 따라서 '혼돈과 공허'는 억수 같은 비와 홍수로 지척을 분간할 수 없는 어둡고 혼돈한 상태, 황폐로 인하여 방향을 잡을 수 없는 상태에서 하나님이 등장하셨다고 이해하는 것이 설득력 있다.

혼돈, 공허, 흑암의 상태에서 등장하신 하나님은 질서를 잡기 시작하셨다. 먼저 흑암에 빛이 있게 하셨다. 혼돈에는 궁창이 생겨나고 물이 한곳으로 모여 땅과 물이 구분되었다. 인간이 안심하고 평안히 살 수 있는 공간을 만들기 위해, 즉 인간에게 마른 땅을 내어 주기 위해 물을 한곳으로 모으셨다. 하나님이 먼저 하늘과 땅을 조성하시고(질서를 부여하시고) 그 안의 모든 사물을 만든 후 마지막으로 인간을 창조하셨다. 빛 → 하늘 → 땅과 식물 → 천체 → 물과 하늘의 생물 → 땅의 생물 → 사람 순으로 창조하셨다. 땅이 식물을 내서 사람이 살 수 있는 조건을 갖추시고, 또 사람이 안전하고 평온하게 살 수 있는 질서정연한 우주를 만드신 후에 하나님이 기뻐하시며 안식하셨다. 즉 카오스(χάος)에서 코스모스(κόσμος)로 질서를 잡으셨다.

첫 번째 창조의 두 가지 특징은 '갈라놓음'과 '경계 지음'이라고 할 수 있다. 갈라놓음이 시작되었기에 존재를 구체화하는 측면에서는 만듦이라 할 수 있고, 미분화(未分化)가 분화되었다는 측면에서 보면 발생(發生)이라고 볼 수도 있다. 어느 경우든 창조자 하나님의 명령에 의해 질서가 잡히고 구체화되었다고 할 수 있다. 우주는 하나님의 뜻과 능력 안에서 존재하며, 하나님의 뜻 안에서 존재의 의미를 갖게 되었음을 말씀하고 있다. 이것이 성서를 통해 창조 이야기를 전해 주신 의미다.

이처럼 천지 창조 이야기를 기록한 성서 기자는 하나님이 우주 만물의 질서와 경계를 지으시고 만물을 질서정연하게 운행하신다는 신앙고백을 표현하고 있다. 그리고 첫 번째 창조 이야기는 혼돈과 무질서를 평화롭고 질서 있게 만드시는 하나님의 기쁨에 가득 찬 모습을 보여 주고 있다. 나아가 우주 만물을 하나님이 만드셨다는 것을 온전히 믿고 천지 창조에 담긴 그분의 뜻을 전하기 위해 이 이야기를 기록한 것이다. 창세기는 좋은 소식으로 시작한다.

무질서를 바로잡는 선하신 하나님

내가 쓴 글이나 설교에는 태어나서 초등학교 3학년까지 지낸 산골 마을과 전학한 이후로 줄곧 살았던 전주에서 사용한 단어, 풍경 그리고 전라도 정서가 담겨 있다. 이제는 거의 사용하지 않지만, 처음 전주로 전학했을 때 산골 마을에서 사용하던 '거시기'라는 말을 자주 써서 친구들의 놀림감이 되곤 했다. 구전으로 남겨진 성서도 예외는 아니다. 서로 다른 창조 이야기에는 성서 기자가 속한 공동체에서 사용한 단어와 풍경 등이 자연스럽게 담겼다.

성서학자들에 따르면 첫 번째 창조 이야기에 사용된 단어와 문장들을 비롯해 사용된 소재를 보면 기원전 6~5세기경 문서로 기록되었을 것으로 추측한다. 기원전 6세기는 유다 백성과 이스라엘 백성(이 책에서는 특별한 경우가 아니면 히브리, 유다, 이스라엘을 구분하지 않고 사용하도록 하겠다. 이들 용어의 차이는 추후 설명하겠지만, 이 책에서는 성서를 남긴 공동체로 이해하면 좋겠다)이 포로로 잡혀서 끌려갔던 시기다. 그렇다면 첫 번째 창조 이야기를 전하고 듣고 읽었던 사람들은 바벨론 포로로 끌려간 유다 사람들이라고 할 수 있다.

첫 번째 창조 이야기는 바벨론 강가에서 포로로 살았던 유다 사람들의 역사적 배경을 담고 있다. 그곳은 유프라테스강과 티그리스강이 만나는 지역인데, 특히 강 하류 지역은 자주 범람하는 곳이었다. 비가 많이 내리고 강이 범람하면 애써 일궈놓은 농작물이 쓸려가고, 짐승과 사람이 휩쓸려 떠내려가고, 집은 물에 잠기면서 지천을 구분하기 어려웠다. 홍수로 땅의 경계가 무너지면서 사람이 살 수 없는 혼돈의 세상이 되었다. 홍수가 휩쓸고 나면 모든 것이 파괴된 무질서 속에서 앞일이 깜깜해지고 인간이란 존재가 무기력해 보였다. 이런 불가항력적(不可抗力, irresistible)인 자연재해 앞에서 포로로 끌려간 유다 사람들은 하나님에 대해 질문했을 것이다. "하나님은 어떤 분인가? 삶을 파괴하는 무서운 홍수와 하나님은 어떤 관계가 있는가? 이런 재앙이 하나님의 뜻인가?" 그때 하나님의 영감을 받은 사람이 이러한 모든 무질서는 하나님의 뜻이 아니라고 선언한다. 오히려 하나님은 흑암과 혼돈과 공허를 다스리는 분이시니 두려워하지 말라는 위로와 소망의 메시지를 첫 번째 창조 이야기를 통해 전해 주었을 것이다. 즉 기쁜 소식이다.

이 이야기에는 물과 땅의 경계를 긋고 마른 땅을 인간에게 주셔서 아름답고 풍성한 삶을 유지하게 해 주시는 하나님에 대한 유다 사람들의 신앙이 담겨 있다. 또 바벨론 포로 생활은 유다 역사에서 암흑기이지만, 암흑 가운데 빛을 주시는 분이 하나님이라는 삶의 고백이기도 하다. 앞이 캄캄하고 혼란한 삶에 질서를 부여하시는 분이 하나님이시고 이것이 하나님의 창조 목적이니 곧 이 혼돈도 바로잡아 주실 것이라는 희망이 담겨 있다. 이것이 창조 이야기에서 드러난 메타포의 이차적 의미이다.

그런데 많은 교회가 해석학의 기초인 메타포의 의미를 간과하고 일차적 의미만 붙잡고 씨름하다 보니 이글의 서두에서 했던 질문에 답하지 못한 것이다. 메타포(metaphor, 은유)에서 손가락으로 달을 가리킬 때 손가락은 일차적 의미이고 달은 이차적 의미다. 하지만 창세기 이야기가 역사적 사실이라는 해석에만 천착하면서 오히려 하나님의 말씀인 성서가 공격을 받았고, 믿지 않는 자들에게 답하지 못했다. 인간과 모든 만물을 창조하신 하나님의 말씀인데, 인간의 질문에 답하지 못한다면 이 얼마나 황당한 일인가? 허접한 것이 아니라 기쁜 소식으로서의 하나님의 말씀을 바르게 읽지 못한 것은 아닌가?

기록된 순서로 볼 때 첫 번째 창조 이야기는 2장 4b절 이후부터 시작되는 두 번째 창조 이야기보다 후대의 것이다. 그래서 첫 번째 창조 이야기가 두 번째 창조 이야기보다 정교하게 정리되어 있다. 첫 번째 창조 이야기를 남긴 이들은 바벨론 포로로 끌려간 유다 백성들이며, 지난 세월 자신들의 믿음 생활을 반성하면서 기록한 말씀이다. 그러면 왜 하나님의 백성들이 이방 민족인 바벨론의 포로가 되었을까? 그들은 하나님이 정하신 안식일 법을 지키지 않았기 때문에 포로로 잡혀 왔다고 판단했고, 포로 시대에 안식일 법을 준수하는 것에 대해 강조하기 시작했다. 그런 이유로 첫 번째 창조 이야기에는 '하나님의 안식'이라는 개념이 들어 있다.

첫 번째 창조 이야기에서는 하나님이 엿새를 일하고 일곱째 날에 쉬셨다고 이야기한다. 그런데 안식일 계명은 히브리들이 애굽 포로 생활에서 해방되어 가나안을 향해 나아가던 광야에서 받은 것이다. 안식일 계명은 출애굽기 16장 23절에서 처음으로 등장한다.

> … 내일은 휴일이니 여호와께 거룩한 안식일이라 너희가 구울 것은 굽고 삶을 것은 삶고 그 나머지는 다 너희를 위하여 아침까지 간수하라

후대에 첫 번째 창조 이야기를 기록한 기자는 안식일 계명에 대해 이미 알고 있었고, 하나님의 창조에 대해 6일 동안 일하시고 일곱째 날에 휴식하셨다는 도식적인 표현을 하고 있다. 이처럼 6일 창조와 하루 안식을 강조한 데에는 자신들이 포로로 끌려간 이유가 안식일을 무시하고 살았기 때문이라는 반성과 고백이 담겼다고 해석해야 논리에 맞다. 이런 연유로 아담과 하와를 비롯해 아브라함, 이삭, 야곱은 안식일 계명을 알지 못했고 안식일 지켰다는 말도 없지만, 첫 번째 창조 이야기에 안식의 개념이 들어간 것이다.

이러한 역사적 배경 때문에 첫 번째 창조 이야기에는 유다와 이스라엘의 멸

망이 하나님의 계명을 떠난 백성들에게 주어진 벌이라는 자성의 목소리가 투영되어 있다. 바꿔 말하면 안식일 법이 곧 창조의 원리라는 의미이다. 그래서 하나님이 안식한 날을 자신들이 무시했으며, 곧 창조의 질서를 어겼으니 벌을 받는 게 당연하다는 것이다. 반면에 안식일 법을 지키면 하나님이 회복시켜 주실 것이라는 희망을 담고 있기도 하다. 그래서 첫 번째 창조 이야기에는 혼돈의 땅에서 하나님의 질서를 그리워하고 질서의 하나님을 향한 희망의 고백이 담겨 있는 것이다.

1장 2절 "땅이 혼돈하고 공하하며"는 히브리어 '토후 와-보후(תֹהוּ וָבֹהוּ)'의 번역이다. 그런데 이와 똑같은 구절이 예레미야서에 사용되었는데, 선지자 예레미야는 북방으로부터의 침입을 유다에 대한 야훼 하나님의 징계로 묘사할 때 이 구절을 사용했다.

> 보라 내가 땅을 본즉 혼돈하고 공허하며(tohu wa-bohu) 하늘에는 빛이 없으며 내가 산들을 본즉 다 진동하며 … 온 땅이 황폐할 것이나 내가 진멸하지는 아니할 것이며 (렘 4:23~27)

결국 예레미야의 예언대로 유다는 바벨론에 의해 멸망되어 혼돈하고 공허한 세상, 빛이 없는 세상이 되었다. 예레미야가 경고했듯 모든 것이 무너져 황폐해지고 앞이 깜깜해진 것이다.

창세기에는 흑암이라는 단어가 있는데, 예레미야서에도 빛이 없다고 표현되어 있다. 흑암(חֹשֶׁךְ [호세크])은 '캄캄하다'(암 8:9) '어두워지다'라는 뜻이다. '빛이 없음'(출 10:21) 또는 '밤'(욥 24:16)을 뜻하는 호세크는 비유적 의미로 '무지, 맹목, 미개, 악, 슬픔'이란 뜻이다. 빛이 하나님을 상징한다면 흑암은 반(反) 하나님의 상징이다. 따라서 혼돈과 공허는 무질서를, 흑암은 반 하나님의 것을 상징한다고 볼 수 있다. 곧 하나님을 잊어버린 세상이다.

하나님은 유다 백성이 바른길에서 떠날 때 바벨론으로 끌려가도록 허락하여 창조 이전의 혼돈 상태로 환원시키실 뿐 아니라 바른길로 돌아올 때 질서를 바로잡으시는 분이라는 고백이 여기에 담겨 있다. '혼돈과 공허'를 신들의 전쟁의 결과로 믿고 두려워하는 바벨론 사람들의 신앙과 달리 히브리들은 인간을 위해 질서를 바로잡는 선하신 하나님으로 고백하고 있다. 당신의 백성들이 하나님께로 돌아올 때 혼돈과 공허의 땅에서 시온 동산으로 돌아갈 희망을 주시는 하나님에 대한 고백이 창조 이야기에 녹아 있다. 죄와 어둠의 땅에서 하나님이 계시는 시온 동산으로 돌아갈 희망의 메시지를 담고 있다. 히브리에게 첫 번째 창조 이야기는 흑암을 물리치는 이야기, 어둠에 빛이 비치기 시작하는 이야기, 즉 기쁜 소식이다. 그래서 성서의 첫 번째 이야기는 복음이다.

창조 이야기에 담긴 사랑의 하나님

어느덧 미국에서 한인 이민자로 산 세월이 조국에서 산 세월보다 많다 보니 언제부터인가 꿈의 배경이 조국에서 미국으로 바뀌었다. 설교와 상담 그리고 대학원 강의 중에 사용하는 단어, 이야기, 삶의 애환 등도 자연스럽게 조국이 아닌 이민 사회를 배경으로 하게 되었다. 즉 같은 내용이라도 기록한 곳과 기록하는 사람에 따라 기록자의 주변이 글에 담기게 된다.

두 번째 창조 이야기에는 다른 삶의 이야기가 담겨 있다. 어둠과 혼돈에 맞서서 등장하신 하나님이 아름답게 정리하심으로 창조를 마친 후 "보시기에 심히 좋았더라"(창 1:31)라는 흡족한 말씀으로 끝을 맺는다. 그런데 야훼는 거친 땅에 등장해서 다시 세상을 만드신다. 두 번째 이야기는 창조자가 등장하는 분위기부터 첫 번째 창조와 전혀 다르다.

창세기 2장 4b절부터 두 번째 창조 이야기가 나오는데, 건조하고 척박한 땅에서 시작한다. 야훼(여호와) 하나님은 사막에 비를 내리고 물이 풍부한 푸르른 동산을 만드시는 분으로 고백하고 있다. 그런데 첫 번째 창조 이야기에서는 창조자를 하나님이라고 부르는 반면, 두 번째 이야기에서는 창조자를 여호와 하나님이라고 부른다(Jahweh, 하나님과 여호와의 이름에 대해서는 뒤에 설명하겠지만, 특별한 곳이 아니면 구분하지 않고 사용할 것이다). 즉 첫 번째와 두 번째 이야기에 등장하는 창조자의 이름이 다르다.

첫 번째 창조 이야기처럼 두 번째 이야기에서도 어떤 것이 존재하는 곳으로 여호와가 등장하신다. 다만 첫 번째와 달리 이미 땅이 있었는데 비가 내리지 않고, 초목도 없고, 채소도 없고, 안개만 지면에 깔린 상태에서 하나님이 등장하신다. 첫 번째 이야기에서는 하늘에 구멍이 뚫린 것처럼 비가 내린 후 홍수를 연상케 하는 수면 위로 하나님이 등장하시지만, 두 번째 이야기에서는 극심한 가뭄이나 메마르고 황량한 광야 같은 땅에 등장하신다. 사람이 살 수 없는 척박하고 메마른 땅에 등장한 여호와는 첫 번째 창조처럼 사람이 살 수 있는 아름다운 땅으로 만들어 가신다. 즉 첫 번째와 두 번째 이야기 모두 사람이 살 수 없는 곳을 살 수 있는 아름다운 곳으로 만들어 가신다는 점에서 소재는 다르지만, 주제는 같다.

그런데 두 번째 이야기는 창조 이야기로서 많이 부족해 보인다. 첫 번째 이야기는 하늘과 땅, 빛과 어둠, 땅과 바다, 해와 달 등을 만드는 과정이 있는데, 두 번째 창조 이야기는 인간과 에덴을 만드는 이야기로만 되어 있다. 두 번째 이야기는 천지 창조보다 인간 창조와 인간이 살아갈 에덴을 만드는 과정이다. 살기 좋은 에덴을 준비하고 하와를 만드신 이야기로 창조를 마치시고 아담과 하와에게 연합하라 말씀하신다. 마치 최초의 주례사와 벌거벗었으나 부끄러움 없는 신혼 첫날밤의 모습으로 이야기를 마치고 있다.

먼저 여호와 하나님이 흙으로 사람을 만드셨다. 사람을 만들고 보니 그 땅은 메말라서 사람이 살 수 없었다. 하나님은 당황하셨을 것 같기도 하다. 먹을 것이나 마실 물이 없어 살 수 없는 곳에 인간을 만들어 놓으셨기 때문이다. 그래서 여호와 하나님은 사람이 살 수 있는 땅, 즉 아름답고 먹기 좋은 과일나무를 만들고 강물을 흐르게 하며, 각종 짐승을 만드셨다. 또 삭막한 땅에 물길을 내시고 농부처럼 나무와 풀과 채소가 풍성하게 자라도록 하실 뿐 아니라 동물들이 뛰노는 지극히 살기 좋은 땅을 만들어 사람에게 주고 다스리게 하셨다. 이처럼 두 번째 창조 이야기는 여호와 하나님을 척박한 땅과 물이 없는 곳에 식물을 내시고 마실 물을 주시는 분으로 고백하고 있다.

그러면 두 번째 창조 이야기는 왜 메마른 땅을 배경으로 하고 있을까? 단어와 문장 등을 종합해 볼 때 두 번째 창조 이야기의 배경은 기원전 9세기로 이스라엘 왕 다윗과 솔로몬이 가나안 땅에 왕국을 건설하고 다스리던 시대였다. 왕정 제도는 이스라엘 백성들이 이방의 공격으로부터 자신들을 보호하기 위해 사무엘 선지자에게 간청했던 제도다.

그런데 사무엘의 경고처럼 왕들이 다스리는 나라는 백성들이 원하던 통치가 아니었다. 왕궁은 화려하고 왕의 군대는 강성했지만, 백성들은 노역과 병역으로 죽을 맛이었다. 딸들은 왕을 위한 시녀가 되었고, 아들들은 군대로 끌려갔으며, 백성들은 화려한 성전을 짓는 노역 때문에 허리가 휘었다. 다윗의 아들 압살롬의 반란, 솔로몬의 토목건축과 영토 확장 전쟁으로 인해 백성들의 삶은 고달팠으며, 삶의 질은 거칠고 평화롭지 않았다. 이스라엘 백성들은 여호와 하나님이 창조한 본래 세상은 그렇지 않았을 것으로 믿었다. 그래서 여호와 하나님의 선하심에 대한 신앙고백이 에덴동산으로 연결되고, 인간의 타락으로 낙원을 잃어버린 이야기로 전개된 것이다.

두 번째 창조 이야기의 배경이 된 땅은 메말랐다. 가나안 지역 또한 척박하고 삭막한 광야와 사막 지역이 대부분이고 물이 귀한 곳이다. 드물게 샘과 오아시스가 있는데, 샘과 오아시스는 사람들과 숨 쉬는 모든 것들의 삶을 지탱해 주는 귀한 생명의 터전이었다. 그곳은 넓은 평원이 아니라 샘을 중심으로 작지만 울타리가 쳐진 동산 같은 지역이었다. 광야에 있는 샘은 생명이 살 수 있는 소중한 곳으로 여호와 하나님이 인간을 위해 창조하신 곳이라 믿었다. 즉 여호와 하나님을 마른 땅에서 샘이 솟고 강이 흘러 마른 땅을 적시는 일을 하시는 창조자로 고백했다. 본래의 땅은 척박하고 채소를 내지 않아 사람이 살 수 없는 곳이지만, 여호와 하나님은 그곳에 생명의 동산을 만드시는 좋은 신이라는 고백이 들어 있다. 결국 두 번째 창조 이야기도 기쁜 소식, 곧 복음이다.

두 번째 창조 이야기는 첫 번째 이야기보다 더 오래전부터 전승된 창조 이야기라 신학적으로 덜 정리된 면이 있다. 두 번째 이야기에는 6일 창조와 하루 안식에 대한 언급이 없다. 이는 아직 안식일이 정착되기 전부터 구전된 창조 이야기로 볼 수 있다. 다시 말해 논리적인 면에서 정리가 덜 된 것이다. 순서에 있어서도 인간을 만들고 나서 물을 내고 동식물을 만드신다. 그렇다면 그동안 인간이 무엇을 마시고 먹었는지 알 수 없다. 또 흙을 가지고 무엇인가를 빚는 토기장이의 모습으로 여호와 하나님을 묘사하고 있는데, 이러한 신 이해는 비교적 고대인들의 신에 대한 관념이라 할 수 있다. 이러한 신인동형론적(神人同型論的) 표현은 고대 문헌에서 자주 발견된다. 그럼에도 두 가지 창조 이야기 모두 여호와 하나님은 인간을 위해 일하시는 좋은 신이라는 신앙고백을 담고 있다. 사람을 사랑하사 좋은 일을 하시는 하나님의 이야기이므로 복음이다.

성서 기자들로 하여금 이러한 신앙고백을 하도록 영감을 주신 분이 하나님, 곧 여호와 하나님이시다. 바벨론에서, 또 가나안 땅에서 이러한 이야기를 구전으로 전해 주고 기록하도록 한 동인(動因)이 하나님의 감동이다. 여호와 하나님의 감동이 아니고서는 이렇게 다른 이야기인데 같은 신의 사랑을 고백할 수 없다. 다시 언급하겠지만 다른 지역의 창조 이야기와 비교해 보면 성서의 창조 이야기에 나타난 하나님은 사랑의 신이다. 인간을 향한 하나님의 따스하고 다정한 숨결이 담겨 있다. 따라서 두 창조 이야기는 창조 순서가 다르고 정황도 다르게 표현했지만, 하나님께 감동 받은 사람들이 자신들이 처한 상황과 환경 속에서 하나님의 속성, 즉 성품과 능력을 서로 다른 이야기의 형태로 기록하고 있다. 하지만 한 하나님에 대한 고백을 담고 있다. 두 이야기는 다르지만 주는 메시지는 하나다. 인간에게 기쁜 소식을 담고 있다. 곧 복음이다.

하나님의 이야기는 왜 네겐트로피인가?

어린 시절 어르신들은 소설책도 없이 밤이 깊도록 옛이야기를 들려주곤 했다. 산골 마을이라 집안에 책이라곤 족보 외엔 별로 없던 시절인데, 마르지 않는 할머니의 이야기들은 언제나 생생한 감동을 주었다. 마찬가지로 문자가 없거나 기록이 극히 제한적이던 시절에는 신앙이나 삶의 이야기가 구전으로 전해지다가 훗날 글로 채록(採錄)되어 후세에 전해졌다.

그런데 한 이야기가 구전(口傳)으로 전해질 경우, 주제는 같지만 전해지는 지역에 따라 단어나 이야기 전개가 몇 가지 형태로 다르게 나타나기도 한다. 구전 문학은 전하는 사람의 문학적 자산이나 속해 있는 공동체의 의식에 따라 표현 양식 또는 전달 방식이 달라진다. 여러 가지 형태의 『춘향전』과 『심청전』이 존재하는 이유다. 경우에 따라 수정되거나 설명이 덧붙여지기도 하지만, 각 이야기 사이에는 공통점이 존재한다.

성서의 두 가지 창조 이야기에도 구전 이야기의 특성이 있다. 예수님의 공생애 3년간의 사역이 구전으로만 전해지다가 수집되었다. 그래서 예수님의 모습이 사복음서에 각기 다르게 기록된 부분이 퍽 많다. 예수님이 병자를 치유하셨던 한 가지 사건인데도 마태, 마가, 누가 모두 다르게 기록한 부분이 있다. 분량, 표현 양식, 단어, 숫자, 사건 묘사 등이 제각각이다. 한때 복음서의 상치되는 부분을 편집하여 하나의 줄거리로 통합하려는 시도가 있었다. 하지만 교회는 각 복음서가 성령의 감동으로 기록된 권위 있는 말씀으로 각각의 공동체에 주시는 말씀으로 받아들였다. 교회 안에 존재했던 각기 독특한 공동체에 전해진 한 분 예수에 대한 다른 초상화 같은 것이다. 이처럼 복음서들의 다름에 대해서는 교회가 자연스럽게 받아들이는데, 반면에 더 오래전부터 전해진 천지 창조 이야기가 두 공동체에 전해진 같은 이야기라는 사실을 인정하지 않으려는 교회들이 많다.

하나님의 첫 이야기들은 오랫동안 구전으로 전해지다가 글로 기록되었다. 성서학자들에 따르면 단편적으로 구전되던 두 창조 이야기가 토판이나 파피루스에 단편적으로 기록되었다가 후대에 수집되어 하나의 창조 이야기로 편집되었다고 말한다. 바벨론에서 전승되던 창조 이야기와 가나안 지역에서 전해지던 창조 이야기를 하나로 묶는 과정에서 오늘날 우리가 볼 수 있는 형태의 창조 이야기로 기록되었다는 것이다. 시대는 다르지만 인간에게 좋은 일을 하시는 하나님에 대한 신앙고백이 한 이야기로 모이게 되었다. 서로 다른 배경에서 한 하나님의 천지 창조 이야기가 두 가지 다른 형태 전해지다가 하나로 편집되었다. 이야기 전개나 소재는 다르지만 한 하나님의 창조 이야기임이 분명하다.

앞서 살펴보았지만 중요한 부분이므로 다시 살펴보자. 창세기의 창조 이야기는 하나님이 천지를 만드실 때의 상황을 누가 목격하고 쓴 것이 아니다. 창조과정을 목격하고 썼다면 인간 창조 이전 것은 기록할 수 없었을 것이다. 하나님이 성서 기자에게 내가 이렇게 창조했노라고 말씀해 주셔서 기록한 것도 아니다. 만약 하나님이 창조 때의 정황을 말씀해 주셨다면 하나님은 두 분이거나 한 입으로 이랬다저랬다 하시는 분일 것이다. 두 창조 이야기는 좋으신 하나님에 대한 신앙고백이 각기 다른 시대적 배경을 가진 신앙 공동체의 창조 이야기에 투영된 것이라고 보는 것이 더 자연스럽다. 게다가 앞서 언급한 것처럼 동일한 이야기를 다른 복음서에서도 그 사례를 찾아볼 수 있다.

그래서 천지 창조를 두고 창조냐 진화냐, 무에서 창조인가 유에서 창조인가를 따지는 것은 의미 없는 일이다. 예수의 탄생 이야기에 대해서도 마태와 누가는 다르게 전한다. 그렇다고 예수의 두 번 탄생을 이야기하는 신학자는 없다. 마태복음에 기록된 예수의 탄생 이야기가 옳은지, 누가복음에 기록된 이야기가 사실인지 묻지 않는다. 공동체에 전해진 이야기는 다르지만, 메시아 탄생이라는 주제는 같기 때문이다. 그런데 왜 구약성서 첫 부분의 두 창조 이야기는 받아들이기 힘든가? 논리적으로 맞지 않다.

창조 이야기를 기록한 성서 기자들 역시 천지 창조의 정확한 과정을 사실적이고 자세하게 묘사하지 않았다. 창조의 순서나 과정에 관한 진술을 기록한 이야기도 아니다. 일견 두 창조 이야기는 다르지만, 두 이야기의 메타포(metaphor)는 하나의 진리를 전한다. 전혀 다른 이야기 같지만 한 하나님의 뜻이 담긴 한 이야기다.

성서의 창조 이야기는 하나님의 사람들이 그분이 주시는 영감의 빛으로 치열한 삶의 현장을 담아낸 이야기다. 창조 이야기는 처음부터 사실을 육하원칙에 따라 상세히 기록하려는 뜻이 없었으며, 지금으로서는 천지 창조의 사실성을 증명할 길도 없다. 아니, 증명할 필요를 느끼지 못했다. 그러한 목적으로 기록한 창조 이야기가 아니기 때문이다. 시대적 상황에 맞서 하나님의 영감을 받은 사람들이 당대인들이 이해하는 방식으로 하나님의 뜻을 전하고자 한 것이다.

첫 번째 창조 이야기는 처음 기록된 지역인 바벨론 사람들의 신과 신앙을 논박하는 데서 출발했다. 첫 번째 이야기의 청자(聽者)는 포로로 끌려가서 바벨론의 신앙에 노출되어 있었던 유다 사람들이었을 것이다. 바벨론의 신에 대항해 그들의 신이 아닌 하나님이 세상을 창조하셨고, 하나님이 현재의 모든 혼돈을 정리해서 질서 있게 하실 것이라는 소망이 담겨 있다. 하나님이 혼돈을 말씀으로 정복했다는 것은 당시의 세계가 혼돈했음을 알 수 있다. 혼돈은 바벨론의 힘에 의한 폭력, 불법, 불의, 강권 등 바벨론의 정치와 경제 그리고 사회의 무질서를 총망라한 단어이다. 바벨론의 신을 섬기는 바벨론 사람들에 의해 많은 나라가 정복당하고 많은 이들이 포로로 끌려와서 고통을 당하는 세상은 오직 힘만이 정의인 불의한 세계였다. 또 전쟁의 광기와 탐욕, 부정과 타락의 세상이었으며, 이런 일들이 바벨론 신의 이름으로 정당화되었다. 고대 전쟁이 부족 신들의 전쟁이었기에 전쟁에서 이기면 자신들의 신이 승리한 것으로 믿었다.

그래서 예레미야서에서 사용된 단어가 바벨론에서 기록된 창조 이야기에서도 사용되는 것을 볼 수 있다. 예레미야는 아시리아(Assyria)에 이어 신바빌로니아(New Babylonia)가 새로운 제국으로 등장하던 시기에 활동했다. 그때는 역사적으로 혼돈의 시대였다. 흑암은 바벨론 땅에 포로로 끌려가서 살아가던 유다 사람들의 상태를 의미하기도 했다. 흑암의 땅 바벨론에서 살아가던 유다 사람들은 하나님의 창조 이야기를 들으면서 질서와 광명의 세계를 소망했다. 그래서 역사의 소용돌이 가운데 있으면서, 혼란과 무질서한 사회 속에서 인간이 살기 좋은 땅과 심히 보기 좋은 세상을 주시는 하나님으로 그들의 신앙을 고백했다.

하나님의 감동 받은 사람은 인간 사회의 혼돈과 척박한 환경, 그리고 무질서-절대 군주의 철권 통치, 바벨론 제국의 학정(虐政)-를 보았다. 그리고 절망에 빠진 백성들에게 우리 하나님은 그런 무질서, 혼돈, 고통스럽고 척박한 터전을 다스리시고 인간에게 질서의 세상, 곧 에덴을 허락하시는 분이라고 전한다. 하나님의 감동(영감)이란 이러한 세속 사회 속에서 하나님의 뜻과 섭리를 보고 느끼게 하고, 하나님이 원하시는 세상을 보게 하고 말하게 하는 하나님의 숨결이다.

두 가지의 창조 이야기는 하나님의 사랑에 화답하는 인간의 희망찬 서사시로 볼 수 있다. 흑암에서 질서로, 메마르고 척박한 땅에서 비옥한 땅으로 창조하시는 하나님의 사랑 안에서 두 이야기를 남긴 두 공동체는 희망을 보았다. 성서 기자는 바벨론과 가나안 땅에서 살아가던 당시 백성들에게 영감을 통해 희망을 선포하고 있다. 하나님은 질서의 하나님이자 아름다운 에덴의 복을 주시는 분이라고 묘사한다. 이처럼 성서는 하나님의 감동을 받은 사람들이 사건·삶·역사를 해석한 이야기를 모은 책이라고 할 수 있다. 이에 대해 대구성서아카데미에 게재된 정용섭 박사의 "성서와 해석"이라는 글에 짧게 잘 정리되어 있다.

> 성서 텍스트는 한결같이 해석(解釋)이다. 더 정확하게 말하면 역사 해석이다. 그 해석에는 사실도 있고, 그렇지 않은 것도 있다. 약간 편집된 것도 있고, 엄청 많이 편집된 것도 있다. 이런 점에서 창조론과 진화론을 적대적인 주장으로 놓고 서로 투쟁하는 것은 올바른 처사가 아니다. 성서의 창조론은 역사 해석이다. 창조론적인 역사 해석이 옳기 때문에 우리는 그런 성서의 진술을 하나님의 말씀으로 받아들일 뿐만 아니라 그것이 진리(眞理)라는 사실을 변증하기 위해서 노력한다.

사관이란 역사에 대한 견해, 해석, 관념, 사상적인 견해 등을 말한다. 한마디로 역사를 보는 눈, 혹은 역사를 보는 마음의 틀이라 하겠다. 인간의 삶과 역사를 해석하는 관점은 다양하다. 사관이 다양하다는 것은 하나의 역사적 사실에 대한 해석이 다를 수 있다는 뜻이다. 시대에 따라 다르고 지역에 따라 다르며, 더 중요한 것은 역사에 대한 해석이 시대마다 바뀐다는 점이다. 동학란(東學亂)이 동학농민혁명으로 바뀌었다. 인간의 역사는 시대마다 해석이 바뀔 수 있다. 역사적 사실은 역사가가 말을 걸었을 때만 이야기한다고 역사가 에드워드 카(Edward H. Carr)는 표현했다. 역사가는 자신의 가치가 투사되어있는 사건은 선택하고 선택한 사실에만 역사적 사실이라는 의미를 부여한다.

그러나 성서는 처음부터 끝까지 한 가지 해석이 존재한다. 성서 기자가 세상을 바라보는 관점에 제목을 붙이자면 필자는 '생명 경외 사관'이라고 붙이고 싶다. 다양한 문화권에 존재하는 창조 이야기를 모두 섭렵한 건 아니지만 주요 문화권의 창조 이야기를 살펴보았다. 그리고 주저 없이 성서의 창조 이야기를 받아들이게 되었다. 모든 인간을 사랑하는 신의 성품을 온전히 드러낸 유일한 이야기가 성서의 창조 이야기이기 때문이다. 성서의 하나님, 야훼 하나님의 이야기는 인간에게 생명이고 희망이다. 기회가 된다면 성서의 배경이 된 고대 근동의 신들과 야훼 하나님을 비교해 보라. 사랑의 하나님을 다시금 발견하게 될 것이다.

'엔트로피(entropy) 법칙'이라는 용어는 우리가 고등학교 때 배운 열역학 제이 법칙이다. 열역학 제일 법칙이 모든 에너지의 총화는 일정하다는 이론이며, 열역학 제이 법칙은 모든 닫힌계(closed system) 내에서 에너지는 질서에서 무질서로 이동한다는 이론이다. 그리고 한번 무질서로 변하면 질서로 회복되는 것은 불가능하다. 네겐트로피(Negentropy)는 엔트로피의 반대 개념이다. 생명이 없는 것은 엔트로피의 지배 아래 있지만, 생명이 있는 것은 네겐트로피의 영향을 받고 있다는 의미다. 시간이 지나면 우주의 법칙은 질서에서 무질서로 변해 가지만 생명은 반대로 무질서에서 질서로 나아간다는 개념으로 설명할 수 있다. 하나님은 혼돈과 어둠에서 질서와 생명으로 세상을 창조하셨다. 그래서 하나님의 이야기는 네겐트로피의 이야기다. 나아가 성서가 하나님의 말씀이라고 고백할 수밖에 없는 이유이기도 하다.

인류의 삶에 대한 성서라고 이름 지어진 책의 해석은 언제나 옳다고 믿는다. 그리고 성서라는 이름으로 묶인 책에서 전하는 이야기로 세상을 바라보고 해석하도록 격동하시는 분이 하나님이심을 믿는다. 창조 이야기에서 드러나듯 인간을 사랑하시는 하나님이기에 결국은 그분 자신이 인간이 되셨음을 믿는다. 인간을 사랑하시기에 스스로 속죄 제물이 되실 수 있는 분임을 믿는다. 사랑의 신이라면 자신을 희생하는 것이 옳다. 성서는 인간을 사랑하시는 하나님의 이야기, 인간의 허물과 실수에도 불구하고 계속해서 인간에게 좋은 것을 주시고 생명을 사랑하시는 하나님의 이야기다. 역사를 이끌어가는 주체가 하나님이시기에 인간에 대한 끝없는 하나님의 사랑, 하나님이 주시는 좋은 세상에 대한 기다림과 희망을 읽어 내려는 성서 해석이 가장 옳다고 확신한다. 그렇게 성서를 해석할 때 하나님의 성품에 맞고, 하나님의 창조물인 인간과 자연이 더불어 행복하기 때문에 성서의 창조 이야기가 옳다고 믿는다. 창세기의 천지 창조 이야기에 드러난 하나님의 인간 사랑이라는 시선으로 성서를 읽을 때 창세기부터 요한계시록까지 일관된 이야기로 읽을 수 있다. 기쁨의 대서사시가 성서의 처음부터 시작되며, 처음부터 끝까지 복음이다.

2장

하나님의 일하심에서 기쁨을 읽다

인간이 하나님을 개념화할 수 없는 이유

자신이 누구인지 설명하라고 하면 대개 이름을 먼저 말한다. 전화를 걸거나 이메일을 보낼 때도 "임양택입니다"로 시작한다. 그런데 '양택'이라는 이름이 나를 설명할 수 있는가? 결코 아니다! 아버지는 집안 항렬 택(澤) 자 앞에 양(楊) 자를 붙여 '양택'이라 지었다. 양이 아니라 웅(雄), 준(準), 우(優)를 택 자 앞에 붙여 이름을 지었어도 내 이름이다. 아버지의 의지에 따라 내 이름은 '버들 양'에 '못 택' 자를 쓰게 되었다. '양택'이란 이름 두 글자에 웅장한 뜻이 담긴 것도 아니고, 모두 종성이 있어 발음하기도 불편하다.

평범한 이름이지만 내 이름에 긍지를 갖고 있다. 기억이 어렴풋하지만, 본래 이름은 형통할 형(亨) 자를 써서 '형택'이었는데 어렸을 때 아버지가 양택으로 바꾸셨다고 한다. 양택의 뜻은 '연못가에 심긴 버드나무'라는 뜻이다. "꿈보다 해몽"이라 해도 좋고 아전인수라 할지라도 내 이름의 뜻을 시편 1편 3절에 나오는 '시냇가에 심은 나무'라고 정의하고 싶다. 이름에 걸맞게 복 있는 사람, 죄인들의 길에 서지 않는 사람, 철에 따라 열매를 맺는 사람, 여호와의 율법을 즐거워하는 사람, 그래서 모든 일이 다 형통한 사람이고 싶다. 비록 형택에서 양택으로 이름이 바뀌었지만 바뀐 이름도 '형통할 사람'이라는 의미다. 이래저래 형통할 사람이 되라는 이름으로 이해한다.

어렸을 때 우리 집안은 정성스럽게 제사를 지냈다. 내 첫 이름이 형택이었던 것도 아버지의 신앙과 관련 있다. 형통할 형(亨) 자는 성곽 위에 높다랗게 지은 건물을 상형한 높을 고(高)의 생략형과 마칠 료(了)로 구성되어 있다. 여기서 '고'는 조상신을 모셔놓은 사당을 뜻한다. 아버지는 제사를 잘 지내고 만사형통하길 바라는 뜻에서 형택이라고 이름을 지은 것이다. 유교를 따르던 아버지는 형택이라는 이름을 짓고 나서 만족하셨을 게다. '아들아, 조상신을 잘 섬겨서 만사형통하거라.'

작명가들에 따르면 형통할 형 자는 장남이나 장녀에게만 붙일 수 있는 글자라고 한다. 셋째 아들인 내게 붙일 수 없는 글자라서 바꿨는지, 아니면 하나님의 계시(?)로 장차 목사가 될 아들 이름으로는 적당하지 않다고 여겨서 성서적 이름으로 바꿨는지 알 수는 없다. 다만 나는 하나님의 계시라고 믿고 싶다. 아브람을 아브라함으로, 야곱을 이스라엘로 바꾸시고 인생의 방향을 바꿔주셨던 하나님이 내 이름도 바꿔 주셨으리라 믿는다. 아버지가 이름을 바꾸어 주신대로 내 삶의 방향도 바뀌었으니 그렇게 믿는 것도 틀리진 않을 것이다.

분명한 것은 형택이든 양택이든 이름이 나를 설명하진 않는다. '우주'라는 이름을 가진 친구가 좀 부러웠던 때가 있었다. 큰 뜻을 품고 싶었는데, 우주 앞에 연못가에 심긴 버드나무는 초라하게 느껴졌나 보다. 그러면 아버지가 나를 우주라고 이름 지었으면 나의 정체성이 우주로 바뀌는가? 그저 형제들과 구분하기 위한 이름일 뿐이다.

사람이든 사물이든 존재하는 것에는 이름이 있고 의미가 부여된다. 어떤 사실이나 주장에 이름을 붙이는 것과 그 이름을 정의하는 것, 즉 이름을 개념화하는 것이 학문의 시작이다. '진리란 무엇인가' '선이란 무엇인가' '악이란 무엇인가' '아름다움이란 무엇인가' '존재한다는 것은 무엇인가' 등 개념 정의로부터 학문이 시작된다.

그런데 성서는 존재의 근원이자 가장 중요한 신의 이름 그리고 신의 이름을 개념화하는 것을 거부한다. 신들에게는 이름이 있고, 그 이름에는 신의 존재에 대한 의미, 정의, 개념 등이 포함되어 있다. 구약성서에서는 신의 이름으로 주로 야훼(Yhwh, 여호와)와 엘로힘(Elohim, 하나님)이 사용되는데, 야훼가 약 6,700회, 엘로힘이 약 2,500회 정도 등장한다. 야훼(우리말 성경에서는 '여호와'로 번역된 이름)라는 이름을 에노스 때 처음 불렀다고(창 4:26) 되어 있는데, 하나님은 시내산에서 모세를 부르실 때 처음으로 자신을 야훼로 소개하셨다.

성서학자들의 견해에 따르면 출애굽 사건 이전까지 고대 사회에서는 엘(El)이라는 최고신을 섬기고 있었으며, 그 신의 이름이 '엘로힘(일반적으로 '신'이라는 뜻을 가진 이름, 우리말 성서에서는 하나님으로 번역)'으로 발전되었다고 말한다. 그래서 성서에는 엘(El)이라는 고유명사가 들어간 하나님의 이름이 있다. 엘 샤다이(El Shaddai, 전능하신 하나님, 창 17:1, 출 6:3), 엘 엘리욘(El Elyon, 지극히 높으신 하나님, 창 14:19), 엘 로이(El Roi, 감찰하시는 하나님, 창 16:13) 등 '엘'이 들어간 다양한 호칭을 볼 수 있다. 이처럼 엘로힘은 야훼라는 신명(神名)이 등장하기 전까지 고대 근동의 다양한 히브리들(도시 주변에서 거처 없이 유리하는 무리들)이 섬기던 신의 이름이었을 것으로 추정된다. 히브리 가운데 한 그룹이자 아브라함과 이삭으로 이어진 후손인 모세에게 신 스스로 자신을 '야훼'라 알리셨다. 그래서 히브리들은 엘로힘과 야훼라는 이름으로 신을 불렀다고 성서학자들은 주장한다. 엘로힘과 야훼를 어떻게 같은 신으로 경배했는지에 대해 뒤에서 다룰 것이다.

야훼라는 이름은 출애굽기 3장 14절에 그 기원을 두고 있다. 모세가 불타는 떨기나무 가운데 나타나신 신에게 이름이 무엇인지 묻자 하나님은 '에흐예 아쉐르 에흐예'(אהיה אשר אהיה)라고 대답하셨다. 우리말 성서에는 "나는 곧 나다"(공동번역, 새번역) "나는 스스로 있는 자이니라"(개역) "나는 스스로 존재하는 자이다"(현대인의 성경)로 번역된다. 영어 성서에는 "I am who I am"(NIV 외) 또는 "I will be who I will be"(AMPC; Amplified Bible Classic Edition) 등으로 번역하고 있다. 즉 내 이름은 '야훼'라고 알려 주신 것이 아니라 그냥 '나는 나다'라고 말씀하셨다는 표현이 더 적절하겠다. 즉 당신의 이름을 주시지 않았다. "אֶהְיֶה אֲשֶׁר אֶהְיֶה"를 "나는 스스로 있는 자"라는 우리말 성서의 번역은 일종의 해석이다.

우리는 자기를 소개할 때 '나는 홍길동입니다'라는 형태로 말한다. 돌쇠나 마당쇠처럼 구분되는 형태로 자기를 소개한다. 물론 이미 잘 알고 있는 사람은 전화로 '나야'라고 하지만, 처음 만날 때는 자신이 어떤 존재인지 이름을 말하게 된다. 즉 어떤 개념을 담은 단어나 문장으로 소개한다. 그런데 처음 소개할 때 '나는 나다'라는 표현을 쓴다면 어떤 개념을 담은 표현이 아니다. 하나님이 모세에게 "אֶהְיֶה אֲשֶׁר אֶהְיֶה"라고 말씀하신 것은 당신의 본질을 담아낸 표현이라고 보기 어렵다.

그런 면에서 야훼라는 이름은 하나님 자신의 이름을 열어놓으셨다는 표현이 적절하겠다. 하나님은 인간의 언어로 담을 수 없다는 뜻이자 닫힌 존재가 아닌 열린 존재라는 뜻이다. 야훼는 어떤 특정 개념을 담고 있는 이름이 아니다. 하나님은 자신을 개념화된 이름으로 알리지 않으셨다. 인간이 개념화할 수 있는 이름으로 알려 준다면 그 이름 안에서 하나님을 이해하기 때문에 막으신 것이다. 신이 개념화된다면 그는 인간의 사유 안에 있는 존재일 수밖에 없다. 즉 신이 개념화되면 더 이상 신이 아니다. 만약 신이 개념화된 이름을 가지게 된다면 신이 그 개념 안에 제한되고, 또 개념화를 통해 신의 형상마저 만들 수 있기 때문이다.

하나님이 자신의 이름을 열어 놓으신 것은 앞으로 하실 사역을 통해 당신이 어떤 분인지 드러내시겠다는 뜻이다. 하나님이 이스라엘 백성에게 자신을 소개하실 때 자주 사용하시던 방식, 즉 당신의 사역을 통해 자신을 드러내신다. "나는 아브라함의 하나님, 이삭의 하나님, 야곱의 하나님이다."(출 3:6) "나는 너를 이집트 땅, 종살이하던 집에서 이끌어 낸 하나님이다."(출 20:2) 하나님은 역사 속에서 구체적으로 활동하시는 분이며, 유리하는 자와 약한 자를 변호하시고 억눌린 자를 해방시키는 분이시다. 따라서 삶 속에 역사하시는 아브라함의 하나님, 이삭의 하나님, 나의 하나님으로 불릴 수 있는 열린 이름이다. 이름을 묻는 모세에게 "나는 나다"라고 하신 대답은 사실상 개념화된 이름, 즉 한정된 해석을 거부하신 것으로 보아야 한다.

고대 근동의 모든 신은 이름이 있고 모양을 갖추고 있었다. 바알(Baal), 아세라(Asherah), 몰록(Moloch), 다곤(Dagon) 등 모든 신은 각각의 이름과 모양을 갖고 있으며, 주로 짐승이나 태양, 강, 등 거대한 자연에서 따온 이름들이다. 이런 신들의 이름에는 고착된 성품이 담겨 있다. 바알은 풍요와 폭풍우를 관장하는 남신(男神), 아세라는 가나안 최고의 신 '엘(El)'의 아내이자 풍요와 다산(多産)의 신으로 숭배되었다. 즉 고대 근동의 신들은 이름과 역할이 있었다. 그래서 개념화된 신의 이름이 있다면 개념을 담은 신의 모양을 만드는 것도 가능했다. 성서는 이렇게 개념에 따라 만들어진 신의 형상을 우상이라고 한다. 우상을 만들면 다시 형상화되고 개념화되기 때문에 야훼는 당신을 어떤 형상으로도 만들지 못하게 하셨다.

모세는 애굽에서 경험한 신관을 가지고 "당신의 이름이 무엇입니까"라고 물었을 것이다. "나는 나다"라고 답하신 데에는 '나는 어떤 개념화된 이름으로 설명할 수 없는 신, 이름 안에 갇혀 있을 수 없는 신이다'라는 의미가 담겨 있다. 그리고 역사 속에서 당신의 존재를 계속 드러내신다는 뜻이기도 하다. 모세는 아마 당황했을 것이다. 고대 근동에 일찍이 그런 신은 없었기 때문이다. 모든 신은 이름과 고정된 역할이 있어서 형상도 있었는데, 시내산에서 만난 신은 이 모든 것을 초월하신 분이었다.

성서의 신 야훼는 다른 종교의 신과 달리 이름과 모양이 없는 분이다. 이름을 갖는다는 것은 다른 것들과 구별된다는 의미이므로 이름 붙인다는 것은 차이를 전제한다. 그러나 하나님은 다른 것과 대비하여 구분하거나 인간이 사용하는 피조(被造) 세계의 어떤 언어로도 표현할 수 없다는 의미로 이름을 주시지 않았다.

즉 인간이 개념화하여 설명할 수 없는 분이시다. 고대 근동의 신들은 기원이 있으며, 인간들은 신과의 관계로 맺어진다. 그러나 성서를 통해 알 수 있는 야훼 하나님은 기원도 없고, 이름이 없고, 모양도 없고, 성(性)이 없는 분이다. 어떤 신과도 비교할 수 없는 분이다.

다만 히브리들은 그들을 도우시는 신을 경배하고 기도하고 찬양하기 위해 '야훼'라는 이름으로 불렀다. 야훼는 당신의 존재를 히브리들의 삶 가운데 드러내셨다. 하나님이 자신의 이름을 주시지 않은 것만으로도 우주를 만드신 한 하나님이라고 고백하지 않을 수 없다. 사람에 의해 이름 지어지지 않은 신만이 참 신일 것이다. 그리고 역사 가운데 계속해서 인간을 향한 도움과 사랑의 손길로 다가오시는 신을 어찌 거부할 수 있을까? 인종과 시대를 뛰어넘어 인간을 도우시기 때문이다. 그래서 열어놓은 하나님의 이름은 모든 이들에게 기쁜 소식이다.

이름에 갇히지 않으시는 하나님

존재하는 것에는 이름이 있다. 그럼 존재하게 만든 신에게는 이름이 있을까? 이름이 있다면 이미 그 신은 신이라 할 수 없다. 성서에도 야훼라는 이름이 있는데 무슨 소리냐 할 것이다. 신의 이름에 대해 다시 한번 생각해 보자.

교육부의 한자 교육 정책이 오락가락하던 때 학창 시절을 보내다 보니 한자에 취약했다. 어려운 한자를 몰라도 교육 정책 탓이라고 변명하면 그만이었지만 때로는 서당을 다니셨던 어르신들이 부럽기도 했다. 고전을 읽고 배우려 해도 한자 실력이 부족한 자신을 탓하기보다 괜히 오락가락한 교육부를 원망했다. 한자 공부하기 싫어 등한시해 놓고 괜히 교육부 탓하려니 부끄럽지만 그렇게라도 해야 나를 덜 미워할 것 같다. 비록 중국 문헌에 대해 문외한이지만, 노자의 『도덕경』에 대한 여러 학자의 풀이를 보다가 신의 이름과 도(道)를 비교해 보고 싶은 생각이 들었다.

근원적 존재에 대해 성서에 가장 근접한 이해에 도달한 사람은 노자가 아닐까 하는 생각이 든다. 노자는 존재의 근원에 대한 자신의 주장을 『도덕경』 1장에서 다음과 같이 담아냈다.

道可道非常道 名可名非常名 [도가도비상도 명가명비상명]

여러 풀이를 정리하면 다음 같다. '도를 도라 하면 이미 도가 아니며, 이름을 붙이면 이미 그에 대한 이름이 아니다.' '명가명비상명'은 '도가도비상도'를 되풀이한 것으로 이해할 수 있다. 노자는 우주 만물의 근원 또는 우주를 움직이게 하는 어떤 존재에 대해 개념화하는 것, 즉 이름을 붙이는 것을 거부했다. 다만 설명하기 위해서 어쩔 수 없이 우주의 근원 또는 우주 만물의 원리를 '도(道)'라고 이름하자고 했다. 그렇게 부르자고 전제한 것이다.

근원적 존재를 '도'라고 약속해서 부르지만, '도'라고 부르는 순간 이미 존재의 본질을 담아낼 수 없기 때문에 결국 '도'는 아니라고 말한다. 존재의 근원은 인간들이 사용하는 '도'라는 글자로 담아낼 수 없다는 뜻이다. 또 우주를 볼 때 우주를 창조하고 움직이게 하는 존재가 있지만 이름을 붙이지 말자는 주장이다. 노자는 존재에 이름을 붙이는 순간 존재가 이름에 갇혀 이미 영원하고 본질적이고 궁극적인 존재가 아니라고 이해한 것이다. 노자 또한 궁극적 존재는 이름을 가질 수 없다고 말하고 있다.

시내산에서 모세에게 존재의 근원이 "나는 나다"라고 자신을 소개한 성서 구절을 노자가 읽었다면 바로 무릎을 치며 감탄했을 것이다. "그렇지! 하나님이 만물을 존재하게 한 분, 즉 '도'라고 한다면 이렇게 자기를 소개해야 맞지. 그렇고말고! 존재의 근원에 이름을 붙일 순 없지!" 감격한 노자는 하나님을 도라고 부르자고 했을 것이다.

요한복음 1장 1절에 "태초에 말씀이 계시니라 … 이 말씀은 곧 하나님이시니라"고 되어 있다. 중국어 성서는 이 구절을 "太初有道(태초에 도가 있었다)"로 번역했다. 한자 '道'에는 '말'이란 뜻이 있지만, 요한복음에서의 '도'라는 표현은 도가(道家)에서 말하는 '道'의 의미를 담고 있는 것으로 보인다.

'道'를 '도'라고 말할 수 있다면 그것은 항상 변함없는 참된 '道'라고 말할 수 없다. 명칭을 말로 표현할 수 있다면 그것은 절대 불변하는 실체의 명칭이 아니다. 가도(可道)는 '도를 말하다'이고 가명(可名)은 '이름을 말하다'라는 뜻이다. '名'은 일반적인 이름의 의미라기보다 드러난 현상세계에 대한 개념어 전체를 의미한다. 즉 의식으로 알려진 모든 개념을 '名'이라는 한 글자로 단축한 것이다. 다시 말해 '道'는 드러나지 않는 것, 즉 형이상학적인 개념어이고, '名'은 드러나 보이는 현상세계, 즉 형이하학적인 개념어라 할 수 있다. 따라서 '名'은 '드러난 것' '알려진 것' '구별되는 것'의 의미이다. 다시 설명하겠지만 비유하자면 '도'는 하나님, '명'은 예수님으로 설명할 수 있다. 궁극적 존재가 보이고 만져지는 형태, 즉 예수로 드러나셨기 때문이다.

혹자의 '名'에 대한 설명이 마음에 닿았다. '名' 자를 파자해 보면 저녁 석(夕)과 입 구(口)가 조합된 것이다. 석 자는 초승달을 형상화한 것이다. 밤이 되어 어두워지면 자기 몸이 타인에게 잘 안 보이기 때문에 상대방을 놀라게 하거나 자신도 놀랄 수 있다. 그래서 밤에 외출할 때면 입으로 소리를 내어 자신의 존재를 다른 사람에게 알렸다. 어렸을 때 깜깜한 밤이면 할아버지는 화장실에 가거나 이웃집에 가기 위해 마당을 지나면서 헛기침하시곤 했다. 이때의 헛기침은 할아버지의 존재를 드러내는 것이다. 내가 마당에 있으니 무슨 소리가 들려도 도둑이나 산짐승이 아니므로 두려워 말라는 의미의 헛기침으로 당신(名)을 드러내셨다. 즉 헛기침으로 산짐승과 당신(名)을 구분하신 것이다.

이름을 말해야 상대방은 내가 누구인지 알아차린다. 따라서 이름을 붙인다는 것은 다른 것과 구분하는 일, 경계를 짓는 일이다. 구분은 차이인데, 나와 너를 구분할 때 나라는 존재가 드러난다. 양택이라 이름 붙인 것은 다른 형제들과 구분하고 다른 이와 차이를 두기 위함이지 나를 정의하는 것은 아니다. 양택과 나는 아무런 관계가 없다. 아버지가 내 이름을 처음 그대로 두었다면 지금은 형택으로 불렸을 것이다. 한 사람인데 다르게 불릴 수 있다. 이처럼 이름으로 표현된 것은 본질을 담아내지 못한다. 다만 차이를 드러낼 뿐이다. 따라서 창조자 하나님은 모세에게 자신을 "나는 나다"라고 말씀하실 수밖에 없는 분이다. 노자 표현대로라면 가명 하는 것(이름 붙이는 것)을 거부하셨다. 즉 자신을 개념화하는 것을 반대하신 것이다. 창조자이신 하나님께 피조물과 구분해 이름을 붙일 순 없다. 이름을 붙이는 순간 창조자의 본질이 제한되어 이미 신의 이름으로 적절치 않기 때문이다. 그래서 신은 이름이 없어야 한다.

하지만 피조물은 구분을 위해 이름이 필요하다. 창세기에서 하나님은 첫 인간을 '아담'이라고 이름 지었다. 히브리어 '아담(אדם)'은 땅을 의미하는 '아다마(אֲדָמָה)'에서 파생했다. 창세기 2장에 등장하는 신인 '야훼 엘로힘'은 '땅(아다마)'에서 인간을 창조했기 때문에 '땅과 같은 존재'라는 의미를 지닌 '아담'으로 명명했다. 곧 인간은 흙으로 만들어졌으며, 죽은 후 흙으로 돌아가는 존재다. 고대인들에게 이름은 그 대상을 특징짓는 핵심 개념이다. 따라서 존재를 온전히 알게 될 때 그것을 가장 잘 설명할 이름을 붙일 수 있다. 인간의 속성이 궁극적으로 흙에서 왔으니 흙으로 돌아가는 존재, 즉 인간의 시작과 끝을 이름에 담았으니 적당한 이름이다. 반면에 하나님은 아담에게 피조물의 이름을 짓게 하셨지만(창 2:18~20), 선악을 알게 하는 나무와 생명나무의 이름은 아담을 만드시기 전에 말씀하셨으니 직접 지으신 것이다. 이 두 나무는 아담이 지을 수 있는 이름이 아니기 때문일 것이다.

아메리카 원주민들은 아이가 태어나면 이름을 붙이지 않고 가명으로 부르다가 아이의 특징이 드러나면 그때 이름을 붙인다고 한다. 아직 어떤 특성을 가졌는지 모르는 가운데 이름을 붙이는 것은 적절하지 않다고 본 것이다. 태어나면서부터 이름을 붙이면 이름과 그 아이의 성품이 다를 수 있다. 아이와 상관없이 부모의 욕망이 담기는 것이다. 이름은 우주인데 속 좁은 사람도 있고, 영광이란 이름을 가졌는데 전혀 관련 없는 사람일 수도 있다. 부모의 바람이 담긴다고 문제 되는 건 아니지만 적당하지 않은 이름은 부담이 되거나 불평의 이유가 될 수 있다.

하나님인 예수께서도 자신을 개념화하는 것에 대해 거부하시는 것이 합당하다. 예수께서 자신의 이름을 열어 놓으신 것은 당신이 하나님이기 때문이다. 그가 육신을 입고 태어나서 아버지 요셉이 붙여 준 이름 '예수'가 있지만, 자신의 이름을 열어 놓으셨다. 예수님은 "나는 ~이다(I am~, 헬라어로 εγω ειμι[에고 에이미])"라고 자주 말씀하신다. 야훼 하나님이 당신의 이름에 대한 개념화를 거부하시고 사역을 통해 드러내셨는데 예수께서도 그렇게 하셨다.

예수께서 열어 놓으신 이름을 정리해 보면 다음과 같다.

나는 생명의 떡이다 (요 6:35, 48)

나는 세상의 빛이다 (요 8:12; 9:5)

나는 양의 문이다 (요 10:7)

나는 선한 목자다 (요 10:11)

나는 부활이요 생명이다 (요 11:25)

나는 길이요 진리요 생명이다 (요 14:6)

나는 참 포도나무다 (요 15:1)

이같이 예수도 자신의 이름을 한정 지어 말하지 않고 사역을 통해 말씀하셨다. 즉 자신을 열린 존재로 말씀하신 것이다. 요셉은 그에게 예수라고 이름 지어 주었지만, 그 이름이 자신을 담아내지 못한다는 것을 아셨다. '예수'는 이스라엘 사회에서 흔히 쓰는 이름이었다. 육신으로 태어나서 요셉이 붙여 준 예수라는 이름이 있지만, 그 이름으로는 하나님의 아들인 자신을 설명할 수 없었다. 그래서 예수 역시 아버지 하나님처럼 다양한 사역 가운데 자신의 실체를 드러내셨다.

이렇게 예수는 어느 시대의 누구에게나 모든 이들의 하나님으로 다가온다. 또 우주 만물을 만드신 하나님의 사역은 모든 이들에게 기쁜 소식이어야 하기에 이름이 없다. 무엇보다 하나님이 자신의 이름을 열어 놓으신 이야기는 누구에게나 어디서나 기쁜 소식이다. '나는 이름이 없다. 나를 부르려거든 야훼라 하라. 그러나 나는 이름에 갇히지 않는다는 사실을 늘 기억하라.' 하나님의 이름이 없다는 것은 온 인류에게 기쁜 소식이다. 한 부족, 한 지역, 한 가지 사역, 한 시대에 갇혀 있는 신이 아니라 영원히 온 인류의 신이기 때문이다.

한 하나님에 대한 두 공동체의 고백

인류의 이야기는 신들의 이야기로 시작한다. 모든 문화권에서 인간은 다양한 신을 숭배했다. 인도에서는 인간이 섬기는 신이 얼마나 많은지 파악조차 할 수 없으며, 우리 민족도 고대로부터 숭배했던 샤머니즘을 비롯해 다양한 신을 섬긴다. 또 용감한 장수였던 최영 장군뿐만 아니라 억울하게 죽은 남이 장군 같은 인간 신, 놀라운 자연현상, 다양한 천상의 존재들 등 인간이 믿고 싶은 모든 것이 신이 될 수 있었다. 지금도 이전의 신들이 잊히고 새로운 신이 등장하지만, 인간이 섬기는 신의 숫자는 계속 늘어날 것이다.

그런데 인류의 종교사에서 한 신을 섬기는 것은 아주 낯선 일이며, 그리 오래되지 않았다. 현재까지 인류가 최초의 유일신을 섬기게 된 것은 이집트(애굽)의 아멘호테프 4세(Amenhotep IV, Ikhenaton) 때다. 아멘호테프 4세는 고대 이집트 제18왕조의 10대 파라오였는데, 재위 5년에 자신의 이름을 아케나톤(Akhenaton, 아텐의 영광)으로 개명했다. 아케나톤은 아멘(Amen, 테베의 수호신)에게 제사 지내는 신관들의 세력이 왕권을 억제할 정도로 커지는 것을 막기 위해 다신교였던 이집트의 종래 신들을 금지하고 태양신 아톤(Aton)만 숭배하는 최초의 유일신교를 도입했다.

학자들에 따라 모세의 활동 연대를 다르게 추정하지만 대개 아케나톤 재위 전후로 본다. 모세에게 나타난 야훼 하나님이 오직 한 신만 섬겨야 한다는 계명을 주신 때와 비슷한 시기에 아케나톤이 유일신 숭배를 도입했던 것으로 여겨진다. 종교학자 마르치아 엘리아데(Mircea Eliade)는 아멘호테프 4세의 종교를 평가하면서 '실제로는 이신교였다'라고 주장한다. 아멘호테프 4세는 전통적인 이집트의 종교처럼 그 자신도 신이라고 주장했기 때문이다. 따라서 신은 아톤과 아멘호테프 4세 둘인 셈이다. 다만 태양신 아톤은 아멘호테프 4세만을 위한 신이었다. 결국 인류 최초의 유일신은 야훼라고 할 수 있다. 게다가 모세에게 자신을 드러내신 야훼 하나님은 왕이 신의 대리인으로 숭배되는 것에 대해서도 거부하셨다. 신은 오직 야훼 한 분뿐이기 때문이다.

아케나톤은 왕권 강화를 위해 유일신을 섬기도록 종교 개혁을 시도했다. 반면에 모세에게 나타난 야훼는 인간들이 이전에 섬기던 신들과 전혀 다르다. 모세도 자신을 신이나 신의 아들이라고 말하지 않았으며, 압제하는 왕권 아래에서 고통받던 히브리 노예들을 해방시키려 한 야훼 하나님을 섬기라고 했다. 또 아케나톤 사후에 종교 개혁은 수포로 돌아갔지만, 모세에게 나타난 야훼는 계속해서 역사 가운데 당신의 백성과 함께하셨다. 야훼는 고대 사회에 흔했던 왕이나 귀족들만을 위한 신을 부정하셨고 철저하게 다신 사상도 거부하셨다.

야훼가 다양한 신이나 왕과 왕족만을 위한 신을 왜 거부하셨는지는 고통 받는 이들을 해방시키려고 모세를 부르신 사건에서 이미 잘 드러나 있다. 다른 신을 숭배하도록 허용한다면 애굽과 같은 계급 사회와 노예제도가 신의 이름으로 정당화되기 때문이다. 야훼 외에 다른 신을 섬긴다면 백성들이 불행해질 것이다.

그런데 놀랍게도 성서에는 하나님이 둘로 보이는 듯한 구절이 있다.

> 하나님이 이르시되 우리의 형상을 따라 우리의 모양대로 우리가 사람을 만들고 그들로 바다의 물고기와 하늘의 새와 가축과 온 땅과 땅에 기는 모든 것을 다스리게 하자 하시고 하나님이 자기 형상 곧 하나님의 형상대로 사람을 창조하시되 남자와 여자를 창조하시고 (창 1:26, 27)

하나님 자신을 '우리'라고 지칭했는데 그럼 여러 분이라는 말인가? 여기에서 우리가 누구를 가리키느냐 하는 것이 중요하다. 창조할 때 참여한 신이 여럿이란 말일까? 초대 교부들은 우리를 성부, 성자, 성령이라고 해석했다. 그러나 창세기의 이 부분을 기록할 당시 배경에서 볼 때 성자와 성령이라는 개념을 담고 있다고 해석하기에는 무리가 있다.

예수님이 승천하신 후 초대교회는 그의 정체성, 곧 지위와 신분을 두고 치열한 논쟁을 벌였다. 예수가 신이라면 결국 신이 둘이 되는 것 아닌가? 그 후에 다시 교회는 성령의 지위를 놓고 한바탕 논쟁했다. 성령님까지 신이라고 한다면 이제 신이 세 분이 되는 것이다. 그런 가운데 예수는 신이 아니며 신은 오직 하나님 한 분뿐이라고 주장한 교회나 성령은 신이 아니라고 주장한 자들이 이단으로 정죄되기도 했다. 다만 창세기를 기록할 당시에 예수와 성령의 존재를 인식하고 쓴 표현이라고 보기에는 어렵다. 우리라는 표현은 성서가 기록될 당시로 돌아가서 살펴보아야 한다. 현재 우리의 개념을 성서에 집어넣어 해석하는 것은 성서를 왜곡하는 것이기도 하다.

『창세기 다시 보기』에서 차준희 교수는 히브리어에서 '심사숙고의 복수형(plural of self-deliberation)'에 대해 설명한다. 이는 중요한 결정을 앞두고 심사숙고할 때 쓰는 화법이다. 여기서 '우리'는 하나님이 또 다른 신적 존재들과 협의하는 것이 아니라 하나님이 자신과 협의하는 것으로 해석하고 있다. 아마도 혼잣말하는 상황에 빗대어볼 수 있을 것이다. 우리는 어떤 중요한 결정을 할 때 스스로에게 혼잣말하기도 한다. "음, 어떻게 할까? 이렇게 하면 좋겠지? 그렇겠지?" 이는 하나님이 인간 창조라는 특별한 사건을 앞두고 스스로 중요한 결정을 내리는 상황을 보여 주기 위해 사용한 자기 자신과의 대화, 즉 복수형으로 간주할 수 있다는 것이다. 성서에는 이러한 표현이 몇 군데 더 있다(창세기 3:22; 11:7).

또 구약성서에서 하나님의 말씀 가운데 우리라는 복수형은 보통 '하늘 회의

(heavenly council)' 장면에서 언급된다. "내가 누구를 보내며 누가 우리를 위하여 갈꼬"(사 6:8) 즉 하나님이 하늘에서 천상의 존재들과 함께 하늘 회의를 열었다는 것이다(왕상 22:19, 욥 1:6; 2:1; 38:7). 고대 근동에는 하늘 회의라는 개념이 있었으며, 가나안에도 신들이 모여 회의하는 장소로 만신전(萬神殿, Pantheon)이 있었다. 우리에게는 낯설지만, 고대인들에게 있어 어색한 개념은 아니었다. 그래서 창세기의 '우리'라는 표현은 하나님이 주재하는 하늘 회의의 모습으로 보는 시각이 있었다. 그런데 이런 개념이 없는 현대인들에게 우리를 복수의 하나님으로 읽히는 것이다.

하나님의 이름 가운데 야훼와 엘로힘은 서로 다른 신이 아니라 한 하나님에 대한 두 공동체의 다른 고백이었다. 성서는 오직 한 신만 이야기하고 있다. 하나님이라고 번역되는 히브리어 단어 엘로힘(אלהים)을 한자 문화권에서 천주(天主)로 번역했고, 다시 근대 한국어에서는 '하나님'으로 번역했다. 엘로힘을 우리말로 처음 번역하고 의미를 설명한 사람은 스코틀랜드 선교사 존 로스(John Ross)다. 1882년 최초의 한국어 성경 『예수셩교 누가복음젼서』를 번역한 존 로스는 선교 보고서에서 '하늘(heaven)'과 '님(prince)'의 합성어인 '하느님'이 가장 적합한 번역이라고 주장했다.

그런데 한국 개신교는 '하나', 곧 유일하신 분이라는 신앙고백적 의미를 담아 '하나님'으로 이해하기도 하지만, '하나'와 '님'은 문법상 결합될 수 없는 말이므로 한동안 하느님만 사용되었다. 다만 현재는 개신교에서 하느님을 이르는 말로 하나님이 사용되고 있다. 개신교에서 하느님보다 하나님을 더 선호하는 것은 한 분 하나님을 강조하기 위함이라고 볼 수 있다. 한 분 하나님을 강조한 데에는 오랫동안 여러 신을 숭배 대상으로 삼아왔던 샤머니즘의 영향을 극복하려는 이유도 있다. 샤머니즘은 하늘 신뿐만 아니라 다양한 신을 섬겼는데 성서의 신을 그런 하늘신과 동일하게 표기하는 것에 대한 부담감이 있었고, 문법상 맞지 않는다 해도 하나님으로 부르고자 한 것이다.

인간에게 주어진 노동과 쉼의 권리

땀이 빗물처럼 흐르고 허리는 끊어질 듯 아프다. 게다가 몸이 천근만근으로 무거운데 고단하게 일하기를 좋아하는 사람이 있을까? 어려서 농촌인 고향을 떠나왔기에 농사일 경험이 많지 않은 나도 방학 때 잠시 밭일을 거들면서 노동이 얼마나 힘든지 조금은 알고 있다. 오뉴월 뙤약볕에서 하루 종일 벼에 얼굴을 긁혀가며 허리 숙여 김을 매고 또 감자 캐는 일은 만만치 않은 노동이다. 그러니 노동자의 삶은 어느 시대나 고단하다.

고대 신화 속 신들도 노동을 싫어했다. 다음은 수메르 북부의 고대 도시 아카드 제국(Akkadian Empire)의 창조 설화 「에누마 엘리시(Enuma Elish)」에 나오는 내용이다.

> 마르둑(Marduk) 신은 말한다.
> "내가 야만인을 창조하겠다. 그의 이름을 '사람'이라고 할 것이다. 그는 신들을 섬기는 책임을 맡을 것이다. 신들이 편안해지도록!"
> 노동에서 해방된 낮은 신들이 마르둑을 찬양했다.
> "우리를 강제적인 의무에서 풀어놓아 주신 주여, 우리의 감사를 당신 앞에 어떻게 나타내오리이까? 이제 성소라 불리는 집을 우리가 건립하리이다. 그 성소가 밤에는 우리들의 휴식처가 될 것이나이다."

마르둑이 사람을 만들어 낮은 계급을 가진 신들의 일을 대신하도록 하겠다는 내용이다. 또 고대 바벨론과 아시리아 지역의 서사시 「아트라하시스 서사시(Atrahasis)」에 따르면, 높은 계급의 신들은 쉬면서 놀고 낮은 계급의 신들은 일만 했다. 이로 인해 낮은 계급의 신들은 불만이 많았다. '같은 신인데, 우리만 뼈 빠지게 일해야 하다니!' 낮은 신들은 높은 신들에게 노동에서 해방시켜 달라고 떼를 썼다. 노동 해방을 요구하는 시위를 한 셈이다. 시위의 효과가 있었는지 이 문제를 해결하기 위해 신들의 회의가 소집되었고, 일을 대신 맡기기 위해 인간을 만들기로 결정했다. 결국 낮은 신들은 노동에서 해방되었다.

이처럼 고대 바벨론 지역의 신화들이 의도하는 인간 창조의 목적은 신들의 쉼과 행복을 위해 대신 노동하는 존재라는 것이다. 신화는 그것이 생성된 시대를 반영한다. 신의 대리자인 왕과 귀족을 위해 인간이 노동하는 것은 신의 뜻이므로 조용히 일이나 하라는 뜻이다. 반면에 성서는 에덴동산에서 인간이 영원한 복을 누리도록 하나님이 손수 일하신다고 묘사한다. 인간의 행복을 위해 하나님이 친히 일하시는데, 어찌 일하는 것을 천한 사람의 몫이라 하겠는가?

일하시는 하나님의 모습을 통해서 인간 창조는 인간의 노동할 권리가 하늘로부터 주어졌음을 선언하는 것이다. 노동하는 인간은 곧 노동하시는 하나님의 형상이다. 노동은 인간이 타락하기 이전에도 있었다. 창세기 2장 15절에서는 "야훼 하느님께서 아담을 데려다가 에덴에 있는 이 동산을 돌보게 하시며"(공동번역 성서)라고 말씀하신다. '돌보다'라는 표현은 '경작하다'라는 뜻인데, 인간이 '자연을 돌보고 관리하는 자'라는 의미다. 노동은 처음부터 인간에게 주어진 인간 삶의 본질이요, 하나님의 본질이기도 하다. 인간은 노동을 통해 자기 자신을 확인하고 성장하고 성숙해질 뿐 아니라 이웃과 연대하면서 봉사하기 때문에 하나님의 형상으로 지음 받은 존재임을 드러낸다. 하나님의 형상으로서 인간은 누구나 노동할 의무와 권리를 갖는다.

타락 이전에도 노동이 있었는데 노동이 '인간의 죄의 결과'라는 해석은 성서의 뜻을 바르게 담아내지 못한 것이다. 타락 이후 땀 흘려 일해야 한다는 것은 노동이 문제라기보다 노동의 현실적 구조를 문제로 보아야 한다. 노동을 즐기는 사람이 많고 건강에도 좋을 뿐 아니라 노동을 통해 얼마나 많은 아름다운 일이 이루어지는가? 다만 인간의 타락 이후 노동이 특정한 사람에게만 집중되면서 고통으로 받아들여지게 된 것이다. 마치 바벨론과 아시리아의 놀고먹는 신들을 위해 인간이 죽도록 고생하듯이 말이다. 고대 사회에서 왕과 그 가족들은 노동을 하지 않았다. 노동은 아래 계층이나 노예들에게 집중되었고, 노동의 열매는 노동자의 것이 아니라 권력자의 것이 되면서 노동은 곧 고통스러운 것이 되었다.

'노동에서의 소외'가 문제이지, 노동 자체는 얼마나 선한가? 창세기 3장 17절 "… 너는 네 평생에 수고하여야 그 소산을 먹으리라"라는 표현은 노동 자체가 문제라기보다 노동의 소외 문제로 볼 수 있다. 타락 전후로 인간이 일해야 하는 것은 변하지 않았지만, 노동의 조건이 변했다. 타락으로 인해 탐욕이 인간을 지배하면서 노동의 기쁨이 사라졌다. 오늘날 수고하지 않고도 호화롭게 사는 사람들이 있지 않은가? 이들은 "수고하여야 그 소산을 먹으리라"라는 하나님의 명령을 비웃지 않는가? 일하지 않고 살아가는 사람들이 있고, 이들을 먹여 살리기 위해 열악하고 억압된 노동을 해야 하는 현실이 인간을 비인간화하고 소외시킴으로써 노동하는 인간이 불행하게 되었다.

조선말 한국에 들어온 서양 선교사들이 테니스 라켓을 들고 공을 치고받으며 열심히 뛰어다니는 모습을 본 양반이 가마 타고 다가가 보고 혀를 차며 한소리를 했다. "힘든 일은 하인들에게나 시킬 것이지! 쯧쯧…. 에헴!" 양반들은 노동하지 않고 사는 것을 복이라 생각했다. 반면에 하인들은 저들의 몫까지 일해야만 했다.

인간은 본질은 노동하시는 하나님의 형상으로 지음 받아 노동하며 다른 사람들의 노동과 긴밀하게 결합되었을 때 존재의 의미를 지닌다. 노동에서 노동자가 소외되면 노동 주체들 간 사회적 관계 역시 파괴된다. 또 명령과 지시에 따른 고립된 작업 속에서 동료들 간 사회적 관계가 망가지고 노동자들은 파편화된다. 그로 인해 노동 집단 내에서 인간적·사회적 신뢰가 형성되지 못하고 노동자들은 고립된 존재로 남게 된다.

한때 한국 사회에서는 노동자들을 '공돌이' '공순이'라고 비하하지 않았던가? 오늘날 미국 사회에서도 히스패닉계 노동자들을 '아미고(Amigo; 친구를 뜻하는 스페인어)'라고 부르는 경우가 종종 있다. 부모가 지어준 이름이 있지만, 공돌이와 아미고 모두 이름조차 빼앗긴 노동자인 것이다. 노동은 아름다움을 창조한다. 일을 통해서 얼마나 많은 사람이 생존하고 기쁨을 맛보는가? 노동자는 그렇게 함부로 불러도 되는 존재가 아니다. 그런데 죄와 악이 많은 곳일수록 신성한 노동이 힘없고 가난한 사람들의 전유물이 되고 만다.

신의 뜻, 곧 마르둑의 뜻이니 인간은 신의 대리자인 왕과 귀족들을 위해 일해야 한다는 신앙은 노동자들의 소외를 낳을 수밖에 없다. 성서는 이러한 노동의 소외를 거부한다. 하나님께서 일하신다. 그러므로 모든 사람은 신성한 일을 해야 한다. 카를 마르크스(Karl Heinrich Marx)가 이것을 알았을까? 아닐 것이다. 마르크스는 교회로부터 하나님의 노동에 대해 배우지 못했고, 교회도 그렇게 살지 않았기에 노동의 소외를 경험했던 것이다. 그는 노동의 소외를 타파하고자 "만국의 노동자여, 단결하라"라고 외치지 않았던가? 교회가 노동의 본질을 바르게 가르쳤다면 마르크스는 기독교가 아편이 아니라 인류를 구원한다고 외쳤을 것이다.

노동은 하나님이 주신 복이다. 하나님이 일하셨다는 것은 일의 신성함을 의미한다. 내가 노동해서 거두어들인 열매를 나와 가족이 먹고 생존하는 데 무슨 불만이 있겠는가? 노동을 통해 그 열매를 먹는 것이 큰 복이 아닌가? 하지만 바벨론을 비롯한 고대 근동에서 노동은 신들에 의한 착취를 의미했다. 노동의 즐거움을 빼앗긴 것이다. 노동자는 노동과 열매로부터 유리되었고, 노동의 목적으로부터 수단이 유리되었다. 소외(alienation)라는 단어는 사회학적 의미를 갖는데, 사람들이 억압적이거나 자신의 통제를 넘어서는 사회 제도와 상호작용하게 될 때 경험하게 되는 무의미감과 무력감을 뜻한다.

노동 소외는 오늘날에도 여전하다. 가사 노동을 하는 주부들은 하루 평균 5시간 반 정도를 일한다고 한다. 그러나 여전히 가사 노동을 노동으로 인정받지 못하는 사회가 더 많다. 또 미국에 체류 중인 서류 미비자들이나 이주민들도 노동에서 소외되어 있다. 어쩌면 노동의 소외라기보다 인간 소외가 노동의 소외를 불러온 것이다. 그리고 노동의 소외는 인간을 비참하게 만들었다. 나아가 현대사회는 작업이 기계화·분업화되면서 노동자는 한 인격체가 아니라 기계적 존재로 취급받고 있다.

하나님은 당신이 손수 일하기를 즐겨하셨고, 인간에게도 에덴동산을 돌보라 하셨다. 또 당신이 안식하시고 인간에게도 안식을 허락하셨다. 하나님은 인간과 자신을 동일시하는 그런 신이시다. 하나님이 일하시는데 누가 일하지 않고 빈둥빈둥 놀 수 있는가? 하나님의 노동은 빈둥거리면서 파티나 즐기는 바벨론의 상류계층을 비판하고 있다. 하나님은 노동에서 벗어나 소비적인 삶을 사는 것에 대해 창조 질서를 벗어났다고 비판하신다.

고급 신들은 놀고 하급 신들이 일하는 바벨론 신들의 세계는 귀족들은 놀고 노예나 하층 계급의 인간은 노동해야 한다는 당위성을 말한다. 신화는 이것을 운명적으로 받아들이도록 뒷받침하면서 지배 논리를 정당화시키고 있다. 이에 반해 하나님의 인간 창조와 그분의 안식은 바벨론 신들과 근본적으로 달리한다. 성서에서는 노동이 결코 부정되거나 특정 낮은 계급의 일만이 아니라고 말하고 있다. 인간은 노동할 뿐 아니라 쉼도 보장받아야 한다. 하나님은 다른 신들과 달리 노동을 즐기시는 분이다. 또 노동 후의 쉼도 즐기신다. 이처럼 하나님의 인간 창조 이야기는 노동도, 쉼도 인간의 권리(출 20:9~11)라고 말씀하신다. 인간 창조 이야기(창 1:27~29)는 노동자들에게 복음이다. 만국의 노동자들이여, 노동의 즐거움과 그 열매를 즐기자! 하나님이 일하신다는 것은 우리에게 기쁜 소식이다.

하나님이 일하셨으니 우리도 일한다

'오~ 자유 오~ 자유 나는 자유하리라!'

창세기에 담긴 두 번째 외침도 노동에서의 자유다. 두 번째 창조 이야기는 다윗과 솔로몬 시대에 기록되었는데, 왕정 시대에서 노동의 소외를 담고 있다. 사사가 된 사무엘의 두 아들이 돈을 받고 판결을 굽게 하자 실망한 장로들이 사무엘에게 찾아와 왕을 세워 달라고 요구했다. "이게 나라냐?"라는 항의였다. 하나님은 사무엘에게 왕정 제도가 어떠할지에 대해 장로들에게 경고하라고 말씀하셨다.

> 이르되 너희를 다스릴 왕의 제도는 이러하니라 그가 너희 아들들을 데려다가 그의 병거와 말을 어거하게 하리니 그들이 그 병거 앞에서 달릴 것이며 그가 또 너희의 아들들을 천부장과 오십부장을 삼을 것이며 자기 밭을 갈게 하고 자기 추수를 하게 할 것이며 자기 무기와 병거의 장비도 만들게 할 것이며 그가 또 너희의 딸들을 데려다가 향료 만드는 자와 요리하는 자와 떡 굽는 자로 삼을 것이며 그가 또 너희의 밭과 포도원과 감람원에서 제일 좋은 것을 가져다가 자기의 신하들에게 줄 것이며 그가 또 너희의 곡식과 포도원 소산의 십일조를 거두어 자기의 관리와 신하에게 줄 것이며 그가 또 너희의 노비와 가장 아름다운 소년과 나귀들을 끌어다가 자기 일을 시킬 것이며 너희의 양 떼의 십분의 일을 거두어 가리니 너희가 그의 종이 될 것이라 (사무엘상 8:11~17)

하나님이 경고하신 대로 사울, 다윗, 솔로몬은 백성들이 기대하던 왕이 아니었다. 그들은 충성된 부하를 죽이려 했고 부하의 아내를 빼앗았으며, 자신을 위한 화려한 왕궁과 신의 이름을 빙자한 웅장한 신전을 짓느라 백성들을 동원하면서 고통이 가중되었다. 히브리들은 바로의 종에서 해방되나 했더니 이제는 솔로몬의 종이 되었다. 전에는 이방인 애굽 왕과 그들이 섬기는 신의 이름 아래 노예가 되어 착취를 당하고 사내아이마저 죽임을 당했다. 이제는 야훼 하나님의 이름으로 아들은 궁전과 신전을 짓는 데 동원되고 딸은 종과 시녀로 빼앗기게 되었다.

역대하 10절 4절에는 솔로몬 시대의 백성들이 얼마나 고통을 받았는지 잘 나타나 있다. 솔로몬을 이어 왕이 된 르호보함에게 장로들이 찾아와 호소한다.

> 왕의 아버지께서 우리의 멍에를 무겁게 하였으나 왕은 이제 왕의 아버지께서 우리에게 시킨 고역과 메운 무거운 멍에를 가볍게 하소서 그리하시면 우리가 왕을 섬기겠나이다

상비군을 가진 이방인들로부터 자신들을 보호해 달라고 왕을 세웠는데, 솔로몬의 통치는 애굽의 바로와 크게 다르지 않았다. 보호해 달라고 세운 왕이 요구한 노역은 이방인의 위협보다 더 무거웠다.

하나님이 허락한 지파 평등 공동체가 무너졌고 왕이 통치하는 이스라엘에서는 인간의 존엄성도 무너졌다. 두 번째 창조 이야기의 기자는 솔로몬 시대의 왕정 통치에 대한 저항을 창조 이야기를 통해 말하고 있다. 즉 인간은 하나님의 형상으로서 거룩한 존재이지, 전쟁에 동원되거나 정치가들을 위해 죽도록 궁궐을 짓고 그들의 즐거움을 위해 노동해야 하는 존재가 아님을 항변하고 있다.

히브리들이 애굽에서 고된 노역으로 인해 하나님께 호소했고, 하나님의 도우심으로 애굽에서 나와 약속의 땅에 자신들의 삶의 터전을 가지게 되었다. 애굽에서 겪은 히브리들의 고통은 출애굽기에 잘 나타나 있다.

감독들을 그들 위에 세우고 그들에게 무거운 짐을 지워 괴롭게 하여 그들에게 바로를 위하여 국고성 비돔과 라암셋을 건축하게 하니라 (출애굽기 1:11)

비돔은 '페르 아툼(Per-Atum)', 즉 '아툼(생각을 지배하는 신)의 집'이라는 뜻이고 '라암셋'은 본래 '페르 람세스(Per-Rameses; 람세스의 집)'라는 뜻이다. 히브리 노예들은 왕궁과 피라미드 건축에 동원되어 고통을 당했다. 반면에 점차 노예 중 다수를 차지하는 히브리들의 인구가 늘어나자 불안을 느낀 애굽 왕은 사내아이가 태어나면 죽이라고 명했다. 히브리들은 노동이 너무 고통스러워 야훼 하나님께 부르짖었고, 하나님이 응답하셨다.

이제 가라 이스라엘 자손의 부르짖음이 내게 달하고 애굽 사람이 그들을 괴롭히는 학대도 내가 보았으니 이제 내가 너를 바로에게 보내어 너에게 내 백성 이스라엘 자손을 애굽에서 인도하여 내게 하리라 (출애굽기 3:9~10)

노동에 대한 하나님의 말씀은 늘 노동의 소외로부터 인간을 보호하는 데 있다. 인간 창조의 목적은 신을 섬기는 일이나 신의 필요를 충족시켜 주는 데 있지 않고 하나님이 창조하신 인간과 세계를 향하고 있다. 즉 인간은 "생육하고 번성하여 땅에 충만하라, 땅을 정복하라, 바다의 물고기와 하늘의 새와 땅에 움직이는 모든 생물을 다스리"(창 1:28)도록, 즉 복을 받도록 지음을 받았다. 여기서 하나님은 인간이 신을 위해 창조되었다는 수메르나 바벨론 설화를 거부하고 인간의 복된 삶을 위해 열심히 일하시는 분으로 고백되고 있다. 인간 창조의 목적이 성전 건축이나 신을 예배하기 위한 존재만이 아니라 인류의 축복과 관련시킴으로써 신과 왕의 종으로부터 인간 해방을 선언하고 있다. 수메르와 바벨론의 인간론인 '인간은 신들을 섬기기 위해 창조된 존재이니 딴생각 말고 열심히 부역해라. 까불면 신이 노하신다. 알겠느냐?'라는 주장, 성서는 이런 지배 논리를 거부한다.

애굽에서의 노예 생활, 솔로몬의 학정, 바벨론 포로 생활 등 고통 속에서 무너져 버린 인간의 존엄성을 하나님의 인간 창조를 통해 다시 이야기하고 있다. 성서의 창조 이야기는 신들을 위한 노역에 시달리던 인간에게 얼마나 큰 위로가 되는 말씀인가? 복음이고 축복이다. 신전과 왕궁 건축을 위해 동원되어 강제 노역에 시달리던 사람들에게 얼마나 용기를 주는 말씀인가?

하나님의 안식은 인간 창조의 정점이다. 안식은 휴식뿐 아니라 창조의 기쁨을 향유하고 질서와 생명의 조화를 즐기는 것이다. 하나님이 창조의 완성으로 인간을 만드신 것은 왕을 섬기고 강제로 동원하기 위함이 아니요, 강제 노동에 종사하게 할 목적도 아니다. 안식은 인간 자신의 생존과 번영을 위해 기쁨으로 힘써 일하고 하나님이 베푸신 생명의 축제에 참여함으로써 함께 사귀고 즐기는 자유와 기쁨에 있다.

이 기쁨을 누리도록 하나님은 저들을 잘못된 노동에서 해방시키셨다. 그래서 강제 노역에 시달리는 백성을 젖과 꿀이 흐르는 땅으로 인도해서 자유와 평화의 삶을 허락하셨다. 그런데 솔로몬 왕은 약속의 땅을 애굽화시키고 바벨론 땅으로 만들었다. 두 번째 인간 창조와 노동에는 하나님의 백성들에게 주어진 왕국 이스라엘에서 재현되는 노동의 착취를 담고 있다. 안타깝게도 솔로몬 왕국과 애굽과 바벨론 같은 노동의 소외는 역사에서 반복된다. 고대와 중세 시대까지는 왕이, 현대사회에서는 자본이 노동자들을 억압하고 소외시키고 있다.

> 「근로기준법」을 준수하라! 우리는 기계가 아니다! 일요일은 쉬게 하라! 노동자들을 혹사하지 말라! 내 죽음을 헛되이 하지 말라! (1970.11.13, 전태일)

초등학교 중퇴 학력의 전태일, 그에게는 「근로기준법」을 가르쳐 줄 만한 대학생 친구가 없었다. 전태일 열사가 "「근로기준법」을 지켜라! 우리는 기계가 아니다"라고 외치며 분신자살했던 평화시장 앞, 청계천 오간수교에서 나래교 사이에 있는 1.4킬로 구간은 이제 '전태일거리'가 되었다. 굶주린 어린 여공들에게 풀빵을 건네고 정작 자신은 차비가 없어서 굶주린 배를 움켜쥐고 매일 11킬로의 출퇴근길을 걸었던 그였다. 열심히 일해도 배가 고플 수밖에 없는 노동의 소외를 초등학교 4학년 중퇴자가 깨달았는데, 온 인류가 노동의 소외를 인정하기까지 얼마나 오래 걸렸는가? 하나님이 일하셨다는 것을 아는데, 아니 하나님의 뜻을 받아들이고 「노동법」으로 제정하는 데 얼마나 오랜 세월이 걸렸는가?

성서 기자는 야훼 하나님의 감동을 받아 노동을 천하게 여기고 쉼을 왜곡하는 고대 근동의 신화에 대해 아니라고 선언한다. 백성들에게 강제 노역을 시키는 이스라엘의 왕들에게 하나님의 마음으로 아니라고 선언한다. 우리는 모두 하나님의 자녀이기에 하나님이 먼저 기쁘게 일하셨으니 우리도 기쁘게 일하고, 하나님이 쉬셨으니 우리도 안식하는 존재여야 한다고 고백한다. 모든 사람은 같이 일하고 같이 쉼을 누려야 한다.

창세기의 창조 이야기가 노동의 해방을 이야기한다는 사실을 알았다면 전태일은 얼마나 행복했을까? 안타깝게도 이 거룩한 하나님의 노동 이야기는 그에게 전해지지 않았다. 자신의 주장이 거룩한 하나님 나라 운동이라는 것을 모르고 외롭고 무섭고 고통스러운 길을 가지 않았던가? 교회가 처음부터 하나님의 인간 창조와 노동의 신성함으로 읽었다면 역사 속에서 노동 착취나 노동자들의 눈물은 없었을 것 아닌가? 따라서 하나님의 인간 창조 이야기는 복음이다.

야훼의 이름을 빌어 백성을 억압하고 빼앗는 자들을 향해 하나님은 안타깝고 속상해서 탄식하며 말씀하신다.

> 내가 너희더러 이거 내놓아라 저거 내놓아라 한 적이 있느냐? 너희의 재산을 떼어서라도, 내 목숨 살려 달라고 말한 적이 있느냐? (욥 6:22, 새번역)
>
> 이스라엘 그 어느 지파에게라도, 나에게 백향목 집을 지어 주지 않은 것을 두고

말한 적이 있느냐? (삼하 7:7b절, 새번역)

하나님은 인간들에게 조금도 부담을 주지 않기 위해 집도 없는 신이 되셨다. 나는 이렇게 인간을 아끼시는 야훼 하나님이 참 좋다. 누구에게나 참 좋은 신이라고 소개할 자신이 있다. 그가 어떤 신을 섬기던 그에게 야훼 하나님을 기쁨으로 소개할 자신이 있다. 하나님의 이야기는 모든 인류에게 기쁜 소식이기 때문이다.

3장

하나님의 인간 창조에서 사랑을 읽다

인간이 유토피아를 희망하는 이유

옛날에 금잔디 동산에 매기 같이 앉아서 놀던 곳
물레방아 소리 들린다 매기야 네 희미한 옛 생각
동산 수풀은 없어지고 매기 장미화만 피어 만발하였네
물레방아 소리 그쳤다 매기 내 사랑하는 매기야

미국 민요인 「매기의 추억(When You and I were Young Maggie)」의 작사자 조지 존슨(George Johnson)은 학교 교사 시절 제자 마거릿 클라크(Margaret Clark)를 사랑했다. 두 사람은 결혼해서 오하이오주 클리블랜드로 이주했는데, 불행하게도 매기는 결혼한 지 1년도 못 되어 결핵으로 숨을 거두었다. 존슨은 매기와 함께했던 추억과 애상을 「단풍잎(Maple Leaves)」이라는 시로 남겼고, 이 시에 친구 제임스 버터필드(James Butterfield)가 곡을 붙여 세상에 나왔다. 그리고 이 노래는 내게 다가왔다.

초등학교 3학년 때 전주로 전학 가야 했던 나는 외로울 때마다 어머니가 계신 곳, 친구들과 함께 뛰놀던 푸른 잔디의 언덕과 진달래 핀 고향 동산을 그리워하면서 「매기의 추억」을 부르곤 했다. 고등학교 때 예수님을 영접한 후부터 이 노래를 부를 때마다 고향의 푸른 언덕과 함께 에덴동산이 오버랩되었다. 매기와 존슨이 사랑을 속삭이던 동산이 마치 에덴동산처럼 아름답게 느껴졌기 때문이다. 어쩌면 인간이 한때 에덴에서 살았기 때문에 이상향을 그리워하는 것은 아닐까? 『실낙원』『에덴의 동쪽』 같은 작품을 남긴 작가들도 내 마음과 같았을까?

에덴동산 이야기는 몇 가지 질문을 하게 만든다. 에덴동산이 지구 어디에 있는가? 아담과 하와가 죄를 지어 에덴에서 쫓겨났다면 예수의 피로 죄를 용서받은 사람은 에덴동산에 다시 들어갈 수 있는가? 그런데 세계 곳곳에서는 에덴이나 실낙원과 비슷한 이야기가 전해진다. 우리에게도 에덴동산쯤 되는 무릉도원, 곧 신선(神仙)의 나라가 있다. 한자어 '신선'에서 선(仙) 자는 산 옆에 사람이 서 있는 형태의 상형문자다. 신선들도 에덴동산 같은 곳에서 살았나 보다.

에덴동산 이야기를 사실의 기록으로 믿고 그곳을 찾으려 했던 사람들이 많았다. 히브리어로 에덴은 '기쁨, 환희'라는 뜻이다. 그리스어로는 '파라다이스'인데, 이 단어는 본래 고대 페르시아어로 '울타리가 둘러쳐져 있는 즐거움이 넘치는 정원이나 공원'을 뜻한다. 고대인들이 남긴 이상향 이야기를 보면 대부분 울타리가 쳐져 있어 세상과 격리된 장소로 묘사된다.

현재 발견된 문헌 가운데 가장 오래된 낙원 이야기는 수메르 신화인 '딜문(Dilmun, Telmoon)'이라고 한다. 태양이 떠오르는 곳에 위치한 딜문은 신들의 거주지이며, "까마귀의 울음소리가 들리지 않았으며, 질병도, 괴로움도, 늙음도 없는 곳이다"라고 묘사되어 있다. 수메르의 「길가메시 서사시」에는 '마법의 정원'에 관해 상세하게 설명하고 있다. 영웅 길가메시가 산꼭대기에 있는 '신들의 정원'으로 들어갔는데, 그곳은 온통 보석으로 장식되어 있었다. 그곳 역시 격리된 공간으로 묘사하고 있다. 성서에서는 에덴동산에 대해 하나님이 아담과 하와를 쫓아내시고 화염검으로 그곳으로 가는 길을 막았다고 말한다. 이처럼 이상향은 모두 격리된 장소로 묘사되고 있다.

에덴동산 이야기는 다윗과 솔로몬 시대에 수집되기 시작했다. 그런데 '하나님의 사람'-하나님의 영감을 받아 성서를 처음 구전으로 남긴 사람, 기록한 사람, 성서 기자 등-이 보고 느끼고 이해한 다윗과 솔로몬 시대는 하나님이 원하시던 아름다운 세상이 아니었다. 즉 에덴동산 같은 평화로운 세상이 아니었다. 솔로몬 왕이 통치하던 시대는 정치적으로 안정되었고 경제적으로도 번영기였다. 왕족과 상류층 사람들은 사치스러운 삶을 살았지만, 백성들은 강제 노역과 징집 그리고 과도한 징세로 인해 고단한 삶을 살아야 했다. 이스라엘 백성들은 삶이 고단할 때마다 사사들이 다스리던 지파 평등 공동체를 그리워했다.

하나님의 사람은 왕이 통치하던 당시 사회에 대해 하나님을 떠난 실낙원(失樂園) 사회라고 외치고 있다. 백성들은 왕의 시녀나 노예가 되었고, 강제 노동에 동원되어 죽도록 고생하는 세상은 야훼가 원하시는 사회가 아니라는 하나님의 뜻을 전한다. "하나님은 우리에게 낙원을 허락하셨는데, 인간들이 실낙원을 만들고야 말았다! 솔로몬이 통치하는 세상은 하나님이 원하시는 사회는 아니다. 인간의 죄로 인하여 무너진 실낙원 사회다." 삶이 힘들수록 인간은 잃어버린 에덴동산을 간절히 그리워한다.

유토피아라는 말을 처음 쓴 사람은 토머스 모어(Thomas More)인데, 유토피아(utopia)는 그리스어 'ou(없다)'와 'eu(좋다)'라는 뜻을 함께 가진 'u'와 'topos(장소)'의 합성어다. 그는 『국가 중 가장 좋은 국가와 유토피아라는 새로운 섬에 관하여』라는 책의 서시에서 유토피아는 지리적·역사적으로 존재하지 않지만(numquam), 그곳은 '좋은 곳(Eutopia)'이라고 했다. 즉 유토피아는 이 세상에 '없는 곳(utopia)'을 뜻하면서 동시에 '좋은 곳'을 뜻한다. 따라서 유토피아가 이 세상에 '없는 곳'이라는 점에 초점을 맞추면 단지 환상의 세계일 뿐이다. 그러나 '좋은 곳'이라는 점에 비중을 두면 유토피아는 역사의 시작과 함께 인간이 도달하고자 끝없이 그리워하는 이상향 또는 그런 세상을 실현하고자 부단히 노력해 온 이상 사회(국가)를 가리킨다. 곧 하나님이 통치하는 세상, 하나님의 나라를 가리킨다. 이러한 관점에서 본다면 유토피아가 존재하지 않는다는 것은 다만 '지금' '여기'에 없다는 것이지, 그것이 결코 실현될 수 없다는 의미는 아니다.

에른스트 블로흐(Ernst Bloch)는 바로 이점을 주목한 철학자였다. 그는 유토피아를 '아직 없는 것(noch-nicht),' 즉 아직 실현되지 않은 미완성의 현실태(現實態)라고 보았다. 그러므로 블로흐에게 있어 유토피아를 추구하는 것은 허황된 꿈이나 관념으로 존재하는 것이 아니다. 오히려 이상 사회를 구현하기 위하여 진지하게 사색하고 계획하는 사고의 실험이며, 나아가 합리적이고 과학적인 사회 이론이었다. 그의 책『희망의 원리(*Das Prinzip Hoffnung*)』에서는 인간의 잃어버린 희망을 되살려 놓았다. 역설적이게도 그는 사회주의 철학자이지만, 기독교 신학자들에게 희망의 의미를 찾아주었다. 그의 영향을 받아 위르겐 몰트만(Jurgen Moltmann)이라는 신학자는 '희망의 신학'을 주장했다. 프로이트가 인간의 잃어버린 과거, 즉 무의식의 세계를 찾아주었다면 블로흐는 인간의 잃어버린 미래를 찾아주었다.

인간이 유토피아를 희망하는 것은 이미 과거에 경험했던 통치자가 없던 지파 공동체 시절과 아름다웠던 세상을 그리워하는 것이다. 인간의 집단 무의식 속에 아름다운 곳으로 기억된 고향, 어머니의 품, 더 멀리는 하나님이 처음 창조한 세상, 아름다운 곳, 지금은 잃어버려서 누릴 수 없지만, 하나님이 다시 회복시켜 주실 새 하늘과 새 땅, 즉 새 에덴동산을 그리워하는 것이다. 결국 과거로의 회귀를 의미하지만, 언젠가 다시 회복해야 할 것이자 앞에 있는 심히 보기 좋은 세상이라 할 수 있다. 인간에게는 하나님이 세상을 창조했던 그때, 범죄나 질병이 없던 그때, 오직 아름다움만 있던 그때, 심히 보기 좋았던 그곳의 기억이 집단 무의식 속에 남아 있다. 이처럼 집단 무의식 속에 남아 있는 아름다운 시절에 대한 이미지가 각 문화권 가운데 나타나는 고대인들의 낙원에 관한 이야기의 모티브가 되었을 것이다. 마치 조지 존슨의 마음에 금잔디 동산이 남아 있듯, 내가 산골 마을과 더 멀리는 어머니 품으로 기억되는 그곳, 그 시절을 그리워하듯이 말이다. 여기에서 에른스트 블로흐와 프로이트가 만나게 된다.

인간은 타락으로 인해 좋은 그곳을 잃어버리고 오늘 어려움을 당하고 있으며, 하나님은 본래 우리에게 이런 아픔이 있는 세상을 주지 않으셨고 언젠가 낙원을 회복시켜 주실 것이라고 선언한다. 인간 왕들의 폭력정치가 계속될 때 사람들은 메시아, 즉 하나님이 직접 보내실 왕 중의 왕이 오시기를 기대한다. 그분이 가져올 회복된 에덴동산-하나님 나라-을 소망하게 된다. 어려운 시절에는 이스라엘 백성들의 마음에 메시아 사상이 고개를 들기 시작한다. 본래 하나님이 선물로 주신 에덴동산을 회복시키실 분, 새 하늘과 새 땅을 가져오실 분이 오셔서 이루게 될 새로운 세상을 그리워했다(사 11:4~9). 예수께서 선포하셨던 하나님 나라의 개념이라 하겠다. 지금 여기에서 시작되어 완성을 향해 나아가는 하나님 나라의 운동이라 하겠다.

암울했던 1980년을 광주에서 보낸 내게 에덴동산은 낯선 동산이 아니었다. 절망의 순간에는 하루에도 몇 번씩 앞에 기다리고 있던 희망의 나라를 꿈꾸었다. 도시산업선교회 집회에서 22살의 여성 노동자가 차디찬 시신으로 발견된 'YH무역 여공 사건'을 통해 여성 노동자들의 슬픔과 아픔을 듣던 날, 가톨릭농민회에서 함평 고구마 재배 농부들의 절규와 울부짖음을 마주한 날, 독재에 항거하다 광주 금남로에서 최루탄을 뒤집어쓰던 날, 1980년 5월 18일 새벽 계엄군에게 신학대학교 기숙사에 감금되어 있던 날 애절한 목마름으로 앞에 있는 희망의 나라를 꿈꾸었다. 힘들고 어려울수록 희망의 나라는 더욱 그리웠다.

에덴동산 이야기를 읽을 때는 노찾사(노래를 찾는 사람들)가 부른 「그날이 오면」이 자연스럽게 떠오른다.

한밤의 꿈은 아니리 / 오랜 고통 다한 후에
내 형제 빛나는 두 눈에 / 뜨거운 눈물들
한 줄기 강물로 흘러 / 고된 땀방울 함께 흘러
드넓은 평화의 바다에 / 정의의 물결 넘치는 꿈
그날이 오면 / 그날이 오면 …

암울했던 시절, 살아남은 자의 슬픔과 고통을 맛보아야 했던 학창 시절 자유와 민주주의가 꽃피는 그 날이 오기를 소망하며 하루하루를 견디었다. 그날에 대한 소망이 없었다면 어찌 견디었을까? 에덴동산 이야기의 두 번째 의미는 실낙원을 견뎌내게 하는 기쁜 소식이었다.

마음의 고향, 우리들의 천국

에덴동산 이야기는 영화 「웰컴 투 동막골」을 생각나게 한다. 이 영화가 상영되자 좌우 이념논쟁이 벌어졌다. 하지만 동막골은 이념 논쟁이 없는 곳이기에 이 논쟁은 뒤로 미루자. 이념 논쟁을 멈추고 싶어서 만든 영화인데, 이념을 따지자고 덤비는 것 자체가 우스운 일이었다.

1950년 11월, 한국전쟁이 한창이던 어느 날 태백산맥 줄기를 타고 함백산 절벽들 속에 자리 잡은 동막골에 연합군 병사 스미스가 조종하던 미 전투기 P-47D 한 대가 추락한다. 여일(강혜정 역)이 이 광경을 목격하고 마을에 소식을 전달하러 가던 중 인민군 리수화(정재영 역) 일행을 만나게 되고 그들을 동막골로 데리고 온다. 바로 그때 부대를 이탈하여 길을 잃은 국군 표현철(신하균 역)과 문 상사 일행이 약초 캐던 마을 어른을 만나 동막골로 오게 된다. 동막골은 국군, 인민군 그리고 연합군 조종사가 만나면서 일촉즉발의 긴장감이 극도로 고조된다. 결코 어울릴 수 없는 국군, 인민군, 연합군이 전쟁이 뭔지도 모르는 동막골에서 맞닥뜨린 것이다. 총, 수류탄, 철모, 무전기와 전투기 등을 처음 보는 동막골 사람들에게는 그저 신기한 물건에 불과했다.

그런데 긴장감과 적대적 살기는 동막골 사람들로 인해 눈 녹듯 사라진다. 그런데 동막골에 추락한 미군기가 적군에 의해 격추됐다고 오인한 미군이 동막골을 집중 폭격하기로 한다.

'적 위치 확인…! 현재 좌표 … 델타 호텔 4045'

이 사실을 알게 된 국군, 인민군, 연합군은 동막골을 지키기 위해 공동 작전을 펼친다. 그런데 이들은 왜 목숨까지 걸고 동막골을 지키려고 한 것일까? 이들에게 동막골은 목숨 버리면서까지 지키고 싶은 마지막 남은 낙원이었다. 이념을 내세워 전쟁을 일으키는 이들의 살육으로부터 마지막 낙원 동막골 사람들을 보호해 주고 싶었기 때문이다.

동막골은 '아이들처럼 막살아라'라는 의미다. 아이들처럼 막살아라? 무슨 뜻일까? "… 어린아이들을 용납하고 내게 오는 것을 금하지 말라 천국이 이런 사람의 것이니라"(마 19:14) 예수께서 가르치고 싶었던 삶이 동막골의 삶이 아니었던가? 아이들처럼 사는 것이 곧 이상향의 삶이 아닌가? "젖 먹는 아이가 독사의 구멍에서 장난하며 젖 뗀 어린아이가 독사의 굴에 손을 넣을 것이라"(사 11:8) 독사에게 물린 아픔이 없는 아이에게 독사는 혐오의 대상이 아니다. 동막골은 뱀의 맹독조차 힘을 잃게 하는 어린이처럼 혐오, 분노, 미움 등이 없는 해맑은 모습으로 사는 곳이다.

그래서 동막골에는 이념과 탐욕에 물든 어른들이 만든 총, 칼, T-34 전차, 수류탄, P-47D 전투기 등 사람을 죽이고 상처를 주는 무기를 볼 수 없는 낙원이었다. 낙원을 상징하듯 동막골에는 나비가 동화처럼 등장한다. 추락한 조종사 스미스를 동막골로 데려온 것도 나비다. 박광현 감독은 상처 입은 영혼들을 나비가 마을로 이끈다고 나름의 의미를 설명했다. 사람이 죽으면 나비가 되고 또 그 마을의 수호신이 된다는 의미를 담았다. 그런 의미에서 동막골은 산 자와 죽은 자(조상신이 된 자)가 어울려 사는 아름다운 곳이다. 하나님과 인간이 어울려 사는 에덴동산과 유사하다. 동막골은 시간과 공간의 구분이 없는 곳이다.

동막골은 어른들도 양처럼 순수하다. 엉뚱하면서도 너무나 단순하여 오히려 논리적인 마을, 아이처럼 막사는데 오히려 혼돈이 없는 마을, 시간이 멈추고 공간을 넘나드는 동심의 세계, 결국 어린이가 사자와 함께 행복하게 뒹구는 마을, 동막골 밖에서는 존재할 수 없는 마을이었다. 참호 속을 한 번에 무덤으로 만드는 수류탄을 보고도 "저기 돌멩이냐?"라고 묻는다. 사람을 죽이는 총을 막대기의 일종이라고 생각한다. 아이들의 전쟁놀이에서는 막대기가 총이 되고 칼도 된다. 그 총과 칼은 살인 무기가 아니라 놀이 기구일 뿐이다. 저들에게 총이나 수류탄은 남을 죽이고 남의 땅이나 재화를 빼앗는 도구가 아니다. 그 땅에는 빼앗고 지켜야 할 것이 없다. 네 것 내 것이 없다. 탐욕이 없으며 해하거나 빼앗고 싶은 마음도 없다. 그래서 해함도 없고 상함도 없다. 어린아이들은 감정을 억압하지 않는다. 마음껏 표현하고 공감받아야 하는 곳이 동막골이다. 억압하지 않으니 훗날 돌아와 삶을 흔들어놓을 것이 없다.

전국에는 동막골이라는 지명이 많은데, 산이 막혀서 더 이상 동쪽으로 갈 수 없는 마을을 뜻한다. 그래서 '동막'이라는 이름이 붙은 마을은 첩첩산중에 있기 마련이다. 영화에서는 아이들처럼 막사는 마을이라고 해석했지만, 우리나라 지형 조건상 동막골이 많다. 이 동막골은 복잡하고 탈 많은 속세에 시달린 사람들이 돌아가고 싶은 사막의 오아시스 같은 마을이다. 세상과 단절된 마을이라기보다 세상 사람들이 꿈꾸는 마지막 희망을 간직한 마을이 동막골이다. 영화 「웰컴 투 동막골」의 동막골이 그랬다. 국군도, 인민군도, 연합군도 한편이 되는 무(無)적의 마을, 바로 유토피아다. 동막골은 이념 갈등도, 언어의 장벽도, 모두 뛰어넘어 군인도, 인민군도, 연합군도 모두를 친구로 만든다. 동막골은 창을 녹여 보습을 만들 듯 수류탄이 터져도 사람은 다치지 않고 대신 옥수수가 팝콘으로 바뀌어 눈처럼 흩날리는 완벽한 유토피아다. 수류탄도 무서워하지 않는 여일과 '손들어'도 모르는 순박하고 천진한 사람들이 있는 동막골은 이 세상에 존재할 수 없는 마을이다. 에덴동산 같은 마을이다. 그러니 생명을 바쳐 동막골을 지켜야만 했다. 동막골마저 없어지면 이젠 희망이 없기에 함께 지키려고 한 것이다. 잃어버렸다고 믿었던 에덴동산을 찾은 저들은 동막골이 실낙원 되는 것을 막고 싶었던 것이다. 애써 이 땅에 있는 아름다운 동산을 지키려 했다.

이청준 씨의 소설 『당신들의 천국』은 소록도에 조백헌이라는 신임원장이 부임하면서 시작된다. 그는 군의관이자 현역 대령이다. 그는 부임하면서 소록도를 한센병 환자들의 낙원으로 만들어주겠다고 말한다. 그러나 원생들은 그냥 흘려듣는다. 조백헌도 이전 원장들처럼 한센병을 앓고 있는 사람들에게 낙원을 만들어준다는 미명 아래 자신의 명예욕을 충족시키려는 것으로 받아들였다. 30년 전 주정수라는 원장이 있었는데, 그는 처음으로 "이 섬을 한센병 환자들의 복지 공간으로 꾸밀 것"을 약속했고 원생들도 감동해서 자신들을 희생해가며 낙원 건설 사업에 참여했다. 그러나 일이 진행되면서 원생들은 생각지도 못했던 배신감을 맛보았다. 원장은 점점 성취욕에 눈이 멀어 새로운 일거리를 만들었고, 그것을 위해 원생들은 점점 더 많은 강제 노역과 수탈에 시달리게 되었다.

> 주정수는 크게 만족했다. 그러나 원생들은 물론 만족할 수 없었다. … 섬 안의 시설이 한 가지씩 늘어갈 때마다 그만큼 섬 전체가 천국에 가까워지기는커녕 오히려 점점 더 지옥으로만 변해가고 있었듯이, 이번에도 이 섬에는 공원이 하나 더 늘고 그곳에 바쳐진 자신들의 노력과 희생이 크면 클수록 그 노력이나 희생의 크기만큼 섬은 점점 더 낙원과는 인연이 멀어져갔다.

원생들의 천국이 아니라 주정수의 천국으로 변해갔다. 드디어 원장과 원생들 사이에 앙금이 생기고 지배와 피지배가 생겨났다. 원장에게 아첨하는 원생들이 헌금과 노역을 강요하고 주정수 원장의 동상을 세웠다. 그러나 결국 주정수는 원생의 손에 살해되어 그의 동상 앞에서 쓰러진다. 그 후 소록도에는 많은 원장이 거쳐갔지만 섬은 점점 더 배반으로 채워져 갔다. 원장들은 유토피아를 이야기했지만, 섬은 점점 디스토피아(dystopia)가 되어 갔다.

소설에서 조백헌은 깊고 어두운 불신을 걷어내려고 최선을 다한다. 원생들을 설득하여 다시 낙원을 꿈꾸기 시작한다. 그러나 그럴 때마다 다시 디스토피아로 만들려는 망령이 꿈틀거린다. 우여곡절 끝에 조백헌이 섬을 떠났다가 민간인 신분으로 원생들과 함께 낙원을 꿈꾸기 위해 다시 돌아온다. 조백헌보다 먼저 섬을 떠났던 보건과장 이상욱의 편지 한 통이 조백헌을 다시 그 섬으로 보냈다. 그 편지는 같은 운명을 살지 않는 사람 사이에서는 믿음이 생길 수 없고, 서로의 믿음이 없는 한 아무리 헌신적인 사랑이나 봉사도 자기도취적 동정으로밖에 보이지 않는다라는 내용이었다. 소설은 조백헌이 윤혜원과 서미연의 결혼식에서 할 축사를 연습하는 장면으로 끝이 난다. 신랑 윤혜원은 비록 음성이지만 여전히 한센병 환자이고, 신부 서미연은 건강한 처녀였다. 운명을 같이하는 믿음과 사랑을 바탕으로 여전히 자신들의 천국을 꿈꿀 수 있다는 희망으로 소설은 끝맺는다. 이들의 결혼으로 드디어 저들의 천국이 아니라 우리들의 천국, 원생들의 천국이 소록도에 싹트기 시작한다.

남조선 해방을 위한다면서 전쟁을 일으킨 사람들 그리고 자유와 평화를 지키기 위해 맞서 총을 들어야 했던 사람들이 변화되는 곳, 동막골은 영원히 지키고 싶어지는 곳이자 영원히 그리워하는 곳이다. 동막골은 한국인이 기다리는 네버랜드(Neverland; 어디에도 없는 곳), 즉 에덴동산과 같다. 이 세상에 존재하지 않는 희망의 나라(환상의 나라)라 할 수 있다. 남과 북, 심지어 스미스로 대변되는 외세조차도 동막골에서는 한 형제가 된다. 이데올로기가 배제된, 혹은 어느 쪽 이데올로기도 모두 실현되어 버린 순수의 상태, 모든 'ism'에서 벗어난 낙원이 동막골이다. 그래서 동막골은 언젠가 돌아가야 할 마음의 고향이다. '우리들의 천국'이 그곳에 있기 때문이다.

복낙원을 설명하는 실낙원

> 무(武)라는 것은 말이다. 아무리 좋은 말로 두르고 감싸려고 해도 종내에는 베고 베이는 것이다. 무라는 글자가 뜻하는 바가 무엇인 줄 아느냐? 지과(止戈)니라. 그칠 지(止) 창 과(戈), 창을 그친다는 의미다.

대하드라마 「불멸의 이순신」에 나오는 이순신의 스승 남궁두(南宮斗)의 가르침이다. 무기는 창을 그치게 하려고 만들기 시작했다. 그런데 창을 그치게 하겠다고 핵무기까지 만드는 곳이 세상이다. 이상 사회, 공산 사회를 만든다면서 동족을 향해 전쟁을 일으킨 것처럼 말이다. 아니다. 칼을 쳐서 보습을, 칼을 쳐서 보습을 만들어야 한다. 이사야 선지자는 이런 나라를 미리 보았다.

> … 무리가 그들의 칼을 쳐서 보습을 만들고 그들의 창을 쳐서 낫을 만들 것이며 이 나라와 저 나라가 다시는 칼을 들고 서로 치지 아니하며 다시는 전쟁을 연습하지 아니하리라 (사 2:4)

고대로부터 힘 있는 자들은 '백성들의 천국'을 만들어주겠다며 백성들을 선동했다. 솔로몬이 그랬고, 히틀러가 그랬고, 민주 공화국인 대한민국의 독재자들이 그랬고, 북한의 김 씨 일가가 그렇지 않았던가? 그러나 실제로는 자신들의 천국만 만들었다. 그들에게 자유와 재물과 인권을 빼앗긴 백성들의 천국은 없었다. 역사에서 힘 있는 자들의 천국은 늘 있었다. 아니, 그들의 마음에 탐욕과 지배욕으로 가득했으니 저들의 지옥이라는 표현이 맞겠다. 성서는 지배자들의 천국이 아니라 지배자도 피지배자도 없고 모두가 하나 되는 우리들의 천국을 이야기한다. 이리와 어린 양, 표범과 어린 염소, 송아지와 어린 사자와 살진 짐승, 암소와 곰이 함께하고, 사자가 소처럼 풀을 먹으며, 젖 먹는 아이와 독사가 함께 어우러진 우리들의 천국을 이야기한다(사 11:6~8). 사자, 이리, 표범, 곰, 독사만의 천국이 아니라 모두의 천국 말이다.

맨해튼 33번가에 가면 '파라다이스 클럽'이라는 간판을 볼 수 있는데, 아마 누드 무희들이 춤추는 술집일 것이다. 서점에서 일하면서 공부할 때 33번가 코너를 지나면 파라다이스를 소개하는 전단지를 나누어 주는데, 그 전단지에는 하와를 유혹했던 뱀만큼이나 매혹적인 누드 여인이 고혹적인 눈빛으로 유혹한다. 에덴동산이 울타리가 쳐져 있듯이 그곳도 칸을 막아놓고 환희를 즐기는 곳 같다. 사실은 낙원이 아니라 실낙원일 텐데 파라다이스라고 이름 지었다. 돈을 뿌려대는 사람들에게는 그곳이 파라다이스 사촌쯤 될지 모르지만, 그곳에서 돈을 위해 웃음과 먹고 살기 위해 춤을 파는 고단한 여자들에게는 그녀들의 지옥 같을 것이다.

다시 이청준 씨의 소설이다. 열림원 출판사 홈페이지에 게재된 '작가의 말'을 그대로 퍼왔다. 아무리 애써도 나는 그의 글솜씨를 도저히 따라갈 수 없기에 그대로 인용한다.

> '이어도'는 제주도 뱃사람들의 구전으로 전해져 오는 피안(彼岸)의 섬 이름이다. 대개의 문학 작품들에 나타나는 피안의 이상향이란 현세의 모든 고난과 갈등에서 해방된 지극히 아름답고 행복스러운 복락(福樂)의 땅으로 그려지고 있다. 이어도 역시 제주도 뱃사람들의 그런 복락과 구원의 이상향이 되고 있다. 그러나 이어도는 다만 그러한 구원과 복락의 이상향일 뿐만 아니라 제주도 뱃사람들의 죽음의 섬을 의미하기도 한다. 뱃사람들이 바다를 나갔다 돌아올 수 없게 되면, 그들은 마

침내 이어도로 갔노라고 믿는다 한다. 이어도로 가서 이어도의 복락을 누리게 된 거라고 믿는다 한다. 그리고 그것을 믿고 싶어 하는 뱃사람들은 그들의 위험스러운 뱃길을 이어도로 위로받으며 두려움을 견디며 배를 타고 바다로 나갈 수 있었을 것이다.

그러므로 이어도는 또한 제주도 뱃사람들의 죽음의 섬이기도 한 것이다. 그리고 그 복락의 이상향에 대한 꿈과 죽음의 공포로써 이어도는 다만 피안의 섬으로서만 존재하는 것이 아니라 제주도 뱃사람들의 차안(此岸)의 삶 속에서 그 주술적인 힘이 현실화한다. 제주도 뱃사람들의 차안의 삶을 간섭하고, 그 현실적인 삶의 모습을 결정지으며, 그 의미를 해명한다.

나는 소설 『이어도』에서 이어도의 전설을 소개하고 그 섬의 정체를 밝히려는 것이 아니라 그 섬이 어떻게 우리들의 삶을 거꾸로 간섭해 왔고, 또 만들어 왔는가를 보려고 노력했다. 이어도를 빌어서 피안의 그것이 아닌 현실의 삶의 한 참 모습을 해명해보고 싶어 한 것이다.

바라건대, 우리에게 더 많은 이어도가 있어 줬으면 좋겠다. 그것은 이어도가 실재 아닌 허구에 불과한 것이라 하더라도 우리는 때로 가시적인 사실에서보다는 그 허구 쪽에서 오히려 더 깊은 진실을 만나게 될 때가 있으며, 자유로운 정신의 모험을 꿈꾸는 한 개인의 내면사와 그가 실존하고 있는 현실과의 갈등 속에 우리는 가장 절실한 우리 삶의 참모습을 발견할 수 있기 때문이다.

이 땅에는 우리의 희망을 빼앗아 버리는 일들이 참 많다. 엉겅퀴 같은 것들이 우리를 힘들게 한다. 때로는 독재 권력이, 때로는 사회구조적 악이, 때로는 척박한 삶으로 인해 고통스럽고 가치 없는 땀을 흘리게 하고 우리를 슬프게 한다. 그러나 슬픔 없인 일어날 힘도 없다. 세상이 타락하고 고통스러울수록 많은 사람은 에덴동산을 더욱 그리워하게 된다. 비록 지금은 그곳에 갈 수 없지만, 그곳을 그리워하는 마음만으로도 얼마나 행복한가? 그리고 그날에 새 하늘과 새 땅을 가져오시는 메시아가 있으니 얼마나 희망으로 가득한가? 에덴의 이야기는 거꾸로 우리의 삶 속에 간섭하며 들어온다. 오히려 앞에 있는 에덴동산을 소망하게 한다.

화려하고 웅장한 예루살렘 성과 거룩하고 신비한 성전이 있지만, 다윗과 솔로몬의 통치는 그들만의 천국이었다. 이 척박한 삶 속에서 하나님의 감동을 받은 이사야 선지자는 인간에게 척박한 환경이 아니라 에덴동산을 허락하시는 하나님이심을 고백한다. 그분은 잃어버린 에덴을 결국 회복해 주실 것이라는 소망을 갖게 하시는 분이라는 고백이다. 이 소망은 다시 오실 그리스도에게까지 계속된다. 나는 이것을 하나님의 영감이요, 성령의 감동행전(感動行傳)이라 믿는다. 가진 자들의 천국, 힘 있는 자들의 천국이 아니라 우리들의 천국을 하나님이 허락하셨다고 믿는다. 비록 지금은 잃어버렸지만, 그날이, 우리들의 에덴동산이 다시 올 것이라고….

에덴동산의 이야기는 피안의 세계로 우리를 이끄는 것이 아니다. 에덴동산의 희망은 오늘 우리의 삶 속으로 파고들어 와서 우리의 삶을 간섭해서 하나님 나라에 잇대어 있게 한다. 에덴동산은 오늘과 동떨어져 있는 것이 아니라 오늘 여기, 즉 고난과 척박한 세상에서부터 하나님 나라를 살아내려고 애쓰는 우리의 관계에서부터 시작된다. 에덴동산 이야기는 피안의 세계로 우리를 도피시키는 것이나 먼먼 옛날이야기 '전설 따라 삼천리'에 나오는 이야기가 아니다. 오늘 이곳을 하나님의 나라로 만들어가게 하는 희망의 복음이다. 오늘 이곳을 에덴으로 만들어가야 한다.

에덴동산은 처음부터 이상향이 아니었다. 에덴동산에는 금지법("선악을 알게 하는 나무의 열매는 먹지 말라")이 있었고, 간교함("뱀은 여호와 하나님이 지으신 들짐승 중에 가장 간교하니라")이 있었다. 이는 오늘 우리가 살아가는 사회와 별로 다르지 않다. 각종 규제와 간교함이 있는데 어찌 이상향인가? 하지만 성서는 규제와 간교함이 있음에도 에덴동산이라고 부른다. 오늘날에도 통제하는 많은 법과 규칙이 있고, 금기가 있다. 게다가 우리가 사는 사회에도 간교한 일들이 얼마나 많은가? 그런데 에덴동산이 에덴동산일 수 있는 것은 하나님과 바른 관계에 놓여 있기 때문이다. 에덴동산은 격리된 장소나 환경이 아니라 그분과의 관계로 볼 수 있다. 아담과 하와가 아름다운 관계에 있을 때 에덴동산이고 하나님을 떠났을 때 실낙원이 아닌가? 오늘날도 하나님과 바른 관계에 들어가면 그곳이 곧 에덴동산이 아닌가?

예수님은 성령이 오실 것을 말씀하셨는데, 성령님과 교제하는 순간이 에덴의 삶이 아닌가? “그 날에는 내가 아버지 안에, 너희가 내 안에, 내가 너희 안에 있는 것을 너희가 알리라”(요 14:20) 너와 내가 구분되지 않는 완벽한 관계가 있는 곳이 에덴동산이고, 하나님 나라다. 예수께서 바리새인들 사이에 서서 말씀하셨다. “하나님의 나라는 너희 안에 있느니라”(눅 17:21b) ‘안에’는 헬라어로 엔토스(ἐντὸς)인데, ‘within, inside’이나 ‘midst, with, among’으로 해석하느냐에 따라 의미가 달라지지만 결국은 같다. 우리 안에 하나님 나라가 임하면 이웃과의 관계에서 하나님 나라가 임하기 때문이다. 나누고 차별하는 바리새인들 사이에 화해시키고 사랑하는 예수께서 서시면 그곳이 하나님의 나라이고, 그곳이 곧 에덴동산이다. 오늘 우리의 삶이 척박하다 해도 주님이 함께하시면 잃었던 소망이 다시 회복된다. 삶이 우리를 속일지라도 주님이 함께하시면 에덴처럼 평화와 행복을 맛보게 된다. 주님이 오늘 우리로 에덴의 삶을 살게 하신다. 에덴 이야기는 그래서 복음이다. 에덴이 없다면 힘들고 어려운 세상을 어떻게 이겨 나갈 수 있겠는가?

에덴동산 이야기와 타락은 ‘실낙원’을 이야기하지만, 실낙원(失樂園)은 우리 앞에 기다리고 있는 복낙원(復樂園)을 설명하기 위한 이야기일 뿐이다. 실낙원은 상징 언어로 1차적인 의미다. 상징 언어는 1차적인 의미를 넘어 2차적인 의미를 말하고자 하는데, 에덴동산 이야기의 2차적인 의미는 앞에 있는 하나님 나라다. 에덴동산 이야기에서 인간의 타락과 에덴에서 쫓겨나는 이야기는 1차적인 의미인데, 지금까지 우리는 이러한 문학적 장르를 이해하지 못하고 에덴 이야기에서 인간의 타락만 보았다. 처음 에덴동산 이야기를 들었던 동시대 사람들은 타락 이야기에서 당시 왕정의 타락만 본 것이 아니다. 이것은 하나님이 원하시는 세상이 아니라고, 하나님은 아름다운 에덴을 만드셨다고, 나아가 그날이 올 것이라는 희망을 보았다. 즉 복음이었다.

생명의 근원은 창조주 하나님

화가들은 가장 그리기 쉬운 그림이 신이고, 가장 그리기 어려운 것이 동네 강아지라고 한다. 신을 본 사람이 없으니 마음대로 그려도 되지만, 동네 강아지는 너도나도 알고 있고 조금만 다르게 그려도 곧 알아채기 때문이다. 초상화 역시 그리기 어렵겠다. 하나님이 세상을 만드실 때 가장 신경 쓰신 존재가 인간이었을 것이다. 화가들에게 자화상 그리기가 어렵듯이 당신을 닮은 인간을 만드시려니 자화상 그리듯 좀 신경이 쓰이셨을 것이다.

그런데 성서에서는 하나님께서 두 번이나 인간을 만드신 것으로 읽힌다. 인간의 창조 방법이 두 가지로 기록되어 있는데, 어느 것이 맞을까? 엄밀히 말하면 세 가지 방법이다. 흙으로 만든 인간이 있고, 말씀으로 만든 인간이 있다. 그리고 여자는 남자의 갈비뼈로 만드셨다. 이는 두 가지 창조 전승이 하나로 편집되면서 두 가지 인간 창조 이야기가 성서에 들어온 것으로 보인다. 첫 번째 창조는 특별한 언급이 없다. "하나님이 자기 형상 곧 하나님의 형상대로 사람을 창조하시되 남자와 여자를 창조하시고"(창 1:27) 두 번째 인간 창조는 흙으로 사람을 지으시고 생명의 기운을 불어넣으셨다고 한다. "주 하나님이 땅의 흙으로 사람을 지으시고, 그의 코에 생명의 기운을 불어넣으시니, 사람이 생명체가 되었다."(창 2:7, 표준새번역) 더 오래된 두 번째 창조 이야기는 마치 토기장이가 진흙으로 사람을 빚는 모습이다.

하나님이 인간을 창조하신 부분을 읽으면 피그말리온이 생각난다. 그리스 신화에 나오는 젊은 조각가인 피그말리온(Pygmalion)은 아름다운 여인과 살고 싶었다. 그런데 그가 살던 키프로스의 여인들은 나그네를 박대했다는 이유로 사랑과 아름다움의 여신 아프로디테의 저주를 받아 나그네에게 몸을 팔아야만 했다. 이 때문에 여자들에 대한 혐오감을 갖고 있던 피그말리온은 마음에 그리던 이상적인 여인을 조각하기로 결심했다. 오랜 시간과 정성을 다해 상아로 이상적인 여인을 조각하고 갈라테아(Galatea)라고 이름을 붙인다. 그는 자신이 조각한 아름다운 여인상을 사랑하게 되었고, 이 여인상을 아내로 맞이하게 해 달라고 간절히 빌었다. 그의 사랑에 감동한 아프로디테가 여인 조각상에 생기를 불어넣어 사람으로 변하게 했고, 피그말리온은 그녀와 결혼하게 된다.

그러면 인간 창조 이야기는 하나님이 인간을 만드신 방법을 알리려는 사실의 기록일까? 인간을 흙으로 만드셨다는 사실을 알리려고 이 말씀을 기록했을까? 이 세상에 존재하는 모든 것들을 하나님께서 일일이 빚어 만드셨음을 알리려고 한 것일까? 또 공룡부터 아주 작은 벌새까지 만드셨다고 말씀하시는가? 눈에 보이지 않는 미생물을 만드셨다는 말씀이 기록에는 없으니 이런 것들은 하나님이 만들지 않으셨는가? 하와를 만들기 위해 흙이 아닌 아담의 갈빗대 하나를 취하시고 그 자리를 살로 대신 메우셨다고 한다. 그럼 그 살은 무엇인가? 아담의 살인가? 궁금증은 끝도 없다. 아니면 그 이야기를 통해서 하나님이 말씀하시려는 다른 뜻이 있을까? 두 번째 인간 창조 이야기 역시 메타포로, 하나님이 우리에게 주시려는 2차적 의미를 담고 있다.

천지 창조의 다른 부분들처럼 인간 창조 이야기도 우리에게 인간의 생성과 기원에 관한 자연과학적 사실과 보편적인 지식을 전달해 주기 위해 기록된 것이 아니다. 인간 창조 이야기는 '하나님이 인류의 창조주이시다'라는 신앙을 성서 기자가 그 시대의 정신사적 구조와 표현 방식에 담아 동시대인들에게 전하려는 노력의 산물이다. 즉 하나님에 대한 같은 고백인데, 이야기를 구전으로 전하는 자와 기록하는 성서 기자가 다르고, 담아내는 그릇이 다르고, 언어가 다르고, 듣는 청중이 달라서 다른 형태의 이야기로 기록되었을 뿐이다. 하나님의 뜻을 기계적으로 반복하는 것이 아니라 동시대의 언어로, 동시대인들이 늘 접하는 소재들을 사용하여, 동시대인들이 사용하는 이야기 형태, 즉 장르로 기록하여 전달하셨다. 이에 대해 구약성서학자 클라우스 베스터만(Claus Westermann)은 성서의 창조 설화들이 새로운 경험을 통해서 수정되고 변화되는 '해석학적 과정' 속에 있다고 말한다. 하나님의 뜻이 말씀을 듣는 공동체에 의해서 그들에게 들리는 단어, 문장, 글쓰기 형태로 해석되어 기록되었다는 뜻이다.

'인간이 흙으로 지음을 받았다'라는 표현은 성서뿐 아니라 고대 문화권에서 널리 알려져 있다. 또 인간을 '땅의 깊은 곳에서 지었다'라는 표현은 '모든 산 자의 어머니인 땅'에 대한 고대의 설화적·신화적 표현이다. 고대인들은 인간도 곡식처럼 땅속에서 싹터 오른다고 생각했다. 고대 아프리카, 그리스, 바빌로니아, 유대, 이집트에서 찾아볼 수 있는 공통적인 표현이다. 메소포타미아와 이집트의 문헌에도 인간은 흙으로 지음 받았다고 기록되어 있다. 이집트에는 창조의 신 크눔(Khnum)을 새겨 놓은 비문에 아멘호테프 3세(Amenhotep III)의 아들이 흙으로 지음을 받았다고 묘사되어 있다.

고대 사회에서는 땅을 만물에게 생명을 주는 어머니의 품으로 이해했다. 고대인들에게 있어 땅은 인간을 영원히 품는 안식처였다. 그래서 고대인들에게는 땅이 거룩한 것이요, 신비한 존재였다. 땅에서 씨앗이 나고 나무가 자라서 열매를 맺었다. 땅에서 자란 열매와 뿌리로 연명하는 고대인들에게 땅은 신비한 영역이요, 생명의 근원이었다. 이러한 배경에서 인간을 흙으로 만들었다는 고백은 인간을 비천한 존재나 없어질 물질적인 낮은 단계로 만들었다는 표현이 아니다. 즉 '흙으로 만들었다'라는 표현이 인간을 비하하거나 무시하는 표현이 아니라는 뜻이다. 생명의 근원에서 취해서 인간을 만드셨다는 표현이다. 또한 흙처럼 인간은 생명을 잉태하는 존재라는 뜻이다.

'사람'과 '땅'은 히브리어로 각각 '아담(אדם)'과 '아다마(אֲדָמָה)'로 어근이 같다. 아다마(땅)를 경작하는 아담(사람)을 아다마로 만드셨다는 것이다. 다시 말해 땅과 인간은 공동 운명체, 같은 곳에서 와서 같이 더불어 사는 유기체적 존재라는 의미다. 하나님이 흙으로 사람을 만드셨다는 표현이 얼마나 놀라운 선언인지 바빌로니아 창조 이야기를 살펴보면 확연히 드러난다. 중(中)아시리아 제국 시절 기록된 바빌로니아 창조 서사시 「에누마 엘리시(Enûma Eliš)」에는 인간과 우주 창조 이야기가 나온다. 이 신화에서 마르두크(Marduk)는 티아마트(Tiamat)의 으뜸가는 참모이고, 총사령관인 킹구(Kingu)라는 신을 제압한 후 킹구의 피와 흙을 섞어 인간을 창조했다. 그리고 티아마트의 시체로 세상을 만든다.

> 내가 피를 만들고 뼈대를 형성했습니다. 그리고는 야생인을 만들고 그의 이름을 '인간'이라고 부르겠습니다. 그래요. 내가 야생 인간을 만들겠습니다. 인간에게는 신을 섬길 의무를 부과하여 신들은 편히 쉬게 될 것입니다.

그리스나 고대 근동 신화의 특징은 신들이 인간들처럼 사랑하고 질투하고, 결혼하여 자식을 낳고, 전쟁까지 한다는 것이다. 여기서 신들은 인간의 능력이 확대된 형태로 묘사된다. 심리학적으로 설명하면 인간이 원하는 욕망을 투사해서 신이라고 이름을 붙인 것이다. 이런 점에서 고대 근동의 신화는 성서의 신관과 전혀 다른 신관을 가지고 있다.

고대 바빌로니아의 신화는 인간이 반란자의 피로 창조되었다고 말한다. 따라서 이들 세계에서 백성들은 소중한 존재가 아니라 죽은 신의 피로 만들어진 부정한 존재일 뿐이다. 이런 신화를 가진 바빌로니아에서 인간은 보잘것없는 존재이며, 신들에 비해 열등한 존재였다. 고대 사회에서 전쟁에 패하면 노예가 되듯이 신들의 전쟁에서 패한 신의 시체로 인간을 만들고 노예로 삼았다는 뜻이다. 이런 전승에서 비춰 볼 때 신들이 자신을 위해 노동할 일꾼으로 인간을 만들었는데, 전쟁의 전리품으로 인간을 노예 삼듯이 전리품 킹구의 시체로 인간을 만들었다는 이야기다. 무엇보다 이런 신화는 노예제도를 정당화하는 이론적 근거가 된다. 아름다운 에덴에서 살도록 인간을 만들었다는 성서와 얼마나 다른가?

'그 코에 생기를 불어넣었다'라는 표현도 고대 사회의 인간 창조 설화·신화에서 많이 발견된다. 이집트 신화에서 여신 하토르(Hathor)가 크눔(Khnum) 신이 창조한 인간의 입과 코에 생명의 표식인 앙크(ankh, 生)를 붙여주었다는 표현이 있다. 바빌로니아 창조 설화에는 신이 생명의 숨을 불어넣었다고 되어 있고, 그리스 신화에도 프로메테우스(Προμηθεῦς)가 흙으로 사람의 몸을 만들고 신들에게서 취한 불로 생기를 준다. 이처럼 신화에서 우리가 알 수 있는 것은 '인간이 흙으로 지음을 받고 신의 생기(숨, 불)로 인해 산 생명이 되었다'라는 것이다. 성서의 설화가 그 이전에 이미 있었던 창조 이야기를 하나님의 영감의 빛으로 재해석했다고 볼 수 있다. 성서는 일반적인 신화에 나타난 인간 창조 이야기를 전혀 다른 의미로 전하고 있다.

흙으로 만든 존재는 하나님이 '생명의 기운(נְשָׁמָה[네샤마], the breath of life)'을 코에 불어넣자 살아 생동하는 생명체가 되었다. 여기서 말하는 생명의 기운은 '하나님의 영(רוּחַ[루아흐])'도 아니고 이데아 세계에 선재(先在)하면서 신적 속성을 지닌 '불멸적 영혼(the immortal soul)'도 아니다. 다시 말하면 생명의 기운은 유기체적 물질을 생명 되게 하는 생기(生氣)인데, 그 출처와 귀착지가 창조자 하나님이라는 고백이다. 생명의 근원을 창조주 하나님께 돌리고 있는 것이다. 생기가 하나님으로부터 흙으로 만든 인간에게 부여되었음은 인간이 하나님과 친밀한 관계임을 표현한다. 또 흙으로 만들고 생기를 불어넣어 인간을 만들었다는 것은 육체와 영혼, 육체와 정신이라는 이원론적인 사상을 말하는 것이 아니라 둘이 모여 인간이 되었다는 가르침이다. 나누면 그냥 흙이며, 아무것도 아니다. 성서는 육체와 영으로 나누어지는 것이 사람이라는 것을 전하려는 게 아니다. 오히려 생기를 하나님의 영으로 해석하여 영은 신적인 것이요, 육체는 땅에서 왔다는 이원론적인 해석을 철저히 거부한다. 육체와 영혼을 나눈다는 생각으로 성서를 읽는 것은 이원론 사상을 가진 후대 사람들이 자기 생각을 집어넣어 해석한 것일 뿐이다.

창조 이야기의 탈신화화

동방 박사들이 별을 보면서 메시아의 탄생을 점치고 예수께 경배하러 왔다는 기록은 당시 고대 근동에서 민간 신앙의 한 표현으로 보인다. 바빌로니아에서는 왕족들만 각자 자기들의 별을 가지고 있었으며, 백성들은 그 별을 숭배해야 했다. 별은 천상의 존재들이었고, 왕은 천상의 존재들의 현현(顯現)으로 이해했다. 그리고 천상의 신들의 서열에 따라 왕족의 서열도 정해지기 때문에 바빌로니아에서 인간 사회의 서열은 신의 뜻이었다. 따라서 계급의 서열을 거부하는 것은 신의 뜻을 거부하는 것과 마찬가지였다.

그러나 성서는 별들이 단지 하나님의 피조물일 뿐이라고 선언한다. 나아가 인간들이 살아가는 데 불편이 없도록 낮과 밤을 밝혀주는 도구일 뿐이라고 말한다. 즉 인간은 별을 숭배해야 하는 종이 아니라 별과 달이 인간을 돕기 위해 창조된 유익한 도구라는 선언이다. 별을 하나님이 만드셨다는 표현은 왕족들만의 왕권신수설(王權神授說)을 거부하는 것이다. 왕족이 천상의 존재들의 대리자가 아니기에 왕족에게 충성해야 할 의무도 사라지게 된다. 게다가 고대인은 일월성신(日月星辰)을 신으로 믿었기에 일식, 월식, 달의 기울기, 유성 등 일월성신의 변화는 신들의 변화로 인식되어 큰 두려움을 가지고 있었다. 그런데 하나님이 일월성신을 창조했다는 말씀은 대자연으로부터 인간의 해방을 선언하는 말씀과 같았다. 왕이 태양의 아들이라고 했지만, 태양도 하나님의 피조물 중 하나일 뿐이다. 결국 왕도 백성과 같은 피조물이라는 선언이다.

그리스 델포이(Δελφοί) 신전 문에는 "너 자신을 알라"는 문구가 새겨져 있다.

왜 하필이면 신전 문에 이런 문구를 새겼을까? '여기는 신들의 집이다. 너희 인간과 전혀 다른 존재인 신들이 있는 곳이니 너희 인간은 신들과 다른 존재임을 인식하라'라는 말일까? '너는 신이 아니니 신 앞에 머리를 조아리라'는 경고쯤 되었을 것이다. 당시 신관으로 보면 신 앞의 인간은 보잘것없었다. 신과 인간은 함께할 수 있는 존재가 아니었고 동등할 수도 없었다. 인간은 전혀 신적 존재가 아니기 때문이다.

그런데 성서에서는 인간을 하나님의 형상으로 말하고 있다. 얼마나 놀라운 선언인가? 성서가 인간을 위한 하나님의 말씀임을 분명히 보여 준다. "인간은 결코 열등한 존재가 아니라 나의 형상을 닮은 존재다. 나의 친구다!" 하나님이 인간의 몸을 입으신 예수께서 우리 인생들을 향해 친구라 부르지 않았던가? 이처럼 하나님의 인간 창조 이야기는 고대 근동의 비인간적 삶에 대한 저항을 담고 있다. 하나님께서 우리 인간을 그렇게 비천한 존재로 만드시지 않았다는 신앙고백이다.

그런데 하나님이 이처럼 존귀하게 만드신 존재임에도 오늘날까지 교회 안에는 성서를 근거로 남녀 차별이 존재한다. 아직 여성에 대한 목사 안수를 반대하는 교단이 있고, 권사는 장로와 달리 안수하지 않는 교단도 많다. 어렸을 때 교회에 출석한 지 얼마 되지 않았을 시절이다. 어느 날 여선교회 헌신예배가 있었는데, 헌신예배 사회를 맡은 권사님은 여자라서 아랫 강단에서 예배를 인도하셨다. 그런데 얼마 후 학생부 헌신예배 때는 권사님의 아들이 고등학생이었는데 남자라는 이유로 설교하는 윗 강단에서 예배를 인도했던 기억이 난다.

엘살바도르 대주교로서 군사정권에 의해 죽임을 당한 로메로(Óscar Romero) 대주교가 있다. 그의 삶을 다룬 영화 「로메로」에서 한 백인 여성이 로메로 신부에게 자기 아들에게 세례를 해달라고 요청하는 장면이 있다. 그런데 원주민 아이들과 함께 받는 게 아니라 혼자만 세례를 받게 해달라고 말한다. 이에 대해 로메로 신부는 단호히 거절한다. "아닙니다. 함께 받아야 합니다." 로메로 신부는 원주민도, 백인도 같은 하나님의 자녀이기에 같이 세례를 받아야 한다고 말한다.

성서는 창세기의 첫 장부터 '우리 모두는 하나님의 자녀다'라는 놀라운 선언으로 시작한다. 너무나 분명하게 성서가 증언하는데도 인류가 이 선언을 이해하고 받아들이는 데 너무 많은 세월이 걸렸다. 하나님의 감동이 아니라면 어떻게 철저한 신분제인 고대 사회에서 모든 인간은 하나님의 형상으로 지음 받은 거룩한 존재라는 사실을 알 수 있겠는가? 인간이 신의 형상으로 창조되었다는 것은 하나님의 감동으로만 알 수 있지 않겠는가? 성서 기자는 하나님의 영감을 통해서 특권층만 하나님의 자녀가 아니라 모든 인간이 하나님의 자녀라는 사실을 알았다. 하나님은 당신이 택하신 사람들을 통해서 이 사실을 알리셨다. 그러므로 성서의 인간 창조 이야기는 억압과 노예 생활에 대한 해방의 선언이기도 하다. 즉 기쁜 소식, 복음이다. 교회가 처음부터 이 부분을 인간 해방의 이야기로 읽었다면 미국의 노예제도는 존재하지 않았을 것 아닌가? 그랬다면 해리엇 비처 스토(Harriet Beecher Stowe)의 소설 『톰 아저씨의 오두막집(*Uncle Tom's Cabin*)』에 나오는 흑인 노예들의 비극도 없었을 것이다.

이 말씀은 예수님이 이 땅에 계실 때 모든 사람을 당신의 친구, 즉 죄인도, 여자도, 아이도, 귀천 없이 모두 하나님의 자녀로 받아주신 것으로 다시 증명된다. 예수는 하나님이시기 때문이다. 창조자 하나님께서 인간을 본래 지은 대로 대하신 일은 당연하며, 하나님께서 사람의 존엄성을 회복시키기 위해 해방자 예수로 나타나신 것 또한 당연한 귀결이다. 예수님은 당신의 사역을 이사야 선지자의 글을 인용하여 설명하셨다.

> 주의 성령이 내게 임하셨으니 이는 가난한 자에게 복음을 전하게 하시려고 내게 기름을 부으시고 나를 보내사 포로 된 자에게 자유를, 눈 먼 자에게 다시 보게 함을 전파하며 눌린 자를 자유롭게 하고 주의 은혜의 해를 전파하게 하려 하심이라 하였더라 (눅 4:18~19)

결국 예수님의 사역은 하나님의 형상으로 지음 받은 인간의 회복이라고 할 수 있다. 그래서 우리는 예수님을 하나님이라 믿는다. 존재론적인 의미로서 하나님의 아들이실 뿐 아니라 하나님이 하신 일을 예수님도 동일하게 하신다. 또한 예수님은 인간을 다시 하나님의 형상, 즉 '새로운 피조물'로 회복하신다. 그래서 예수님의 탄생은 이러한 복된 창조의 회복으로서 기쁜 소식이 된다. 예수 안에서 우리는 모두 하나님의 형상을 지닌 거룩한 존재가 되기 때문이다.

야훼 하나님의 인간 창조의 특징은 고대 근동의 다양한 신들로부터 인간을 벗어나게 만든다. 그래서 몇몇 학자들은 성서의 인간 창조 이야기가 고대 신들로부터 탈신화화(demythologizing, 脫神話化)했다고 주장한다. '하늘'을 뜻하는 히브리어 샤마임(שָׁמַיִם)은 구약성경에 무려 420번 이상 나온다. 그런데 주변 고대 근동의 하늘 이해와 달리 성서에서 말하는 하늘은 대부분 단지 공간만을 가리킨다. 구약성경(히브리 성경)에 하늘이 어떤 신적 존재로 등장하는 일은 극히 드물다. 이런 의미에서 성서의 하늘 이해는 고대 신들로부터 분명하게 탈신화화했음을 보여준다. 수메르 시대부터 고대 바빌로니아 시대까지 최고 신의 지위를 누려온 하늘신을 부정한다는 의미에서 탈신화화하고 있다. 이는 신화를 벗어나 인간성의 회복이라고 할 수 있다. 창세기 앞부분은 분명 신화의 형식을 빌었지만, 신화를 벗어난 이야기를 하고 있다. 신들에게 억눌려 있던 인간의 존엄성을 회복하는 이야기, 곧 기쁜 소식이다.

1586년 3월 13일 전라도 나주 관아에서 희한한 노비 소송이 벌어졌다. 원고인 양반 이지도(李止道)는 팔순의 노파 다물사리(多勿沙里)가 양인(良人)이라고 주장하고, 피고 다물사리는 자신이 성균관 관비(官婢)인 길덕의 딸로서 관비라고 주장했다. 조선 시대는 「종법(宗法)」에 따라 부계(父系) 혈통을 따랐지만, 유독 천인과 노비들에게는 어머니의 신분을 따르는 「종모법(從母法)」을 적용하는 게 원칙이었다. 다물사리가 스스로 노비라고 주장한 이유는 자신이 관노비로 인정되면 여섯 자녀는 모두 자신이 속했던 관노비가 되기 때문이다. 그러나 그가 양인이라면 남편이 이지도의 사노비였기에 자녀들도 사노비가 되기 때문이다. 조선 시대에 양인 여인이 노비와 결혼할 경우 여인은 양인 신분을 유지할 수 있지만, 자녀들은 남편을 따라 노비가 되어야만 한다. 조선 시대 법에서 부모 중 어느 한쪽이라도 노비이면 자녀들도 노비가 된다. 자녀들이 사노비(私奴婢)보다 처우가 조금 나은 관비 신분이 될 수 있다면 스스로 관노비가 되겠다고 소송을 제기한 어머니의 눈물겨운 소송에서 이 여인은 결국 패소했다. 인간은 아이들이 자신을 아버지라 부르지 못하게 하는 「종모법」까지 만들어 재산을 늘리려는 참으로 슬픈 존재들이다.

인류는 부족 사회에서 제정일치 사회로 발전하면서 힘을 가진 지도자들이 자신의 정치적 권위를 높이고 도전을 막기 위해서 자신은 신의 아들 또는 신의 대리인이라는 종교적 지위까지 소유했다. 고대 근동의 수메르인들은 '왕권이 하늘로부터 내려왔다'라고 하는 왕권의 신성을 주장했는데, 대부분의 고대 문화권에서는 이와 비슷한 전승 기록을 가지고 있다. 이집트나 바빌로니아의 신화들을 보면 왕은 신의 아들로 묘사된다.

성서가 수집되고 편집되었던 바빌로니아 지역에서 발견되는 거대한 신상은 신의 대리자로 군림하는 왕의 권위를 드러내며, 왕은 신의 아들로서 종교적 수장일 뿐 아니라 정치적 수장으로서 세상을 지배했음을 보여준다. 왕이 신의 대리자이기 때문에 왕의 위엄을 높이기 위해 신전과 신상 그리고 궁궐은 크고 화려하고 값비싼 재료를 사용하여 근엄하게 만들어야만 했다. 신전과 궁궐을 짓기 위해서는 백성과 노예들이 동원되었다. 즉 신과 신의 대리인을 위해 인간은 고통스러운 노역을 담당해야만 했다.

웅장한 바빌로니아의 신전과 마르두크의 신상 앞에 포로로 끌려온 이스라엘 백성들에게 있어 그들이 섬기는 야훼 하나님의 임재 상징인 법궤는 왜소하게 느껴질 수밖에 없었다. 이스라엘의 신을 상징하는 법궤는 어린아이의 키 높이 정도 되는 자그만 상자에 불과하다. 바빌로니아와 이집트의 신전과 신상의 발 크기 정도나 될까 싶은 크기다. 이스라엘 사람들은 그들 신의 형상을 만들어 본 적도 없는데 이방인의 신을 만들고 신들의 집을 짓는 데 강제 동원되었으니 얼마나 신상(우상)이 미웠을지 짐작할 수 있다. 자신들이 부정하는 신상을 만들면서 얼마나 슬프고 분개했을까?

애굽에 살던 히브리들이 태양의 아들로 숭배되던 바로를 위해 국고성 비돔과 라암셋을 짓느라 죽을 고생을 했다는 성서의 기록은 이런 시대적 배경을 가지고 있다. 히브리들은 애굽에서 탈출하여 가나안에 정착하게 되고 이스라엘 왕국을 이루었다. 하지만 머지않아 북왕국 이스라엘이 앗수르에 멸망되고, 남왕국 유다는 바벨론에게 멸망되면서 유대의 지배층과 지식인들이 바벨론으로 끌려갔다. 그곳에서 다시 신의 대리인으로 군림하는 바벨론 왕과 신을 위해 죽을 고생을 해야만 했다. 왕들을 위한 신전을 만들면서 포로로 끌려온 유다 백성들은 노동력을 착취당하면서 울부짖었다. 신의 대리자인 애굽 왕 바로의 집과 신전을 짓는 데 동원되었던 조상들의 아픈 기억들, 그리고 이제는 바벨론의 신상과 신전 그리고 궁궐을 짓는 데 동원되어 죽을 고생을 하고 있기에 그들로서는 신의 형상을 만드는 일이 극도로 싫었을 것이다.

우리말에 "불상이 크다고 불심도 깊나?"라는 말이 있다. 불상을 건립하는 데 버겁게 시주해야 했던 불교도들의 아픔이 묻어 있듯 신상이나 신전은 백성들에게 고통의 상징이었다. 중세 시대 성 베드로 대성당을 짓는 경비를 마련하기 위해 백성들은 허리가 휘었고, 면죄부를 사기 위해 많은 돈을 지불해야만 했다. 하나님은 값비싼 재료로 건축된 웅장한 집을 좋아하시는가? 다윗이 성전을 짓겠다고 했을 때도 하나님은 거절하셨다. "…내가 말하기를 너희가 어찌하여 나를 위하여 백향목 집을 건축하지 아니하였느냐고 말하였느냐"(삼하 7:7) 이는 바꿔 말하면, "다윗아, 내가 언제 내 집 지어달라고 했느냐? 내가 언제 성막이 좁다고 불평했느냐? 건축 자재가 백향목이 아니라고 책망한 적이 있느냐? 괜히 내 이름을 팔지 말라"라는 말씀이 아닌가?

이처럼 바벨론의 신상과 신전을 만들어야 하는 고된 삶의 자리에서 수집된 첫 번째 인간 창조 이야기는 인간이 신의 대리인인 왕을 위해서 죽도록 고생하는 존재가 아니라 '하나님의 형상(צֶלֶם אֱלֹהִים)'으로 지음 받은 고귀한 존재라고 선언한다. 성서에서 하나님은 자신을 인격적 존재로 계시하신다(요 14:16~20, 고전 2:10, 롬 5:5, 고전 12:11 등). 하나님의 형상은 오직 하나님 자신의 형상을 본떠 직접 창조하신 인간을 통해서만 드러난다. 즉 인간이 하나님의 형상대로 창조되었기에 인간이 곧 하나님의 형상을 드러내는 존재라는 것이다(창 1:26~27; 5:1; 9:6, 약 3:9). 바꿔 말하면, 인간을 보면 하나님을 볼 수 있다는 말이다. 즉 인간에게서 하나님을 보아야 한다는 뜻이다. 그러므로 하나님 자신을 인간의 모습으로 드러내신 예수를 보는 것은 하나님을 보는 것이다. 예수님은 지극히 작은 자 하나에게 한 것이 곧 당신에게 한 것이라고 하셨다(마 25:40). 지극히 작은 자를 예수님 그 자신과, 나아가 하나님과 동일시하셨다. 인간을 이렇게 존귀하게 말하는 종교가 있었던가? 얼마나 놀라운 이야기인가? 내 배우자를 하나님의 형상으로, 자녀들을 하나님과 동일시한다면 그곳이 에덴이 아니겠는가?

> 하나님을 사랑한다고 하면서, 자기의 형제자매를 미워하면, 그는 거짓말쟁이입니다. 보이는 자기의 형제나 자매를 사랑하지 않는 사람은, 보이지 않는 하나님을 사랑할 수 없습니다. 하나님을 사랑하는 사람은 자기의 형제자매도 사랑해야 합니다. 우리는 이 계명을 주님에게서 받았습니다. (요일 4:20~21)

성서에서는 하나님의 형상을 온전히 드러낸 분이 예수 그리스도라고 말하고 있다(골 1:15, 히 1:3, 고후 4:4). 사도 바울은 하나님께서 자신의 형상이신 예수 그리스도를 우리가 본받도록 하셨다(히 1:3)라고 말하고 있다.

이처럼 '하나님의 형상' 개념은 신구약 성서를 관통하는 중요한 개념이며, 특히 성서적 인간관을 고찰하는 데 핵심적인 개념이다. 하나님의 형상으로 인간을 만드셨다는 고백은 인간은 절대 존엄성을 침해받지 않을 존재라는 뜻이다. 바벨론 포로들에게 '인간이 하나님의 형상으로 지음 받았다'라는 말씀은 곧 인간 해방의 선언과 같았다. 그들에게는 복음이었다. 포로로 끌려가 사람 취급도 받지 못하고 자신을 비참한 존재로만 여기던 저들에게 야훼 하나님은 "너희는 내 형상을 지닌 존귀한 존재다"라고 말씀하신 것이다.

인간이 하나님의 형상이라는 말에는 인간에게 신성불가침의 가치가 있다는 의미이기도 하다. '하나님의 형상'이라 것은 인간이 가진 하나님의 속성을 일컫는데, 곧 이성, 자유, 사랑을 말하는 능력, 양심, 판단력, 정의감, 용기, 선함 등을 말한다. 또 생명 자체를 의미한다. 금은과 값비싼 재료로 신의 대리인의 형상을 만들던 그 시대에 인간이 신의 모습이라는 말은 참으로 놀라운 선언이다. 포로로 끌려간 백성들은 이제 각성하게 된다. '인간 모두가 신의 형상인데, 왜 왕만 신의 대리인이라고 말하는가? 신의 형상인 내가 왜 신의 형상을 만들기 위해 노예로

고통을 당해야 하는가?'

성서의 창조 이야기는 인간이 하나님의 형상으로서 하나님의 영을 가진 존재이자 하나님과 동행하는 거룩한 존재라고 선언한다. 모든 인간이 신의 형상으로 지음 받았다는 것은 당시 지배 계층에 도전하는 엄청난 선언이었다. 이 첫 번째 인간 창조 이야기는 제사장들이 남긴 문서인데, 포로로 끌려가서 바벨론이 지배하는 문화 속에서 살아가면서 신전을 짓는 데 동원된 이스라엘 백성들의 저항정신을 담고 있다. 자신만이 신의 아들이라고 주장하는 왕에게 죽임을 당할 수 있는 선언이다. 인간이 하나님의 형상으로 창조되었다는 말씀은 인권 선언이기도 하다.

만적(萬積)은 고려 시대 무신 정권의 최고 권력자인 최충헌(崔忠獻)의 노비였다. 그는 개경의 노비들과 함께 노비 해방을 위한 봉기를 계획했지만, 내부 밀고자로 인해 만적을 비롯한 수백 명의 노예들이 체포되어 모두 죽음을 당했다. 만적의 난은 비록 실패했지만, 신분과 계급이 엄격하던 시기에 그들이 꿈꾸었던 해방 운동은 인권 운동사에 높이 살만하다.

> 장상(將相, 장수와 정승)이 어찌 종자(種子)가 있으랴. 시기가 오면 누구나 할 수 있는 것이다. 우리들은 어찌 육체를 노고하면서 채찍 밑에 곤욕을 당할 수 있느냐." (만적의 연설 중에서)

우리나라에서 노비 제도는 고조선 때에 시작되어 갑오개혁 때까지 거의 3천여 년이나 존재했다. 시대에 따라 다르지만 대략 전체 인구의 3분의 1 정도가 노비였으니 셀 수 없이 많은 사람이 노비 신분으로 한스러운 삶을 살았다. 노비 제도는 세상 모든 곳에 있었고, 인류가 인간 차별을 없애는 데 참으로 오랜 시간이 걸렸다.

고대 근동의 신화에 등장하는 아트라하시스(Atrahasis, 「길가메시 서사시」의 '우트나피쉬팀') 역시 인간의 본질적인 모습을 '노예'로 규정함으로써 계급 질서를 공고히 하는 데 이용되었다. 반면에 성서는 첫 창조 이야기부터 인간의 존엄성을 신의 위치로 말한다. 왕만이 신의 대리인이 아니라 모든 사람이 신의 형상이라고 왕권에 정면으로 저항한다. 사람을 무시하는 것은 하나님의 형상을 무시하는 것으로, 이 말은 당시 지배자들을 향한 경고이기도 하다. 인간이 하나님의 형상으로 지음 받았다는 이 말씀은 인간 차별에 저항하는 인간학의 마침표라 하겠다. 그래서 성서의 인간 창조 이야기는 온 인류에게 기쁜 소식이다.

4장

선악을 하나로 두신 뜻에서 생명을 읽다

선과 악은 한 몸이다?

"질문 있습니다!"

인류가 했던 다양한 질문 가운데 가장 많이 한 순서로 꼽아보면 다음 질문들은 상위 10위 안에 들어갈 것이다. 물론 시대와 지역마다 다르겠지만, 생각하는 사람이라면 궁금해할 것 같다.

"신이 인간을 사랑했다면 왜 고통과 불행과 죽음을 주었는가?"

"신은 왜 악인을 만들었는가?"

"예수는 우리 죄를 대신 속죄하기 위해 죽었는데, 우리의 죄는 무엇인가? 왜 우리로 하여금 죄를 짓게 내버려 두는가?"

이 질문들은 1987년 삼성그룹 고 이병철 회장이 사망 전에 서강대 석좌교수인 정의채 신부에게 던진 존재와 진리에 대한 24가지 질문 중 일부다. 하지만 병세가 급속히 악화되면서 정 신부에게 답을 듣지 못했다. 이 회장이 했던 질문은 그가 처음으로 했던 질문도 아니다. 아마 인류가 존재하면서부터 했던 질문일 것이다. 소위 세상의 모든 고등 종교가 이런 질문에 답을 주기 위해 시작되었다 해도 과언이 아니다.

그런데 이 회장은 어느 날 문득 궁금해져서 질문을 하게 된 것은 아닐 것이다. 죽음을 앞두고 인생을 정리하면서 궁극적인 질문을 건넸을 것이다. 교회도 지금까지 이런 질문에 답해 왔지만, 답을 듣지 못해 던진 질문은 아닐 것이다. 그동안 철학자, 지성인, 종교가들이 했던 답, 특히 교회가 했던 답에 만족하지 못해서 정 신부에게 질문한 것으로 보인다. 과연 정 신부의 답을 들었다면 고개를 끄덕였을까?

나 역시 신학대학을 졸업했을 때 이런 질문에 대한 답을 얻지 못했다. 신학적인 답을 얻지 못한 것이 아니다. 조직신학과 성서신학 과목에서 모두 A 학점을 받았으니 정확하게 답할 수 있었다. 하지만 내가 얻은 답으로는 무신론자나 반기독교인을 충분히 설득할 자신이 없었다. 저들의 마음이 어두워 귀가 있어도 듣지 못한다고 치부하면 그만이지만, 인류를 창조하신 하나님의 말씀이기에 그들이 받아들일 수 있게 설명해야 하고, 그렇게 하고 싶다. 이 글을 쓰면서도 필자의 주장에 모두가 고개를 끄덕일 것이라 기대하지 않는다. 필자가 글쓰기를 마치는 순간 해석은 독자의 몫이고, 독자는 자기 마음의 색채로 해석하기 때문이다.

> 여호와 하나님이 그 땅에서 보기에 아름답고 먹기에 좋은 나무가 나게 하시니 동산 가운데에는 생명 나무와 선악을 알게 하는 나무도 있더라 여호와 하나님이 그 사람에게 명하여 이르시되 동산 각종 나무의 열매는 네가 임의로 먹되 선악을 알게 하는 나무의 열매는 먹지 말라 네가 먹는 날에는 반드시 죽으리라 하시니라 (창 2:9, 16, 17)

질문으로 시작해 보자. 어딘지 불편하지 않은가? 뭔가 묻고 싶지 않은가?

교우의 집에 심방을 갔는데 음식 냄새 때문에 촛불을 켜두었다. 이제 막 세 살 된 아들 동하에게 "촛불은 위험하니 손을 대지 말라"고 주의를 주었다. "앗 뜨거!" 하고 놀라면서 우는 시늉까지 보여 주었다. 그런데 교우와 이야기하는 사이 동하가 손으로 촛불을 잡았다가 손가락에 화상을 입었다. 누구의 잘못인가? 어린아이의 손이 닿는 곳에 촛불을 놓아둔 어른의 잘못이다. 촛불은 뜨거우니 조심하라고 주의를 줬으니 어른의 잘못이 아니라고 할 수 있는가? 아버지의 말을 듣지 않았으니 아들의 허물이고 잘못인가? 미성숙한 아이에게는 궁금해서 촛불을 만지고 싶어 하는 충동은 자연스러운 일이다. 호기심은 하나님의 선물이며,

아이를 탓할 일이 아니다.

하나님은 인간의 손이 닿지 못하는 곳에 선악을 알게 하는 나무를 두실 수는 없었는가? 아니면 처음부터 선악을 알게 하는 나무를 만들지 않았으면 더 좋지 않았겠는가? 선악을 알게 하는 나무, 즉 죽음의 위험성이 존재하는 에덴이 심히 좋은 곳인가? 먹으면 죽는 선악을 알게 하는 나무를 선하신 하나님께서 만드셨을까? 하나님께서 만드신 선악을 알게 하는 나무는 죽음을 가져오는 정말 위험한 나무인가? 먹는 날에는 정녕 죽으리라 경고했으니 하나님께는 책임이 없는가? 나무에 무슨 선과 악이 있겠는가? 하나님께서 창조한 보기 좋았던 나무인데 사람을 죽게 하는 악한 나무인가?

선악을 알게 하는 나무 이야기는 기독교인도 궁금해하지만, 비기독교인들이 성서를 비판할 때 자주 인용되는 이야기이다. “아이들 방에 위험한 물건을 놓는 부모가 어디 있는가? 선악을 알게 하는 나무를 만들어 에덴에 놓은 것은 어린아이 방에 꿀을 바른 날카로운 칼을 놓고 만지지 말라고 하는 것과 같다. 이런 무책임한 하나님이라면 믿을 이유가 있는가?”

선악을 알게 하는 나무가 식물학적 존재가 아니라 진리를 전하는 상징적 나무라고 하는 것이 설득력이 있다. 그리고 보기 좋았던 이유는 무엇일까? 선악을 알게 하는 나무가 둘이 아니라 하나의 나무라는 점에 주목해 보자. 즉 선과 악이 아직 구분되지 않은 상태, 즉 나뉘지 않은 상태다. 세상을 창조하실 때 하나님은 만물이 나뉘지 않은 상태에서 나누면서 창조를 시작하셨다. 하나님께서 나누기 이전에는 빛과 어둠, 궁창과 물, 물과 뭍, 밤과 낮이 하나였다.

그러면 나눔을 통해서 인간이 살기 좋은 세상을 만드셨는데, 왜 선악은 나누지 않고 그냥 두셨을까? 하나님이 천지를 창조하실 때 즐겨 사용하신 단어가 ‘좋다’였다. 여기에 사용된 ‘좋다’의 히브리어 토브(טוב)는 좋고 아름답고 온전하며, 선함을 가리키는 말이다. 모든 창조를 마치고 좋다고 하셨다. 여섯째 날의 기록에는 “하나님이 지으신 그 모든 것을 보시니 보시기에 심히 좋았더라(טוב מְ אוד[토브 메오드])"(창 1:31)로 되어 있다. 즉 선악을 알게 하는 나무가 에덴에 있는 것이 매우 좋았다는 것이다. 이제 왜 좋은지 찾아보자. 뒤에서 다시 언급하겠지만, 간단히 말해 하나님이 선악을 나누지 않고 놔두어야 인간에게 복이기 때문이다. 다른 것은 나누는 것이 은총인데, 선악은 나누지 않은 것을 좋다고 하셨으니 이것이 좋은 소식이다. 선악을 알게 하는 나무의 실과를 따먹고 선악이 나뉜 이후 인간은 선악 사이에 서 있게 되었다. 선악을 구분하고 선악을 선택하는 존재가 된 것이다.

더 나아가 인간이 스스로 선악을 판단하게 되었다. 이 열매를 따 먹은 후 곧바로 아담과 하와는 선과 악을 판단했다. '저 여자가' '저 뱀이'라는 판단에는 원망과 비난을 담겨 있다. 인간은 자기 마음에 있는 것을 대상이나 상대방에게 투사 –상대방에게 자신의 불편한 마음을 던지거나 불편함을 밀어 넣는 것–하고 자신이 투사한 것을 자신이 판단하는 경우가 흔하다. 이처럼 자기 속에 있는 불편함을 인정하기 싫어서 자기도 모르게 남에게서 원인을 찾는 무의식적 마음의 작용은 흔하게 일어난다. 인간의 판단은 너무나 자의적이고 자주 빗나간다.

남태평양의 어느 부족에게는 '가지다'라는 동사가 없다고 한다. 곧 소유의 개념이 없다는 의미다. 따라서 그 부족에게는 절도라는 죄가 없고, 그에 따른 벌도 없다. 그런 사회가 얼마나 좋은 곳인가? '가지다'와 '가지지 않다'가 나뉘지 않은 것이 얼마나 큰 복인가? 내 것이 네 것이고, 네 것이 내 것인 사회가 아름답지 않은가? 선악이 나뉘지 않은 상태, 즉 죄와 벌이 없는 곳이 에덴이었다. 그래서 그곳이 낙원이다. 하나님이 선과 악을 나누지 않고 선악을 알게 하는 나무를 하나로 만들어 놓으신 일은 선하고 아름다운 일이다.

아담과 하와가 뱀의 유혹을 받아 선악을 알게 하는 나무의 열매를 먹었다. 즉 선악을 구분하고 판단하고 싶었다. 그런데 왜 선악을 구분하는 것이 죄인가? 앞서 천지 창조에 대해 이야기하면서 경계를 무너뜨리는 것이 죄라고 했다. 하나님과 인간의 경계를 무너뜨린 것이 인간에게 고통을 주기 때문에 성서는 죄라고 말한다. 즉 신의 영역을 인간이 침해한 곳에는 고통이 따른다. 하나님을 기분 나쁘게 해서 벌을 주는 것이 아니다. 선악의 구분은 신의 영역인데 이를 침해하여 인간이 선악을 나누는 곳은 슬픔과 고통의 세상이 된다.

신과 인간의 경계뿐이 아니다. 인간과 인간의 경계를 넘어 선악 간에 판단하는 것도 인간에게 큰 고통을 안겨준다. 인간이 선악을 판단하는 순간 심판관이 되고 집행관이 된다. 결국 죄가 된다. 가정에서도 우리는 선악을 나누면 어떻게 되는지 자주 경험하게 된다. 부부 싸움의 시작은 대부분 '옳다, 그르다'로 시작된다. 남편이 아내의 말에 대해 틀렸다고 판단하면 아내는 곧장 남편의 지적에 반박하면서 남편의 지난 일까지 들먹이고 남편이 틀린 이유를 증명하려고 애쓴다. 최선의 방어는 최선의 공격이라고, 남편은 한 발 더 나아가 아내의 친정 부모까지 들먹이며 틀렸다고 주장한다. 결국 서로 정죄하다가 등을 돌리고 만다.

에덴동산에 선악을 알게 하는 나무를 하나로 두신 많은 뜻이 있는데, 그 하나는 선악을 나누지 않는 것이 인간에게 좋은 일이기 때문이다. 선악을 나누지 않은 선악을 알게 하는 나무를 에덴에 두신 것이 복음이다. 오늘도 선악을 나누는 곳은 실낙원이 되고, 나누지 않는 곳은 에덴이 된다.

인간을 보호해 주는 아름다운 나무

누구나 어렵지 않게 기억해 낼 만한 푸시킨의 시 「삶이 그대를 속일지라도」는 길지 않은 시인데 '현재는 슬프다'라는 의미의 구절이 3번이나 나온다.

현재는 한없이 우울한 것
현재는 언제나 슬픈 법
현재는 슬픈 것

현재는 늘 슬픈가? 푸시킨에겐 과연 늘 슬픈 일만 있었을까? 어떤 사건이 그의 마음에 현재를 슬픔으로 느끼도록 각인시켰을까? 푸시킨의 삶이 어떠했는지 모르지만, 그는 늘 현재를 슬픔이라고 느끼는 '핵심 감정'을 가졌던 것 같다. 이것은 푸시킨의 삶을 설명하는 중요한 요소다. 인간은 영원히 현재만 살 수 있다. 내일은 해가 뜨면 곧 현재이기에 푸시킨의 삶은 늘 슬픔으로 남아 있다. 그는 아름다운 자기 아내를 연모하는 한 장교에게 법으로 금한 결투를 신청했고, 결국 목숨을 잃었다. 슬픔을 넘어 비극을 선택한 것이다. 상대가 장교 아닌가?

그런데 세상을 슬픔으로 보는 작가가 또 있다. 학교 다닐 때 교과서에 실린 안톤 슈낙(Anton Schnack)의 "우리를 슬프게 하는 것들"이라는 수필에 이런 구절이 있다.

울음 우는 아이는 우리를 슬프게 한다. 정원 한편 구석에서 발견된 작은 새의 시체 위에 초가을의 따뜻한 햇볕이 떨어질 때, 대체로 가을은 우리를 슬프게 한다. … 하지만 우리를 슬프게 하는 것이 어찌 이것뿐이랴. 바이올렛색과 검은색. 그리고 회색의 빛깔들. 둔하게 울려오는 종소리. 징 소리. 바이올린의 G 현. 가을밭에서 보이는 연기. 산길에 흩어져 있는 비둘기의 깃. 유랑극단의 여배우들. 세 번째 줄에서 떨어진 어릿광대. 지붕 위로 떨어지는 빗소리. 휴가의 마지막 날 사무실에서 때 묻은 서류를 뒤적이는 처녀의 가느다란 손. 만월(滿月)의 밤 개 짖는 소리. 무성한 나무 위로 내려앉는 하얀 눈송이. 이 모든 것 또한 우리의 마음을 슬프게 하는 것이다.

작은 새의 시체 위로 떨어지는 초가을의 따뜻한 햇볕은 슬프고 안타까울 수 있다. 그러나 내게 지붕 위로 떨어지는 빗소리는 정겹고 따스한 어머니의 사랑으로 다가온다. 지붕 위로 빗방울이 떨어지는 여름날에는 어머니가 개떡이나 부침개, 주전부리를 만들어 주셨다. 만월의 밤 개 짖는 소리, 나무 위로 내려앉는 하얀 눈송이가 내게는 화롯가 군밤 익는 고향 풍경으로 다가와 정겹고 마음을 평안하고 아늑하고 고요하게 만드는 장면인데 안톤 슈낙은 슬픔으로 느꼈다.

고단했던 여름철 농사일 마치고 기쁨으로 곡식을 수확할 땐 어떤가? 가을걷이를 끝내고 내년 농사를 준비하면서 밭에 불을 놓는 농부의 마음은 감사와 평화로움으로 가득할 것이다. 추수가 끝난 늦은 가을밭에서 보이는 연기는 농촌에서 자란 내게 뿌듯하고 넉넉하고 평화로운 장면으로 다가온다. 밀레의 「만종(L'Angélus)」 같은 느낌이다. 어떤 경험이 있었는지 알 수 없으나 안톤 슈낙은 가을을 슬픔으로 느끼고 있다.

이처럼 그 사람 깊숙이 있으면서 모든 곳에 달라붙는 느낌 자체를 '핵심 감정(key emotion)'이라고 한다. 푸시킨과 안톤 슈낙의 핵심 감정은 느낌 자체라 단어로 담아낼 순 없지만, 표현하자면 슬픔이라 하겠다. 또한 울음 우는 아이에 대한 감정, 즉 감정에 대한 감정을 '초감정(meta emotion)'이라 한다. 초감정은 감정에 대한 인식, 기억, 경험 등이 복합적으로 얽혀서 감정에 대해 다양한 감정이 올라오는 것이다.

예를 들어 울음 우는 아이는 아이를 볼 때 슬플 수 있지만, 화가 날 수도, 짜증이 날 수도, 억울할 수도 있다. 경험이 다르면 울고 있는 아이에 대한 감정이 다르게 작용한다. 신호를 주지 않고 갑자기 끼어든 자동차 때문에 화를 냈는데, 곧바로 내가 이 정도밖에 안 되나 싶어서 슬플 수도, 속상할 수도, 맥이 빠질 수도 있다. 차가 갑자기 끼어들었을 때 먼저 일어나는 감정은 놀람과 당황스러움일 것이다. 이에 대한 이차 감정으로 화, 짜증 등 다양한 감정이 연이어 올라온다. 이처럼 감정에 대한 감정, 감정 속의 감정이 초감정이다.

사람들마다 마음 깊은 곳에서부터 핵심 감정이 작용하고 있어 우리의 인식과 사고에 결정적인 영향을 준다. 즉 가장 깊숙한 곳에 있는 핵심 감정이 초감정에 영향을 주는 것이다. 이외에 정체성 형성에 영향을 주는 것으로 핵심 감정이 만든 '핵심 신념(core beliefs)'도 있다. 어쨌든 슬픔이라는 감정은 푸시킨과 안톤 슈낙의 정체성과 삶 전체를 이해하는 데 대단히 중요하다.

신학과 상담을 공부하면서부터 모든 것을 느끼고 인식하는 과정은 인간 자신의 경험과 경청이 만든 핵심 감정, 그리고 핵심 감정이 만든 정체성에서 시작된다는 생각이 갈수록 명확해진다. 내가 누구인지, 나의 정체성이 무엇인지 분명치 않은 상태에서의 질문과 답은 큰 의미가 없다. 사고하는 주체가 자신이 누구인지도 모른다면 질문 자체가 바르지 않으며, 당연히 답도 올바를 수 없다. 이처럼 인간은 정서적인 존재이며, 감정은 인간의 삶을 지배한다.

내가 누구인지 명확하지 않은 가운데에서 하나님에 대한 질문과 답은 바르다 할 수 없다. 내가 누구인지 명확히 안다는 것은 나와 너의 경계를 분명히 인식한다는 의미다. 내가 누구인지 명확히 알지 못하면 나와 너의 경계도 모호해진다. 경계가 명확하지 않다면 타인의 경계를 침범하고도 알지 못한다. 남의 집 경계나 남의 나라 국경을 자신도 모르게 넘나드는 것과 같다. 이로 인해 상대방에게 불쾌감을 줄 수 있고, 상대방의 공격을 받을 수도 있다. 나와 너의 경계를 분명히 안다는 것은 나를 분명히 안다는 것이자 타인을 분명히 인다는 뜻이다. 즉 너와 나 사이에는 넘지 말아야 할 '경계'가 있다.

'나는 누구인가?' 나를 알아야 의미 있고 가치 있는 삶을 살 수 있으며, 고난과 어려움도 이겨낼 수 있다. 내가 누구인지 알아야 인생의 목적을 알 수 있기 때문이다. 독일 철학자 쇼펜하우어가 어느 날 프랑크푸르트의 한 공원에 앉아 있었다. 공원 관리자는 그가 노숙자인 줄 알고 퉁명스럽게 물었다. "누군데 여기 앉아 있소?" 그러자 쇼펜하우어는 심각한 표정으로 말했다. "제발 나도 내가 누구인지 알았으면 좋겠소." 이 질문이 철학자로 살게 했을 것이다. 쇼펜하우어는 자신이 누구인지 어떻게 알 수 있을까? 핵심 감정을 알고 답을 찾았을까?

하나님께서 인간에게 하신 처음 질문이 정체성에 대한 질문이다. 선악을 알게 하는 나무의 열매를 먹고 숨은 아담을 향해 하나님이 질문하셨다. "네가 어디 있느냐"(창 3:9b) 동생 아벨을 죽인 가인에게 하나님이 질문하신다. "네 아우 아벨이 어디 있느냐"(창 4:9) 아담이 숨은 곳을 몰라서, 아벨이 묻힌 곳을 몰라서 하신 게 아니다. 아담과 가인에게 지금 여기에서 너는 누구인가를 묻는 질문이다. 그들의 마음 상태, 나아가 그들의 정체성을 묻는 질문이다.

아담은 하나님의 형상으로 지음 받은 존재였다. 선악을 알게 하는 나무의 열매를 먹기 전에는 에덴동산을 거니시는 하나님을 피하지 않았다. 하나님을 두려워하지 않았고, 그분과 교제했다. 성서에 기록은 없지만, 하나님과 함께하는 것이 즐거움이고 행복이었을 것이다. 그것이 선악을 알게 하는 나무의 열매를 따 먹기 전 아담과 하와의 정체성이었다. 그런데 지금 아담은 혼란스럽고 부끄럽고 두려워서 일단 몸을 숨겼다. 선악을 알게 하는 나무의 열매를 따 먹은 사건으로 인해 아담의 마음에는 하나님을 두려워하는 마음이 담기게 되었다.

아담도 그것을 알기에 두려워하여 숨었다고 대답한다. 하나님 앞에 '부끄러워하는 자' '두려워하는 자' 그래서 '자신을 숨기는 자'가 되었다. 이것이 선악을 알게 하는 나무의 열매를 따 먹은 이후 아담의 실존이고, 아담의 정체성이며, 인류의 정체성의 원초적 모습이라 하겠다. 온 인류는 이 모습에서 자유롭지 못하다. 인간은 끝없이 나는 누구인가 질문을 한다. 하나님께서 아담에게 이 질문을 하셨고, 아담은 인류의 가장 원초적인 정체성을 이야기하고 있다. '두려워하는 자, 그리고 부끄럼과 상처와 아픔을 숨기려는 자'이다.

모세가 시내산 떨기나무에서 들려오는 음성을 향해 당신은 누구냐고 묻는다. 인류가 신에게 그의 정체성에 대해 던진 첫 번째 질문이 아닐까 싶다. "그의 이름이 무엇이냐 하리니 내가 무엇이라고 그들에게 말하리이까"(출 3:13b) 그런데 이 질문에 대해서 야훼 하나님은 "나는 곧 나다"(출 3:14, 새번역)라고 답하신다. 이에 대해 필자는 "나는 곧 나다"라고 하신 것은 답을 주시지 않은 것으로 해석한다. 이름을 주면 모세의 핵심 감정, 핵심 신념, 초감정 등에 의해서 야훼 하나님이 제한되고 왜곡될 수 있기 때문이다. 모세는 야훼 하나님께 당신은 누구냐고 묻고 나서 자신의 정체성에 대해 하나님께 질문했다. "내가 누구이기에 바로에게 가며 이스라엘 자손을 애굽에서 인도하여 내리이까"(출 3:11) 이 질문은 오늘날 우리 손에 넘겨졌다. "하나님은 누구신가?" "나는 누구인가?"

경계가 명확한 것과 경계를 넘지 않는 것은 정체성이 분명한 대로 인간에게 선물이다. 아담과 하와는 보암직하고 먹음직함에 마음을 빼앗겨 경계를 넘는 인간의 원형이 되었다. 선악을 알게 하는 나무는 보암직하고 먹음직함에 마음을 빼앗겨 남의 경계를 침입하려는 나, 그리고 보암직하고 먹음직함에 마음을 빼앗겨 나의 경계를 넘으려는 이들로부터 인간을 보호해 주는 아름다운 나무인 것이다. 선악을 알게 하는 나무는 인간과 신의 경계와 인간과 인간의 경계를 명확히 하는 선물이다. 에덴에 선악을 알게 하는 나무를 두신 것은 복음이다.

수치심이 말을 걸어 올 때

군대에서 독도법(讀圖法)을 훈련할 때 교관의 말이 마음에 담겼다. "지도를 볼 때는 지도에서 새소리, 바람 소리, 물소리가 들려오고 풀 냄새를 맡을 수 있어야 한다." 처음에는 이게 무슨 말인가 싶었다. 하지만 군 생활 35개월 동안 매년 4개월씩 산속에서 훈련하다 보니 지도를 보면서 그곳의 많은 것들이 머릿속에 그려진다. 서당 개 3년이면 풍월을 읊는다고 하는데, 군 생활 3년 만에 지도가 말을 걸어왔다. 지도에는 등고선, 논과 밭, 길, 시냇물, 집 등이 기호로 표기되어 있는데, 지도를 보면 마치 그곳에 서 있는 것처럼 느껴졌다.

지도뿐 아니라 책이 말을 걸어온 경험도 있다. 미국에 와서 15년 동안 서점 매니저로 일하면서 학업을 병행했다. 서점 매니저로서 유익한 점이 있다면 책이라는 상품을 알기 위해 늘 책을 읽고 이 책이 팔린 것인가 아닌가를 판단해야 한다는 것이다. 재고를 남기지 않도록 출판 저널이나 책을 소개하는 글을 읽고 판매를 예측해야 한다. 일하던 서점에는 진열된 책이 약 12만 권이었지만 대부분 내용을 파악하고 있었다. 또 고객이 특정 제목의 책을 찾으면 어디에 몇 권이 있는지 머릿속에 그림이 그려졌다.

수만 권의 책을 읽다 보니 책을 읽을 땐 저자가 내게 말을 걸어온다. 책 속에 있는 저자의 삶이나 그의 정신세계가 내게 말을 한다. 그런데 상담 사역에 오래 종사하다 보니 내담자의 얼굴이나 말을 조금만 들어보면 종종 그 사람의 마음이 말을 걸어오는 것을 경험하게 된다. 특히 얼굴이 내담자의 삶을 대신 이야기해 준다. 어느 글에서 얼굴의 옛말은 '얼골'이라 했다. 얼골은 얼 꼴에서 왔는데, '얼의 꼴'은 다시 말하면 '영혼의 모습'이다. 그 사람의 정신, 마음, 영혼의 모습이 가장 잘 드러나는 부위가 얼굴이기에 매우 공감 가는 해석이다. 얼굴이 마음의 창이라는 말도 같은 의미일 것이다.

어느 글에서 어린 미켈란젤로를 어머니가 키우지 않고 보모가 양육했는데, 그 영향이 작품에 남아 있다는 주장을 보고 미켈란젤로의 작품을 찾아 표정을 살펴보았다. 「계단의 마리아(Madonna della scala)」라는 부조에서는 마리아가 아기 예수에게 젖을 먹이면서 고개를 돌려 다른 아이들을 보고 있다. 그림에서 아기 예수를 안고 젖을 먹이면서 다른 아이들을 응시하는 마리아의 표정이 무표정이다.

조각 작품 「피에타(Pietà)」도 예외가 아니다. 대리석으로 만든 대작 「피에타」는 십자가에서 처형된 예수를 어머니 마리아가 안고 있는 모습니다. 이때도 역시 마리아는 거의 무표정으로 예수를 응시하지 않는다. 죽은 아들을 안고 있는 엄마라면 오열해야 한다. 아들을 끌어안고 통곡하면서 얼굴을 어루만지고 절규해야 하는데 그렇지 않다. 얼굴을 보지도 않는다. 내가 찾아본 미켈란젤로의 작품에서는 예외 없이 어머니 마리아가 예수를 외면한다.

필자가 미켈란젤로의 작품에 대해 신학적 의미나 예술적 가치를 논할 수준은 아니다. 그런데 다른 작가들도 '아기 예수와 마리아'에 대한 작품을 남겼는데, 대체로 어린 예수에게 눈을 응시한 채 환하고 행복한 모습의 마리아를 묘사했다. '피에타'를 주제로 한 다른 작가들의 작품들은 주로 처절하게 절규하고 하늘을 향해 탄식하며 따지는 얼굴이다. 작품의 톤도 어둡고 거칠어서 아들을 잃은 어머니의 마음을 대변한다. 이것이 자연스럽게 다가온다. 물론 '자연스럽다'라는 것이 옳거나 정당성을 가진다고 주장하는 것이 아니다. 인간의 심리 메커니즘이 그렇게 작동하고 있다는 말이다. 반면에 미켈란젤로의 작품에서는 마리아가 예수를 외면하고 무표정한 얼굴을 한다. 「피에타」는 하얀 대리석으로 슬픔을 느끼기에는 너무 엄숙하고 심지어 마리아의 모습은 우아하기까지 하다. 미켈란젤로가 어떤 신학적 의미를 부여했다고 해도 자연스럽지 않다.

미켈란젤로의 어린 시절 보모가 주로 양육했다는 기록이 맞는다면 그의 마음에 어머니의 얼굴은 낯설었을 것이다. 아이가 태어나 초기에 경험하는 얼굴이 어머니의 원초적인 이미지다. 어머니의 얼굴을 보며 기쁨, 행복, 평안 등의 긍정적 감정과 슬픔, 분노, 안타까움 등의 부정적 감정을 자연스럽게 습득하게 된다. 그런데 미켈란젤로는 기쁠 때, 슬플 때, 행복할 때, 어머니가 자신을 안았을 때 느낌이 없거나 부족할 수밖에 없었을 것이다. 그렇다 보니 그는 무의식적으로 마리아가 예수에 대한 시선을 거두고 무표정하게 그렸으리라 추측해 볼 수 있다.

인간의 감정은 주로 자극을 받아서 감정 분화(differentiation of affection)가 일어난다. 마치 언어 습득과 같다. 영어 자극을 계속 받으면 영어를 자연스럽게 구사하고, 한국어 자극을 계속 받으면 자연스럽게 한국어를 사용한다. 불편한 자극을 반복적으로 받게 되면 짜증과 분노와 같은 부정적 감정이, 포근한 자극을 계속 받으면 기쁨, 평안, 행복 등 긍정적 감정이 다양하게 분화된다.

미켈란젤로는 당대 가장 뛰어난 화가였다. 게다가 신앙심이 투철하고 성서에 대한 지식이 뛰어나 교황청의 요청으로 시스티나 성당의 천장화를 그릴 정도였으니 모든 면에서 탁월했음이 분명하다. 그런데도 감정이 분화되는 어린 시절에 어머니의 다양한 얼굴을 경험하지 못했으니 그렇게 그릴 수밖에 없었을 것이다. 어린 시절 마음에 담긴 감정은 그의 삶 구석구석에서 드러나기 마련이다. 마치 향을 싼 주머니에서 향기가 나는 것처럼.

정혜신 박사는 인간의 정체성을 '감정이나 느낌'이라고 말한다. 인간은 성장하는 과정에서 수집한 정보를 조합하고 재구성하면서 정체성이 만들어진다. 이에 대해 필자는 정체성을 구성하는 주체가 생각이 아니라 감정이라고 말하고 싶다. 인간은 타자의 욕망을 욕망한다. 타자의 생각, 주장, 훈계들을 들으면서 이런 정보와 느낌을 바탕으로 자신이 누구인지 구성하게 된다. 그러다 보니 자신이 구성한 정체성인 건 맞지만, 타인의 정체성일 수도 있다.

아담과 하와가 선악을 알게 하는 나무의 열매를 따 먹기 전에는 벌거벗었으나 부끄러워하지 않았다. 부끄러움이라는 감정이 없었다. 그런데 선악을 알게 하는 나무의 열매를 따 먹은 후 벌거벗은 몸을 가려야 했다. 하나님의 음성을 듣고 하나님의 낯을 피하여 숨었다. 두려움이라는 감정이 분화된 것이다. 선악을 나누기 시작하면서 아담과 하와의 마음에는 다양한 부정적 감정이 분화되었고, 그 감정이 아담과 하와를 움직였다. 바로 수치심이었다. 수치심의 원인에 대해서는 다양한 견해가 있다. 자기방어의 감정으로 하나는 자신의 열등한 상태나 그 결과로 생기는 불편한 감정을 인식할 때 일어나는 감정이고, 다른 하나는 사회적 규범이나 기대를 충족하는 데 실패한 자신을 발견할 때 일어나는 감정이다.

수치심은 태어난 이후 자신을 바라보는 부모에 의해 결정된다. 부모가 자기를 어떻게 바라보고 반응하는지에 따라 자아가 결정된다. 아이의 말, 동작, 행동에 대해 주 양육자의 반영, 곧 미러링(mirroring)에 의해 결정이 된다. “너는 왜 이 모양이니?” “왜 칠칠맞게 밥을 흘리고 그래!” “그렇게 먹으면 돼지같이 살찌겠다.” “형 반만큼만 공부하면 원이 없겠다.” “도대체 누굴 닮아서 그러니? 동네 창피해서 고개를 들 수가 없다.” 이런 미러링이 반복되면 사람들 앞에서 자신을 부끄럽게 생각하고 자신감이 사라진다. 실수할 때마다 핀잔을 듣거나 꾸중을 들었다면 조그만 실수에도 심한 수치심을 느끼면서 감당하기 힘들어 자신을 방어하게 된다. 아직 미숙한 아이들은 수치심을 주는 말을 하루에도 몇 번씩 듣는다. 부모는 자신이 그런 말을 했다는 사실도 모른 채 무의식적으로 수치심을 주는 말을 반복한다.

인간은 극히 미숙한 상태에서 태어나 무수한 실수를 한다. 또한 인간은 매우 다양한 기질을 가지고 태어난다. 엄마의 욕망이나 아버지의 기대를 기준 삼을 때 자녀는 늘 지적당하고 책망받을 수밖에 없다. 반대로 늘 실수를 품어주고 격려하는 부모가 있다면 그 사람은 실수를 인정하고 두려워하지 않고 앞으로 나아가게 된다. “괜찮아”라고 말하면서 실수할 때마다 미숙함을 품어주고 격려해 주고 지지해 주면 수치심은 줄어들게 마련이다. 어린아이의 실수는 미숙함이지, 죄나 잘못이 아니다. 아이들은 수없이 물을 엎지르고 흘리고 넘어지면서 겨우 걷게 되고, 점차 밥을 흘리지 않고 먹으면서 성장한다. 부모도 그렇게 성장했는데, 부모가 아이를 참아내지 못하는 것이다.

인간이 보고 느끼고 경험한 것을 담아내고 표현하는 것에 영향을 끼치는 것이 감정이다. 감정을 알아차리는 것이 자기 정체성을 바르게 아는 길이기도 하다. 아담과 하와는 부끄러웠을 뿐 아니라 하나님의 낯이 부담스럽고 두려운 존재가 되었다. 아담과 하와는 인간 수치심의 원형이라 할 수 있겠다. 이 수치심은 폭력으로 나타날 수도 있다. 내면화되어 얽혀 있는 수치심은 묻어 놓을수록 커지기 때문에 반드시 다루면서 살아야 한다. 애써서 다루어도 오랫동안 학습된 감정의 기억 때문에 수치심을 온전히 몰아내기는 어렵다. 그래서 깊은 곳에 묻혀 있는 원초적인 '수치심'을 찾아내어 다루어야만 다른 감정을 다루기 수월해진다. 게다가 수치심이 크게 자리 잡은 사람일수록 불안과 열등감이 크다. 불안이 크니 당연히 분노가 클 수밖에 없다. 나아가 그 분노는 쉽게 타인을 향할 수 있다. 수치심으로 인한 분노는 가인에게서 그 모습을 발견할 수 있다. 선악을 알게 하는 나무는 지금 여기에서 우리에게 수치심의 문제를 질문한다. "양택아, 너는 어디 있느냐?" 수치심이 무겁게 다가온다. 그래서 하나님의 질문은 나의 내면을 직면하게 하니 복음이다.

경계가 모호하다는 것이 위험한 이유

회색지대(gray zone)는 애매한 경계에 있는 행위나 개념, 그런 행위가 벌어지는 지역을 부르는 말인데, 간단히 정리하면 검은색도 흰색도 아닌 애매한 범위를 가리키는 용어라 할 수 있다. 이솝 우화에서 들짐승과 날짐승이 싸울 때 박쥐는 날짐승이 유리하면 날개를 내세워 새인 척하고, 들짐승이 유리하면 얼굴을 내세워 쥐인 척했다. 평화가 찾아오자 박쥐는 동물의 세계에서 쫓겨나고 말았다. 이처럼 회색지대는 대개 이도 저도 아닌 부정적인 의미로 쓰인다. 선악을 알게 하는 나무는 선도 악도 아닌 회색지대와 같다. 그런데 하나님이 보시기에 좋은 나무였다. 긍정적으로 쓰였다.

대부분 신학자는 창조 기사에 대한 주석에서 아담의 타락과 유혹자의 세력만 보는 반면, 칼 바르트(Karl Barth)는 그 이전의 더 근본적인 악의 실재, 즉 '혼돈'을 보았다(창 1:2). 악은 바로 이 혼돈에서 비롯된다고 보았다. 즉 타락 이전에 악이 혼돈으로 존재했다는 의미라고 할 수 있다. 뒤에서 다시 설명하겠지만, 성서는 현재 이곳에 존재하는 혼돈, 죄, 악, 고통, 무질서로 인해 고통받는 상태를 질서와 아름다운 곳으로 만드는 일에 대한 관심에서 시작된다. 지금 여기에서 아름다운 미래로 이끌어가는 것이 성서의 기본 정신이다. 성서의 시선은 혼돈에서 벗어난 아름다운 에덴에 주목하고, 어둠과 흑암과 혼돈에 맞서 일하시는 하나님의 아름다운 사역에 초점을 두고 있다. 또한 성서의 관심은 악과 죄의 기원이 아니라 혼돈, 즉 고통과 아픔을 돌보는 데 있다. 아름답게 만드는 것이 성서의 목적이다.

고대 근동을 비롯한 대부분 종교는 이원론에서 시작하는데 성서는 일원론이다. 처음에는 선하신 하나님밖에 없었다. 그래서 인간 세상에 존재하는 죄와 악에 대해 설명하는 데 어려움이 있었다. 선하신 하나님이 창조한 세상에 어떻게 악이 존재할 수 있는지 설명해야 했다. 하나님에게 죄와 악 그리고 죽음이 비롯되었다는 말인가? 아니면 흑암과 혼돈, 간교함과 유혹, 높아지려는 욕망을 하나님이 창조했다면 어떻게 하나님일 수 있겠는가? 처음에는 선하신 하나님밖에 없었는데, 어디서 혼돈, 흑암, 뱀의 간사함이 나왔는가? 죄와 악이 스스로 존재했다는 말인가?

혼돈, 흑암은 하나님의 신이 운행하기 전에 있었다. 왜 하나님은 유혹당하는 결핍된 존재인 아담과 하와로 만드셨는가? 하나님이 만들지 않았다면 흑암과 혼돈은 과연 누가 만들었는가? 뱀도 하나님의 창조물인데 하나님의 창조물인 뱀 안에 간교함이 있다면 하나님께서 악의 창조자라는 말이 된다. 하나님께서 질서를 정하시고 심히 보기 좋았다고 했다. 하나님이 싫어하시는 혼돈은 하늘, 땅, 물이 나뉘기 전에 존재했다. 그런데 선하신 하나님과 대립되는 흑암, 혼돈, 어둠의 기원에 대해서는 성서에 설명이 없다. 즉 악의 기원에 대해 성서는 침묵하고 있다.

이러한 침묵으로 인해 많은 사람은 이원론의 유혹을 받는다. 이원론(dualism)이란 서로 환원이 불가능한 독립된 두 개의 실체나 원리, 즉 빛과 어둠, 하늘과 땅, 선과 악, 정신과 육체 등 대립된 두 가지 요소와 원리로 이 세상의 모든 것을 설명하려고 한다. 어둠과 밝음을 두 원리로 상정하고, 죄는 어둠에서 오고 선은 밝음에서 왔다고 주장한다. 얼마나 편리한가? 그러나 성서는 오직 하나님만이 존재의 근원이라고 믿기에 악의 출현을 설명하기 어렵다. 그래서 창세기의 이 부분에 대해 선과 악의 기원을 알리는 기록이 아니라 선과 악에 마주 서 있는 성서 기자의 신앙고백으로 읽어야 한다. 성서가 침묵하는 데에는 하나님의 뜻이 그곳에 있지 않기 때문이다. 우물이 아닌 곳에서 물을 찾을 수 없는 법이다.

에덴동산에 왜 선악을 알게 하는 나무를 두셔서 인간을 타락하게 하셨는가? 왜 심히 보기 좋은 에덴동산에 유혹자를 두셔서 하와를 유혹하게 만들고 죄에 빠지게 했는가? 에덴동산에 가장 간교한 뱀까지 두셨으니 하나님의 심술이 좀 지나치신 것 같기도 하다. 인간이 죄를 지을 수 있는 요소를 갖추어 에덴동산에 두신 것 같은 느낌마저 든다.

만약 하나님이 금하신 나무가 없었다면 에덴동산에서 인간이 영원히 살았을 텐데 왜 선악을 알게 하는 나무를 두셔서 인간이 고통을 당하고 당신도 십자가에 달리는 고통을 당하신 것일까? 그리고 선악을 알게 하는 나무는 어떤 의미일까? 에덴에 두고도 금하신 이유는 무엇일까? 금지의 말씀이 없었다면 죄 또한 없었을 것 아닌가? 결국 에덴동산에 금기도 있고, 간교함도 있고, 유혹하는 것도 있었으니 그곳은 우리가 일반적으로 생각하는 이상향이라고 말하기 어렵다. 물론 에덴동산 이야기는 우리에게 이상향의 세상을 보여주시려는 게 아니라 어떤 메시지를 주려고 하신 것이다.

에덴동산에 있던 선악을 알게 하는 나무와 생명나무를 '금기'라는 문화인류학의 용어로 접근해 보자. 금기의 원형은 창세기 2장 17절의 "선악을 알게 하는 나무의 열매는 먹지 말라"이다. 이런 금기 조항, 즉 터부(taboo)는 여러 가지 원인에서 발생하는데, 금지와 성스러움이 결합된 이중 개념이다. 즉 터부는 위험한 상황에서 발생하며, 성스러운 곳에서도 위험이 발생한다. 모든 터부가 위험한 것이 아니고 성스러운 것도 아니다. 하지만 터부는 대부분 위험하면서 동시에 거룩한 곳(또는 것)에서 발생한다. 성서는 '하나님의 얼굴을 보는 날에는 죽으리라'(출 10:28)라고 말한다. 모세가 하나님을 만난 시내산은 불확실성의 장소다. 신의 영역이 아니고, 그렇다고 인간의 영역도 아니다. 평소 시내산은 인간의 땅인데, 신이 인간을 만나러 올 때는 중간 지대가 된다. 즉 회색지대다. 거룩한 하나님의 얼굴을 뵙는 성스러운 곳이 동시에 가장 위험한 죽음의 장소가 된다.

또한 위험한 곳은 애매모호한, 즉 어중간한 중간 지대에 속한다. 어중간한 곳은 동일성이나 체계와 질서를 교란시키는 곳이다. 동일성을 교란하는 곳에서 금기가 발생하기 마련이다. 어렸을 때 문턱을 밟고 넘으면 야단을 맞았다. 납득할 만한 이유도 없이 문턱을 밟고 넘으면 '재수가 없다' '엄마가 일찍 죽는다' 등 어른들에게 무서운 말을 들어야 했다. 왜 그랬을까? 문턱은 안도 아니고 밖도 아니다. 중간 지대인데 위험하다. 하늘과 땅, 삶과 죽음, 영과 육 등 그것의 중간 지대는 두려운 곳, 즉 위험한 곳이다. 또한 그곳은 성스러운 곳이기도 하다. 신과 인간이 만나는 중간 지대인 시내산에서 모세는 인간 세상에서 신었던 신을 벗었다. 그곳은 성스러운 곳인 동시에 위험한 곳이기 때문이다. 성과 속의 경계 지점이기 때문이다.

무속에서 신과 인간의 중간 지대에서 서로를 이어주는 무당은 두려운 존재이자 성스러운 존재다. 신이 내릴 때는 성스러운 존재요, 신이 임하는 순간이라 인간에게는 두려운 시간이다. 산기슭은 인간이 신을 만나는 중간 지대다. 신이 임재하는 산과 인간이 사는 마을의 중간 지대이기에 일반적으로 산기슭에 무당들의 신당이 있다. 흔히 중간 지대를 회색지대라고 말한다. 회색은 모든 색이 섞여버린 혼돈, 자기가 없어지는 지대, 경계가 없는 지대를 뜻한다. 즉 이도 저도 아닌 존재로 위험성을 내포한 지대이다.

중간 지대는 불확실한 곳이기 때문에 불안을 낳는다. 인간은 늘 가능한 한 불확실성을 피하려 한다. 그래서 인간의 언어는 사물과 개념을 범주화하고 애매함이 섞일 여지를 없앤다. 인간이든 동물이든, 여성이든 남성이든 어느 한쪽에 속해야만 한다. 어느 쪽에도 속하지 않은 중간 지대는 불확실하기에 애매모호하고 위험한 존재로 인식된다. 고대 사회에서 양성인(남성과 여성을 동시에 가진 사람)은 그런 이유로 위험한 인물로 취급되었고 죄인이었다. 남성도 여성도 아닌, 경계선에 있는 사람이기 때문이다. 결국 문지방 같은 경계선, 중간 지대에서 통상 터부들이 발생한다. 인간에게는 나도 아니고 적도 아닌 존재가 불안을 안겨준다. 즉 나와 적이 분명해야 나의 태도를 결정할 수 있다.

지성소는 인간과 신이 만나는 중간 지대다. 그래서 성스러우면서도 위험하다. "여호와께서 모세에게 이르시되 네 형 아론에게 이르라 성소의 휘장 안 법궤 위 속죄소 앞에 아무 때나 들어오지 말라 그리하여 죽지 않도록 하라 이는 내가 구름 가운데에서 속죄소 위에 나타남이니라"(레 16:2) 그래서 지성소에는 특별한 예복을 입은 대제사장만 대속죄일에 1년에 한 차례 들어갈 수 있었다(레 16:34).

광야는 인간이 살지 않는 곳인데, 그렇다고 신의 땅도 아니다. 그곳은 중간 지대로서 선지자들이 야훼 하나님을 만났다. 모세, 엘리야, 세례 요한, 바울 등은 모두 중간 지대인 산이나 광야에서 하나님을 만난 자들이다. 신과 인간의 경계를 넘나드는 사람들은 성스러우면서 동시에 늘 위험에 노출되어 있었다. 경계가 모호하다는 것은 위험한 것이기에 하나님이 금하시는 일이다. 즉 인간을 보호하기 위해서 금하신다.

그런데 하나님의 뜻을 어기고 금기를 넘으면 위험하므로 하나님은 이를 죄라고 하신다. 남자는 여자가 되려 하고 여자는 남자가 되려고 하면서 경계선에 있는 사람을 두고 성서는 죄라고 말하고 있다. 이처럼 성서에서는 이런 의미로 주어진 금지된 조항이 많다. 이제 선악을 알게 하는 나무를 금하신 뜻을 찾아보자. 선악을 알게 하는 나무는 과연 위험하고 두려운 것일까? 아니다. 금기를 두셔서 인간을 보호하기 위한 것이므로 복된 소식이다.

죄와 악의 기원

최초의 남극 탐험, 최초의 에베레스트 등정, 최초의 달 착륙 등 최초란 타이틀은 대개 매우 명예로운 일이다. 반면에 그 길을 간 사람이 없었으므로 최초는 늘 두렵고 위험한 일이다. 최초의 인류인 아담과 하와의 첫 인생은 엄청난 실수로 끝나고 말았다. 그럼에도 인류의 첫 조상으로 기록된 아담과 하와의 이야기는 우리의 상상력을 자극한다. 많은 작가들도 아담과 하와 이야기를 모티브로 다양한 작품으로 남겼다. 아담과 하와 이야기는 그만큼 많은 상징을 담고 있다는 의미이기도 하다. 그래서 아담과 하와 이야기는 슬슬 읽어갈 수 있는 이야기가 아니다.

아담과 하와가 타락하기 이전, 에덴동산에는 가장 간교한 뱀이 있었다. 성서는 "하나님이 지으신" 뱀이라고 기록했다. 선하신 하나님이 간교한 뱀을 만드셨다면 하나님의 선하심은 어떻게 되는가? 아담과 하와가 타락하기 전이라 뱀은 처음부터 간교하게 만들어졌다는 말인데, 하나님께 책임이 있다고 읽히기도 한다. 또한 "가장 간교"하다는 최상급 표현을 사용했으니 이 뱀 말고도 다른 간교한 존재가 있었다는 의미이며, 타락 이전에 다양한 간교함이 있었다는 말씀이다. 아니면 들짐승 가운데 어떤 짐승이 타락해서 그 짐승의 죄로 인해 다른 짐승들도 죄를 물려받아 다양한 간교함이 있었다는 뜻일까? 성서에 답이 없다.

선악을 알게 하는 나무의 열매를 따 먹기 전, 즉 타락 이전에도 아담과 하와는 유혹에 넘어가는 존재였다. 유혹에 넘어간다는 것은 이미 탐욕을 가진 존재라고 할 수 있다. 아담과 하와는 하나님과 같아지려는 교만과 유혹에 넘어가기 쉬운 결핍을 가진 존재였다. 즉 타락 이전의 인간은 죄의 가능성을 안고 있었다고 볼 수 있다. 결국 타락 이전의 인간은 '부족한 존재, 결핍을 가진 존재'였다. 아담과 하와의 죄로 인해 교만, 탐욕 그리고 간교가 들어온 것이 아니라는 뜻으로 읽을 수 있다. 물론 부족한 존재가 죄인은 아니다.

1999년 4월 20일 콜로라도 덴버에 있는 콜럼바인고등학교(Columbine High School)에 다니던 두 학생이 총을 난사하여 12명의 학생과 1명의 교사가 사망한 충격적인 사건이 발생했는데, 미국 최악의 고등학교 총기 사건으로 기록되었다. 자동소총과 사제 폭탄으로 무장한 15살의 에릭(Eric Harris)과 딜런(Dylan Klebold)이 치밀한 계획을 세워 학교 친구들에게 총을 난사한 이 사건은 인간이란 어떤 존재인지를 느끼게 했다. 콜럼바인고등학교 앞 언덕에는 이 사건으로 희생된 학생과 선생님을 기리기 위해 열세 개의 십자가가 세워져 있다.

이 사건이 일어난 후 어느 날 여섯 살인 딸 채리가 심각하게 물었다.

"아빠, 하나님이 사람을 다시 만들었으면 좋겠다!"

"왜?"

"아담과 하와가 죄를 지어서 아이들이 총으로 친구를 죽이잖아! 하나님이 사람을 다시 만들면 죄를 짓는 사람이 태어나지 않을 거야. 하와만 만들지 않으면 …."

채리는 어떻게 친구들을 죽일 수 있는지 도무지 그 학생들을 이해할 수 없었다.

늘 『어린이 성경』을 읽으면서 교회 안에서 자란 채리는 아담과 하와의 범죄로 죄가 세상에 들어왔고, 그 학생들도 죄를 가지고 태어났기 때문에 친구를 죽였다고 믿고 있었다. 친구를 죽이는 현재 인간에게는 희망이 없으니 하나님께서 인간을 다시 만들되, 하와를 만들지 않으면 죄가 세상에서 없어질 것이라고 나름의 해결책을 내린 것이다. 채리에게 '예수 그리스도의 속죄의 은혜로 다시 태어남'이라는 신학 용어로 설명했지만, 어린 채리가 얼마나 받아들였는지 알 수 없다.

인간에게 있어 죄와 죽음의 문제는 쉽게 답을 찾을 수 없는 숙제다. 세계 여러 나라의 설화나 신화(설화와 신화의 구분이 애매한 전승도 있어 병행 또는 한 단어만 사용하기도 한다)에서도 죽음과 죄에 대한 나름의 답을 주기 위해 애쓴 흔적들이 있다. 죽음의 기원을 두고 인류가 신의 명령을 어겼기 때문이라는 이야기는 성서 외에도 여러 지역에서 발견된다. 시조(始祖)가 영원한 생명의 묶음과 유한한 생명의 묶음 가운데서 잘못 선택했기 때문이라는 이야기와 인구 과잉을 막기 위해 죽음이 비롯되었다는 에스키모와 남아메리카 설화 등이 있다. 생산력이 형편없고 척박한 지역에서 인구 과잉은 축복이 아니라 공멸할 수 있는 비극이기에 그런 답이 존재해 온 것으로 보인다.

수메르 신화인 「길가메시 서사시」에서는 인간이 잔치를 벌이고 떠드는 바람에 괴로워하던 신들이 인간을 심판해 죽게 되었다고 말한다. 죄 문제를 해결하기 위해 희랍 사람들은 '선한 신과 악한 신'이 있다고 믿었다. 이러한 이원론적 신화에서는 신들이 서로 싸워서 선한 신이 이기면 평화가 오고, 악한 신이 이기면 고난과 죽임이 찾아온다고 믿었다.

1983년 칸 영화제에서 황금종려상을 받은 「나라야마 부시코(楢山節考)」라는 일본 영화는 노인을 산에 버리는 '기로(棄老)' 풍습을 담고 있다. 또 우리 민족의 마고(麻姑) 신화에서는 먹을 것이 부족해서 죽음이 왔다고 말한다. 우리 역사에 고려장이 있다, 없다 논란이 존재하지만, 먹을 것이 없어 자손이 모두 죽을 상황이라면 부모 스스로 죽음의 계곡으로 갈 것이다. 부모를 버리는 고통보다 오히려 죄로 인해 죽음이 와서 모두 죽는 상황을 면할 수 있었다는 마고 신화는 윤리적인 문제를 해결하는 한 방법으로 보인다.

성서에서는 아담과 하와의 범죄로 인해 인간이 영생을 잃어버렸다고 말한다. 성서의 말씀을 듣고 읽는 이들은 좋으신 하나님이 세상을 만들었다는 것에 대해 의심하지 않았다. 그런데 안타깝게도 좋으신 하나님이 만든 세상에 죽음이 있다. 또 하나님이 만드신 인간 세상에 죄와 악이 존재한다. 하나님의 택함을 받은 사람들은 이처럼 모순적인 질문으로 갈등하는 동시대인들에게 답을 주어야 했다. 성서 기자는 그 대답을 인간의 타락으로 인한 죄에서 찾았다.

지금까지 대부분의 신학에서는 아담과 하와의 타락 이야기가 '죄와 악의 기원'에 대해 가르친다고 이해했다. 죄의 기원에 대해 창세기의 본문을 인용하고 있다. 하지만 교회마다 조금씩 다르고, 교단마다 다르고, 신학자마다 해석이 조금씩 다르고, 결론에서도 다른 부분이 있다. 다만 '죄의 기원'이라는 근본적 해석은 거의 동일하다. 그런데 자세히 읽어보면 창세기 본문은 죄의 기원에 대해 침묵하고 있다. 죄의 기원을 말하는 것 같지만, 사실은 침묵한다. 에덴동산 이야기에서 악은 하나의 현실로 전제하고 있으며, 아담과 하와가 타락으로 인한 저주를 받기 이전에 '간교한 뱀'이 있었다고 말한다. 다시 말해 성서는 뱀의 간교함이 어디에서 왔는지, 즉 죄와 악의 기원에 대해 침묵한다. 간교함은 곧 죄를 만든다.

하나님께서 죄를 지은 아담과 하와를 심문하지만, 뱀에게는 왜 유혹하고 속였는지 추궁하지 않는다. '하나님께 거역하도록 부추기는 유혹'은 죄가 아닌가? 그런데도 성서는 그 유혹이 어디서 왔는지 침묵한다. 악의 기원을 말하려면 하와를 유혹한 뱀의 '간교함'을 먼저 다루었어야 한다. 나아가 뱀의 '유혹'을 먼저 다루는 것이 마땅하다. 그리고 뱀의 유혹에 솔깃하여 넘어간 하와와 아담의 미혹되는 성품도 다루어야 한다. 하지만 성서는 아담과 하와의 타락 이전에 있었던 '간교함' '유혹' '미혹되는 마음'이 어디에서 왔는지 말하지 않는다. 그러면 성서의 침묵은 무엇을 뜻하는가? 성서는 이런 문제를 다루려고 아담과 하와의 타락 이야기를 전한 것이 아니라는 의미다.

간교한 뱀이 존재하기 이전, 하나님의 창조 사역 이전에 '혼돈'과 '흑암'이 있었다. 그러나 '혼돈'이 무엇인지 구체적으로 설명하지 않는다. 혼돈과 흑암에 대한 성서의 판단은 없지만, 하나님이 흑암과 혼돈에 질서를 부여하신 후 보시기에 좋았다고 한 것으로 보아 흑암이나 혼돈은 보기에 좋지 않았다고 간접적으로 말하고 있다. 혼돈과 흑암은 적어도 아름다움이나 선은 아닌 것이다. 창조 이전의 상태가 선이나 아름다움이라면 창조 후에 보시기에 좋았다고 말씀하지 않았을 것이다.

그러면 이 '혼돈'을 악으로 볼 수 있을 것이다. 혼돈은 무질서이자 고통의 근원이요, 악의 근원이라고 할 수 있다. 그런데 성서는 이 흑암과 혼돈에 대해 어디서 왔는지 설명 또는 언급 없이 현실적으로 존재하는 것에서부터 출발한다. 죄와 악의 기원을 이야기하려면 흑암과 혼돈이 어디서 왔는지 먼저 이야기해야 한다. 누가 흑암과 혼돈을 만들었는지, 만든 존재가 없다면 어떻게 존재했는지 설명이 필요하다. 그러나 성서는 존재하는 것, 즉 흑암과 혼돈으로 가득한 곳을 질서 있는 세상으로 만들기 위해 일하시는 하나님의 등장으로 시작한다. 즉 죄와 악의 근원에 대해 설명하고 있지 않다는 것은 분명하다.

그러면 아담과 하와 이야기를 통해서 하나님은 무엇을 말씀하고 계시는가? 원죄론 문제는 기독교의 오랜 난제였기에 짧은 글에서 다룰 수 없을 것이다. 이 글은 원죄론을 본격적으로 다루지 않는다. 다만 기독교 심리학과 신학을 공부한 사람의 시선으로 읽어보려고 한다. 즉 악의 기원에 대해서는 말하지 않는다.

"말할 수 없는 것에 관해서는 침묵해야 한다."

- 루트비히 요제프 요한 비트겐슈타인(Ludwig Josef Johann Wittgenstein)

성서의 금기가 복음인 이유

어린이들의 하루는 '하지 마!'로 시작해서 '하지 마!'로 끝이 난다. '뛰지 마' '소리치지 마' '흘리지 마' '울지 마' '장난치지 마' '던지지 마' '발로 차지 마' '욕하지 마' '어지럽히지 마' '아무 데나 눕지 마' '높은 곳에 올라가지 마' '떼쓰지 마' 등 온통 하지 말라는 말뿐이다. 4살까지 하루 평균 스무 번 넘게 하지 말라는 말을 듣고 자란다는 글을 본 적 있다. 부모는 왜 그렇게 하지 말라는 말을 자주 할까? 하지 말라는 엄마의 말을 어기면 왜 잘못이고 나쁜 행동이라고 판단하는 걸까? 우리는 이 답을 자명하게 알고 있다. 아이가 다치지 않고 건강하게 자라도록 하기 위해서이지 판단이나 벌을 주기 위함이 아니다.

아담과 하와 이야기에도 '하지 말라'는 말씀이 있다. "선악을 알게 하는 나무의 열매는 먹지 말라"(창 2:17) 하나님은 왜 성서의 첫 계명이라 할 수 있는 말씀을 '하지 말라'라고 하셨을까? 그리고 선악을 알게 하는 나무의 열매를 먹은 것이 왜 죄일까? 선악을 알게 하는 나무의 열매를 금하신 일은 앞에서 설명한 창조 이야기와 맥락을 같이 한다. 선악을 알게 하는 나무의 열매를 따 먹었다는 것은 경계를 넘나드는 행위다. 즉 신과 인간의 경계를 넘나들었다는 의미가 된다. 그래서 위험하고 죄가 된다.

하나님의 창조 이전의 상태는 경계가 모호한 혼돈 상태였다. 그래서 혼돈은 불확실성의 상징이고, 그곳에서 사람이 살 순 없었다. 그곳에는 고통이 있고 두려움이 있었다. 노아의 홍수 이야기에서 다시 다루겠지만 홍수로 땅과 강의 경계가 무너져 혼돈된 그곳은 고통과 두려움의 장소였다. 그래서 하나님은 그러한 혼돈을 명하여 경계를 분명히 하셨는데, 그것이 하나님의 창조의 뜻이다. 하늘과 땅, 물과 바다의 경계를 정해서 아름답고 조화 있는 세상을 만드셨다. 그러므로 이 경계를 넘나들고 무너뜨리는 것은 창조의 역행이요, 혼돈이요, 죄악이 된다. 인류 역사에서 신과 인간의 경계를 무너뜨린 사람들이 남긴 상처가 얼마나 참혹한가? 인간이 경계를 넘어 신으로 군림했던 애굽의 바로를 비롯하여 로마의 황제들, 일본의 왕들, 그리고 오늘날 신으로 군림하는 이단 교주들을 보라. 이들이 신의 경계를 넘어 신으로 숭배될 때 인간에게는 재앙이다.

도로의 중앙선, 즉 경계를 넘는 것은 위험하다. 중앙선을 긋는 것은 통제가 아니라 운전자와 승객의 보호가 목적이기 때문이다. 성과 속, 깨끗함과 더러움, 남자와 여자, 종과 종, 선과 악 사이를 엄격하게 구별하는 것은 사회 질서를 유지하는 데 있어 매우 중요한 제도다. 따라서 경계를 넘는 것은 질서가 무너지는 것을 의미하는데, 이는 곧 혼돈으로 고통과 아픔을 주기에 죄가 된다. 거룩은 '구별하다'라는 뜻을 가지고 있다. 경계가 분명하게 구분되는 것을 의미한다. 성서에서는 왜 제사 지낸 음식을 태우라 명했을까? 거룩한 음식과 일반적인 음식이 섞이게 되면, 즉 경계가 무너지면 성스러움이 심각하게 훼손되기 때문이다.

아담과 하와가 선악과를 따먹은 것이 죄가 되는 이유는 하나님과 인간의 경계를 무너뜨렸기 때문이다. 창조하신 하나님과 창조된 인간 사이의 넘을 수 없는 간격과 차이의 체계로 이루어진 질서를 인정하지 않고 경계를 넘은 것이기에 죄라고 한다. 그러나 이 또한 일차적 의미로 해석된다. 하나님은 처음부터 당신의 형상으로 인간을 만드셨다. 즉 하나님과 인간은 경계가 없었다. 하나님은 에덴에서 인간과 함께하는 것을 좋아하셨다.

이차적 의미에서 선악을 알게 하는 나무를 두신 뜻이 분명히 드러낸다. 신과 인간의 경계 없이 살아가는 사람들이 만들어가는 죄악을 우리는 얼마나 많이 목격하는가? 즉 인간들이 스스로 신이라고 칭하면서 저지르는 인류의 범죄가 얼마나 많은가? 이렇듯 선악을 알게 하는 나무는 '어떤 나무'가 아니라 상징적 표현으로 성스러움과 세속의 경계를 상징한다. 나와 너의 경계를 넘었기에 위험하고 죄가 되는 것이다.

"이 제방은 강물로부터 농경지와 가옥을 보호하는 역할을 한다. 따라서 제방을 허무는 자는 법적으로 처벌된다"라는 표지판이 제방 위에 있다고 하자. 제방을 무너뜨리면 왜 죄가 되는가? 그 표지판을 무시해서 죄인가? 만약 표지판이 없었다면 죄가 성립되지 않는다는 논리인가? 아니다. 죄를 짓게 하려고 표지판을 설치한 게 아니다. 제방이 무너지면 농경지가 침수되고 농작물이 피해를 입을 뿐 아니라 삶의 터전이 훼손되어 인간이 고통을 당하기 때문에 죄라 한다. 제방은 농경지를 가진 사람들에게 은혜와 다름없다. 제방을 무너뜨리지 말라는 법은 농부들에게 좋은 일이다. 어떤 농부가 제방을 무너뜨리겠는가? 이처럼 선악을 알게 하는 나무는 인간을 지키고 보호하는 제방과 같다. 그것을 무너뜨렸으니 당연히 죄가 된다.

금기를 설명하면서 언급했듯이 성서에서 영매(靈媒)를 금하는 이유도 여기에 있다. 영매는 신과 인간을 중재하는 자들로 경계선 인간이다. 그래서 위험한 존재요, 신의 영역이 인간으로 인해 훼손되기 때문에 죄다. 하나님은 꼭 필요한 경우에 특별한 사람에게만 당신을 만나는 일을 허락하신다. 그것도 하나님이 정하신 예복을 입거나 신발을 벗어야 만날 수 있다. 이스라엘 백성이 애굽에서 탈출할 때 홍해를 가르셨다. 그런데 오늘날 시도 때도 없이 홍해가 갈라진다면 어떻게 되겠는가? 재앙이다. 물과 뭍의 경계가 무너지는 해일이나 2022년 6월부터 3개월간 이어진 파키스탄 최악의 대홍수 등은 하나님께서 정한 경계를 넘는 것이 얼마나 큰 고통인지 경험했다. 하나님은 아담과 하와의 행복을 위해 경계를 분명히 하셨다. 하지만 그 경계를 넘어섰기 때문에 죄인이다. 결국 선악을 알게 하는 나무는 하나님의 심술이 아니라 사랑의 표현이요, 보호 장치였고, 따라서 복음이었다.

선악을 알게 하는 나무의 열매를 금한 금기를 비롯해 성서에는 여러 금기가 있다. 이에 대해서는 최창모 교수의『금기의 수수께끼』라는 책에 잘 정리되어 있다. 학창 시절 두발이나 복장 검사가 엄격했다. 남학생의 머리칼이 길면 계집애처럼 머리를 기른다며 불량 학생으로 찍혔다. 머리 긴 것과 불량 학생은 무슨 관계가 있는가? 아무런 관계가 없다. 여학생이 머리칼에 조금만 물을 들여도 역시 불량 학생으로 취급받기 일쑤였다. 그런데 2002년 FIFA 월드컵 당시 한국 선수들의 머리 모양만 보면 여자인지 남자인지 구분하기 어려웠다. 머리 색깔은 총천연색에 가까웠고, 또 복장은 어떤가? 한때 나팔바지를 입고 다니면 가위로 무자비하게 자르던 시절이 있었다. 치마 길이가 짧으면 경찰이 자를 가지고 다니며 단속했다. 중학교 때 복장 검사를 하는데 한 학생이 여자 팬티를 입었다는 이유로 죽도록 맞은 적이 있다. 그 선생님이 기독교인인지 알 순 없지만, 문자적으로 성서 말씀을 이해한다면 그 학생은 죄를 지은 것이다.

"여자는 남자의 의복을 입지 말 것이요 남자는 여자의 의복을 입지 말 것이라"(신 22:5) 왜 하나님이 옷 입는 것까지 간섭하시는가? 그런데 오늘날 이 법을 지키는 교회가 있는가? 어느 인종의 경우 아예 남녀 의복의 구분이 없는데 이 법을 어떻게 지켜야 할까? 스코틀랜드 전통의상 킬트(kilt)를 입고 백파이프 부는 사진을 보면 킬트는 체크무늬의 치마다. 게다가 의복 자체가 없어서 대충 걸치는 아프리카 부족에게 어떻게 이 법을 적용할 수 있을까? 문화마다 남녀 복장이 제각각인데 히브리 복장을 기준으로 오늘날에도 의복 착용을 금해야 하는가? 하나님은 왜 남녀가 의복을 바꿔 입는 것을 금하셨을까?

남녀가 옷을 바꿔 입는 것을 금한 것은 남녀 스타일의 문제가 아니라 옷이 지니는 정치적·사회적 상징성 때문이다. 옷의 기능에는 여러 가지가 있지만, 중요한 기능 중에는 접촉과 사회성이 있다. 고대 사회에는 접촉해서는 안 되는 것에 관한 금기가 있었다. 부정한 것과 접촉하면 부정해진다는 것인데, 성서에는 이러한 규정들이 다수 있다. 실제로 인도에는 불가촉천민(不可觸賤民)이 있는데, 이들과 접촉하면 같이 부정해진다고 믿었다. 또 남자가 여자 옷을 입으면 여자 옷의 여성성이 훼손된다고 생각했다. 이는 차이, 즉 경계가 무너지는 것이다. 여성 옷은 여성이 입도록 만들었는데, 남성이 입게 되면 여성 옷의 여성성이 훼손되기 때문에 금하신 것이다. 여성성과 남성성이 갖는 고유한 가치가 있는데 이를 보호하기 위함이지, 옷 입는 것까지 간섭하신 게 아니다.

고대 사회로 갈수록 옷은 신분을 나타냈다. 지금은 차별이라 하겠으나 고대 사회에서는 옷으로 역할을 구분했다. 사회 질서를 의미했기 때문에 옷을 규정대로 입는 것은 구별을 의미했다. 성서 최초의 금기인 선악을 알게 하는 나무가 복음인 한 이유다.

생명에는 등급을 매길 수 없다

불교에 문외한이지만 어쭙잖게 상담대학원에서 종교철학을 가르치다 보니 어깨너머로 읽은 글 가운데 '산은 산이요 물은 물이다'라는 구절이 눈에 들어왔다. 이 구절은 '산시산 수시수 불재하처(山是山 水是水 佛在何處, 산은 산이요 물은 물인데 도대체 부처는 어디에 있단 말인가)'라는 시구의 서두 부분이다. 심오한 뜻이 있을 것 같아서 여기저기 찾아보았다. 이전에 불교 신도였던 교우에게 여쭤보니 이 구절은 인간의 왜곡된 시선을 지적한 것이라고 했다. 산과 물에 대한 왜곡된 시선, 즉 억견(臆見)을 의미한다. 사전에서 '억견(臆見)'은 어떤 근거에 의하지 아니하고 자기 나름대로 상상하는 소견이라고 정의되어 있다.

플라톤은 이성에 의한 지식이 '에피스테메(επιστήμη)'이고 이에 대한 상대 개념으로 '감각에 의한 지식(臆見, δοξα[독사])'은 사람마다 달라서 신뢰할 수 없다고 했는데, 이와 같은 의미로 볼 수 있다. 심마니에게 산은 산삼이 나는 곳과 아닌 곳으로 구분하여 보일 것이고, 등산가에게는 거기 산이 있어 오르는 곳으로 보일 것이다. 십자가가 어떤 이에게는 어리석게 보이지만, 우리에게는 사랑과 구원의 상징이듯이 말이다. 이런 시선은 일상에서 늘 일어나지만 모르고 살아가는 이들에게 깨우침을 주는 말로 풀이된다.

산과 물에 대한 사람의 인식은 세 단계로 발전한다고 한다. 먼저 산을 산으로, 물을 물로, 즉 자연현상을 감각적으로 인식하는 첫 번째 단계다. 그러나 부처를 만나면 산은 더 이상 산이 아니고 물도 물이 아닌 두 번째 단계가 된다. 만물의 근본이 하나이므로 산과 물의 구별이 사라진다. 산이 물이고 물이 산이다. 천지

(天地), 미추(美醜), 주야(晝夜), 희비(喜悲)가 모두 분리되지 않는 하나다. 그다음은 산이 다시 산이 되고 물도 다시 물이 되는, 즉 전도되었던 가치 체계가 제자리를 찾는 마지막 단계라고 한다.

첫 번째 단계의 산과 물이 단순한 감각적 인식 대상이라면, 마지막 단계의 산과 물은 불성(佛性)을 반영하는 대상으로 본다. 모든 것에 불성이 깃들어 있는데 어떻게 함부로 대할 수 있느냐는 불가의 가르침인 것이다. 어떻게 저것은 추하고 이것은 아름답다고 구분하겠는가? '산시산 수시수 불재하처'라는 선시(禪詩)를 남긴 도천(道川)이란 고승도 선악을 알게 하는 나무에 대해 알았다면 아마 감탄했을 것이다.

> 아! 바로 이것이구나! 야훼께서 창조하실 때 이미 그렇게 정해놓았구나! 그래서 창조하신 후 보시기에 좋았다고 하셨구나! 어찌 미추희비(美醜喜悲)를 가를 수 있겠는가?

불가에서는 분별심을 금하라는 가르침이 있다. 일이나 사물, 사람을 분별하려는 마음을 갖게 되면 그 집착에서 자유롭지 못하다는 의미다. 분별하게 되면 분별된 틀(frame)에 묶여서 벗어나지 못하게 된다. 분별하려는 마음이 옳음과 그름, 남자와 여자, 청정과 더러움 등 이분법을 스스로 만들고 분별하게 되면서 자기를 상자 안에 가둔다는 가르침으로 볼 수 있다.

석가도 성서의 선악을 알게 하는 나무 이야기를 알았다면 그것을 인용하여 설법했을 것이다. 하나님의 창조 원리를 깨닫는다면 자신이 추구했던 답을 성서에서 찾았으리라 본다. 물론 불가에서는 다르게 말하겠지만 말이다.

하나님께서 창조하신 모든 것에는 창조자 하나님의 영성(창조 영성)이 깃들어 있다. 하나님이 선하다 하셨는데 인간이 임의로 미추를 나누고, 시비를 판단할 수 있는가? 창세기 앞부분에서는 나누는 것으로 시작하지만, 선악을 알게 하는 나무를 하나로 만드셨다는 것은 가치 판단을 금하신 것으로 이해할 수 있다. 이것은 아름답고 저것은 추하다고 판단하지 말라는 말씀이다. 그렇게 판단하는 순간 추하다고 판단된 것에게 폭력이 되기 때문이다.

거의 모든 부모와 자식 사이의 갈등은 역설적이게도 부모의 선의로 시작된다. '이것은 하지 말라' '저것을 해라' '대학 못 가면 사람대접 못 받는다' 등 자녀들을 보호하고 더 잘되라고 지시하고 통제할 때 부모의 선의는 개념화된다. 하지만 개념화되면 선악 간에 판단하게 되고, 곧 폭력이 된다. 부모의 아름다운 희생으로 만들어진 선의가 자녀들에게는 폭력이 되는 경우가 허다하다. '공부를 잘해야 성공한다'라는 성공에 대한 부모의 개념이 공부 못하는 아이에게는 폭력이 된다. 폭력은 합의된 기준-보편적 기준, 노자의 말대로 모든 사람이 '아름답다'고 말하면-이 나와 생각이 다를 때 발생한다. 어떤 기준을 모두가 선이라고 합의해서 지켜야 하는 순간, 그것은 의지와 상관없이 지킬 수 없는 이들에게 폭력이 된다.

좋은 예가 바리새인들의 선과 악에 대한 이해다. 이들은 성서의 계명을 생명이라는 관점에서 해석하지 않고 선악의 기준으로 해석했다. 그들이 개념화한 기준을 정하는 순간 기준에서 벗어난 것은 악이 되었고, 곧 신의 이름으로 정죄되었다. 계명에 대한 설명은 다음 책에서 계명이 복음인 이유를 다룰 때 구체적으로 설명할 것이다. 예수님은 바리새인들이 절대 선이라고 해석한 율법을 지킬 수 없는 가난한 이들, 죄인과 세리들, 간음하다 잡혀 온 여인과 함께하셨다. 예수님은 법을 지킬 수 없는 그들, 아니 세속에 매여 지키지 못했을지라도 판단하기에 앞서 그들의 생명을 먼저 보셨다. 그래서 예수님은 선악으로 판단하는 바리새인들을 자주 책망하셨다. 선악을 따진 바리새인들은 선악을 알게 하는 열매를 먹은 아담과 하와와 다름없었다.

선악을 알게 하는 나무는 인간에게 판단이 아닌 생명으로 나아가도록 하는 복음이다. 예수께서 십자가에 달리신 골고다 언덕에서 에덴동산이 회복되었다. 선악을 판단하면 예수께서 십자가에 달리실 이유가 없다. 선악 간에 따지면 골고다 언덕은 빌라도의 법정이 되고, 십자가의 예수는 바리새인처럼 심판관이 된다. 십자가는 선악의 구분을 넘어선 사건이다. 십자가는 선악을 나누지 않는다. 그렇게 십자가는 선악을 극복하고 모두에게 '죄 없음'을 선언한다. 즉 선악을 초월하여 생명을 선물한다. 그래서 십자가는 생명나무가 된다.

예수님은 십자가에서 선악을 판단하는 율법의 근본정신을 실현하기 위해 용서로 정죄를 없애고 선악을 구분하기 이전의 상태로 되돌려 놓았다. 그래서 강도와 죄가 없으신 예수께서 함께 낙원에 들어가는 곳이 골고다인데, 골고다에서 에덴이 회복되었다. 예수께서 십자가에 달리신 사건은 하나님의 사랑으로 다시 선악의 판단이 없는 에덴을 회복하신 사건이다. 따라서 선악을 알게 하는 나무는 오늘도 유효하다. 선악의 판단이 아니라 생명나무를 에덴동산에 두신 하나님의 뜻은 오늘도 복음으로 유효하다. 오늘도 선악을 판단하는 곳은 실낙원이 되고, 생명을 선택하는 곳에는 낙원이 회복된다. 늘 생명을 선택하시는 예수께서 바리새인들 가운데 서시고 '오늘 이곳에 하나님의 나라가 임했다'고 하신 뜻이 여기에 있다. 생명을 선택하는 그곳에 하나님의 나라가 임한다.

이사야 11장 6~8절에 회복된 에덴의 모습이 상징적으로 제시되었다.

> 그 때에 이리가 어린 양과 함께 살며 표범이 어린 염소와 함께 누우며 송아지와 어린 사자와 살진 짐승이 함께 있어 어린 아이에게 끌리며 암소와 곰이 함께 먹으며 그것들의 새끼가 함께 엎드리며 사자가 소처럼 풀을 먹을 것이며 젖 먹는 아이가 독사의 구멍에서 장난하며 젖 뗀 어린 아이가 독사의 굴에 손을 넣을 것이라

젖 뗀 아이가 독사의 굴에 손을 넣는다는 표현은 독사라는 개념과 어린아이라는 개념이 없어진 상태라고 할 수 있다. 어린 염소를 잡아먹는 짐승을 표범이

라 이름 붙였는데, 어린 염소와 같이 살면 이미 표범이라는 개념을 가진 짐승이 아니다. 독을 품었던 독사에 대한 개념, 힘없는 짐승을 잡아먹고 사는 표범에 대한 개념이 부정된 곳이 에덴동산이다. 선악을 나누지 않는 곳에서는 폭력이 없어진다.

에덴동산에 있는 선악을 알게 하는 나무는 인간을 시험하기 위한 하나님의 심술이 아니다. 인간들이 선과 악, 미와 추 등 개념화하여 나누고 차별하고 억압하는 일이 없도록 하신 하나님 사랑의 상징이다. 시대착오적이라는 비난을 받으면서도 여전히 진행되고 있는 미스코리아 선발 대회를 보면 진선미를 그들만의 기준으로 진선미를 나눈다. 여성들을 세워 놓고 '진이다, 선이다, 미다'라고 나누는 것은 폭력이라고 생각하지 않는가? 여성을 진선미로 구별하는 미인 대회는 많은 여성에게 열등감을 주고 좌절을 맛보게 한다. 어쩌면 부모를 원망하게 하고 몸을 가꾸지 못한 자신을 탓했을 수도 있다. 진선미로 나누는 것은 엄청난 폭력이다. 하나님이 창조하신 사람을 향해 등급을 나누는 일은 창조주께서 슬퍼하시는 일이 아닌가? 생명 자체가 고귀한데, 감히 등급을 매기다니!

하나님께서 선악을 알게 하는 나무를 에덴에 두신 것은 기쁜 소식이다. 우리에게는 선악이 아니라 생명의 길을 가르치는 복음이다. 학문에서는 개념화하는 것이 학문의 시작이지만, 생명은 그럴 수 없다. 이것이 하나님의 뜻인데, 인류는 기준을 정해서 판단했다. 선악 간에 판단하는 것은 늘 강자가 해오던 일이다. 힘이 선악과 기준을 정해서 억압하고 착취해 온 인류 역사를 바로잡기 위해 예수께서 오셨다. 이 빛에서 예수님의 삶과 사역, 죽음 그리고 부활은 설명될 수 있다. 성서가 복음인 이유다.

선악을 나누지 않는 곳엔 미(美)뿐이다

어른들이 자주 하는 말 가운데 "선한 끝은 있어도 악한 끝은 없다"라는 말이 있다. '착하게 살아라! 선하게 살아라' '남의 마음을 아프게 하면 네 마음도 아픈 날이 온다'라는 정도 뜻이다. 그런데 선이 무엇이며 악은 또 무엇인가? 착하게 산다는 것은 무엇인가? 선한 것의 사전적인 의미는 '올바르고 착하여 도덕적 기준에 맞음, 또는 그런 것'이라고 되어 있다. 선에 대한 설명이 아니라 '올바르고, '도덕적 기준'이라는 단어로 대치되었을 뿐이다. 다시 '올바른 것' '도덕적 기준'이 무엇인가 되묻지 않을 수 없다. 올바른 것이 무엇인가를 물으면 '선한 것, 이치에 맞는 것' 정도로 풀이하게 된다. 결국 끝없이 언어가 나열되면서 다른 언어로 대치될 뿐이다.

종교마다 또 시대마다 선에 대한 정의가 다른데, 어떻게 선을 이야기할 것인가? 선(善)은 '착하다' '옳다' '훌륭하다'라는 의미를 갖고 있다. 양처럼 성질이 온순하고 부드러우므로 글자 속에 '양(羊)'이 들어 있다고 설명되어 있지만, 한자 뜻풀이처럼 그리 간단하지만은 않다. 양이 순한지는 모르겠지만 약한 것처럼 보인다. 순하다고 선이고 옳은 것인가? 어른의 말이나 사회 규범·도덕에 어긋남이 없이 옳고 바르다는 것을 전제하는데, 과연 그런가? 일반적으로 아이들이나 아랫사람을 대상으로 쓰긴 하지만, 웃어른에게 쓰기 어려운 말이다. 어른들 사이에도, 사회에도 갈등과 싸움이 있고 끝없이 변하기에 선을 고정된 개념이라고 하기는 어렵다.

성서 역시 선과 악이 무엇인지 설명 없이 '선악을 알게 하는 나무'의 열매를 먹지 말라고 한다. 예수께서는 "하나님 한 분 외에는 선한 이가 없느니라"(막 10:18)고 하셨다. 즉 인간이 하나님을 온전히 알 수 없기에 선에 대해서도 온전히 알기 어렵다는 뜻이기도 하다. 앞에서 설명한 바와 같이 하나님은 선악의 구분이 없는 상태로 창조하셨다. 그런데 언제부턴가 인간이 선악을 구분하면서 선을 지향하고 악을 멀리하려고 했다. 선이 무엇이고 악이 무엇인지 규명하려 애썼지만, 선과 악에 대한 개념은 문화마다, 사람마다 달랐다. 과연 선은 무엇이고 악은 무엇인가? 여전히 진행 중인 질문이고, 앞으로도 그럴 것이다.

여기서 선악의 문제를 깊이 다룰 수는 없다. 다만 선악에 대한 성서의 처음 가르침이 무엇인지 살펴보고자 한다. 하나님은 당신의 이름을 개념화하는 것에 대해 거부하셨듯이 선과 악에 대한 개념화를 거부하셨다. 그리고 세상을 창조하실 때 모든 것을 나누셨다. 하늘과 땅, 빛과 어둠, 사람도 남자와 여자로 나누셨다. 나누는 순간 경계가 지어지고, 이는 곧 차이를 낳고 개념화된다. 그것이 인간에게 좋은 것이기에 개념화하여 나누셨다. 그런데 나누지 않은 것이 딱 하나 있는데, 선악을 알게 하는 나무다. 즉 하나님이 선악을 나누지 않으셨다는 것은 창조하실 때 선이 무엇이고 악이 무엇인지 개념화하지 않으셨다는 뜻이다. 그러면 하나님은 왜 선악을 나누어 개념화하지 않고 한 나무로 두셨을까?

어느 날 문득 이런 의문이 들었다. '일반적으로 선과 악은 극 대 극이라 할 수 있다. 절대 하나일 수 없으니 반드시 나눠야 하는데, 왜 나누지 않으셨을까? 나누지 않으신 뜻이 무엇일까? 성서를 부정하는 이들에게 이 부분을 어떻게 설명할 수 있을까?' 묻고 또 묻던 어느 날 맨해튼에 있는 신학대학원 강의실에서 한 울림이 마음을 흔들었다. 그날의 환희는 지금도 가슴을 뛰게 한다. '야! 우리 하나님 참 멋지다. 사랑의 하나님이 맞구나!' 신학을 공부하다가 몇 번 펑펑 운 적이 있는데, 이때가 그중에 한 날이었다.

'하나님께서 선악을 나누지 않으신 데에는 인간이 선이 무엇이고, 악이 무엇인

지 개념화하는 것을 거부하셨다는 뜻이구나!'

하나님은 이것이 선이고 저것이 악이라고 말씀하지 않으셨다. 선과 악을 나누고 나서 이것이 선이라고 개념화하는 순간 악 역시 개념화되기 때문이다. 즉 선악의 구분을 거부하셨으며, 개념화하지 말라는 말씀으로 다가왔다. 이는 곧 선악 간에 판단하지 말라는 뜻이다. 그리고 선악을 알게 하는 나무 옆에 생명나무를 두셨다고 특별히 지목하여 말씀하셨다. 에덴에 많은 나무가 있지만, 오직 두 나무만 이름을 알려주셨다. 선악을 알게 하는 나무와 대비해서 생명나무를 언급하신 것이다. 선악을 알게 하는 나무의 열매를 먹으면 죽고, 생명나무의 열매는 살린다는 의미를 함축하고 있다고 해석된다. 성서에서 생명나무는 영생을 주는 나무라고 말씀한다.

> 여호와 하나님이 이르시되 보라 이 사람이 선악을 아는 일에 우리 중 하나 같이 되었으니 그가 그의 손을 들어 생명 나무 열매도 따먹고 영생할까 하노라 하시고 (창 3:22)

즉 선악을 나누면서 판단하지 말고 생명을 선택하라는 의미로 해석할 수 있다. 또 그것이 영생의 길이라고 말씀하신다. 여기까지 생각이 미치게 되면 선악을 알게 하는 나무의 열매를 금하신 말씀도 복음으로 다가오게 된다. 요한계시록의 말씀을 살펴보자.

> 귀 있는 자는 성령이 교회들에게 하시는 말씀을 들을지어다 이기는 그에게는 내가 하나님의 낙원에 있는 생명나무의 열매를 주어 먹게 하리라 (계 2:7)

에베소 교회에 주시는 말씀이다. 그렇다! 선악 간에 나누지 않고, 판단하지 않으시고, 생명을 선택하신 예수를 따르면서 생명을 선택하는 자들에게는 생명나무의 열매를 먹게 하신다. 이처럼 창세기부터 요한계시록까지 일관되게 하시는 말씀이 생명 경외다. 곧 성서가 인간을 사랑하시는 창조자 하나님의 말씀임을 확인할 수 있다. 하나님은 선과 악을 나누지 않으셨고, 선과 악을 나누지 않는 곳이 에덴동산이다. 선과 악을 나누지 않으면 우리 가정도 에덴동산이 된다.

그런데 선악을 나누지 않는다는 것은 어떤 것일까? 노자가 『도덕경』 2장에서 미와 추를 개념화하지 말라고 했는데, 선악을 개념화하지 않는 것과 비교해 볼 수 있겠다. 노자에 대해서는 문외한이지만, 그 뜻을 알 것 같아서 인용해 보았다.

> 天下皆知美之爲美 斯惡已 皆知善知爲善 斯不善已 故有無相生 難易相成,
> 長短相較, 高下相傾, 音聲相和, 前後相隨
>
> [천하개지미지위미 사오이 개지선지위선 사불선이, 고유무상생 난이상성
> 장단상교 고하상경 음성상화 전후상수]

직역하면 다음과 같다.

세상 사람들 모두가 아름다움을 아름다움이라고 알지만, 이는 아름다움이 아니다. 세상 사람들 모두가 선(善)을 선이라고 알지만, 이는 선이 아니다. 그러므로 '있음(有)'은 '없음(無)'에서 서로 나오게 되고, '어려움(難)'에 마음의 무게를 두기에 '쉬움(易)'에도 집착하게 된다. 길고 짧음은 서로 상대적으로 비교가 되며, 높고 낮음은 서로 상대적인 높이로 보인다. 나오는 소리와 들리는 소리는 서로 어울려서 울리며, 앞과 뒤는 서로 상대적으로 붙어 다닌다.

앞에 언급한 미와 추에 대해 덧붙인 설명으로 요약하면 미와 추를 나눌 수 없다는 의미로 해석할 수 있다. 이 구절에서 노자가 궁극적으로 말하고자 하는 의도는 무엇일까? 미와 추는 상대적이며, 개념화할 수 없다는 뜻이다. '이 세상 사람들 모두가 아름답다고 하는 것을 아름다운 것으로 알면 이는 추한 것이다. 이 세상 사람들 모두가 선하다고 하는 것을 선하다고 알면 이는 선하지 않는 것이

다.' 선(善)의 보편적 기준이 정해지면 선하지 않은 것이 구분되고, 이는 곧 추한 것이 된다. 어떤 사람이나 사물을 추하다고 하는 것은 폭력이 된다. 선하지 않다고 판단하는 순간 그것에 대한 정죄와 더불어 갖가지 비난, 비하, 모독, 곧 폭력이 수반된다. 선악을 알게 하는 나무를 하나의 나무로 만드심으로 인해 미와 추를 나눔으로 생기는 폭력을 가볍게 물리치셨다.

바리새인들과 서기관들이 간음하던 여인을 잡아 와서 율법을 들먹이면서 예수께 이 여인을 선악 간에 판단해 달라고 요구한다. 예수께서 '이 여인은 악하다'라고 판단하면 어떻게 되겠는가? 여인은 죽게 된다. 바리새인들의 기준으로 선악 간에 판단하면 사람이 죽어 나가니 선이 악이 되는 꼴이다.

예수는 선악을 판단하지 않으시고 그녀의 생명을 선택하셨다. 하나님이 율법을 주신 뜻이 생명을 죽이기 위함인가? 유사하게 『도덕경』 2장에서도 선이라는 기준이 만들어진다는 것은 구분이 된다는 뜻이고, 구분이 차등을 가져온다는 의미로 읽힌다. 차등은 소외와 폭력으로 발전하게 되며, 기준이 만들어지는 순간, 즉 보편적 기준이 되는 순간 권력이 되고 폭력이 된다. 노자가 선악을 알게 하는 나무를 한 나무로 만들었다는 성서의 이 부분을 읽었다면 무릎을 치며 환호했을 것 같다. 노장 사상을 공부하는 분들은 아니라고 하겠지만, 아마 노자가 성서를 알았다면 중국 최초로 하나님을 믿는 사람이 되었을 것이다.

선악을 알게 하는 나무의 열매를 먹지 말라고 금하신 것은 생명을 보호하는 기쁜 소식이다. 모든 것을 만드시고 심히 기뻐하셨던 하나님께는 미(美), 미 그리고 미밖에 없으셨다. 선악을 나누지 않는 곳에 차등은 없고 폭력이 사라지니 복된 소식이 아닌가?

타자의 욕망을 욕망하는 일

내가 원하는 것이 내 것이 아니라고? 무슨 소리인가? 분명히 내 마음이 끌렸는데 말이다. 우리는 내가 원하는 것이 있기에 존재할 수 있다. 원하는 것이 없다면 무기력증에 빠지지 않을까? 그런데 내가 원하는 것이 과연 내가 원하는 것일까? 프랑스 정신분석학자 자크 라캉(Jacques Lacan)은 "인간의 모든 욕망은 타자의 욕망이다"라고 말했다.

인간은 엄마에게 전적으로 의존하는 상태에서 삶을 시작한다. 엄마와 아이는 공생 관계에서 출발하게 되는데, 공생 관계 시기에는 엄마와 아이 구분이 없다. 대상관계학자 도널드 위니컷(Donald Winnicott)은 아이와 엄마는 둘이 아니라 하나라고 말한다. 아이는 태어나자마자 엄마가 주는 젖을 먹고, 엄마가 입혀주는 옷을 입고, 엄마가 주는 장난감을 가지고 놀고, 엄마가 원하는 것을 자연스럽게 받아들이면서 자란다. 나아가 엄마의 바람, 즉 엄마의 욕망을 욕망하며 인생을 시작하게 된다. 즉 엄마가 해 주는 대로 받아들이면서 자란다.

성장 과정에서 엄마와 자기를 구분할 수 있는 시기가 되면서 엄마의 욕망을 거부한다면 엄마의 야단을 맞게 된다. 다시 말해 자기주장을 한다는 것은 부모와 갈등을 각오해야 한다. 아이가 자라서 학교에 가면 학교 선생님들의 욕망을 욕망하게 된다. 선생님의 말씀을 들어야 한다. 또 회사에 가게 되면 회사의 욕망을 욕망하게 된다. 상사가 원하는 것을 자신의 꿈으로 받아들여야 한다. 그래야 선생님이나 상사로부터 인정받고 자신이 주체적인 존재가 된 것처럼 느끼고 생존할 수 있기 때문이다. 반대로 선생님이나 회사의 욕망을 거부하면 학교를 떠나거나 직장을 그만두어야 한다. 그에 따른 불이익도 감수해야 한다. 그래서 인간은 대부분 타자의 욕망을 욕망하면서 살아간다.

힘 있는 타자의 욕망은 어느덧 가풍이 되고, 학칙이 되고, 나아가 인간 세계를 통제하는 규칙과 제도가 된다. 인간은 부모의 욕망을 내재화하고 세상이 요구하는 것을 수용하면서 사회화된다. 이것을 소위 문명이라고도 한다. 이처럼 인간은 타자의 욕망을 욕망하면서 가정, 학교, 사회의 일원이 된다. 사회의 일원이 되어 갈수록 인간은 자신의 바람과 느낌, 생각, 꿈을 억압하고 사회적으로 길들여지게 된다.

인간은 이렇게 가정 먼저 부모의 욕망을 욕망한다. 아이는 부모가 만든 가정의 규칙, 가치관, 가르침을 받아들이고 자신의 본능, 즉 하나님이 주신 본능에 기초한 욕망을 억압한다. 이때 부모의 규칙과 가치관과 훈계를 수용한다는 것은 결국 엄마, 즉 타자의 욕망을 받아들이는 것을 의미한다. 그래서 아이는 일차적으로 부모의 욕망을 욕망하게 된다. 나아가 주변의 힘 있는 자들의 욕망을 욕망하며 성장한다. 그런데 타자의 욕망은 내 욕망이 아니므로 채워질 수 없다. 부모와 선생, 상사, 회사 역시 타자의 욕망을 욕망하기 때문이다. 타자 역시 출발부터 자신의 욕망이 아니다. 타자의 욕망은 하나님이 주신 나의 욕망이 아니므로 우리는 늘 목마르다.

타자의 욕망을 욕망하는 일은 최초의 인간인 아담과 하와에서부터 시작되었다. 아담과 하와에게는 에덴동산의 모든 것이 허락되었다. 에덴에서 그들은 어쩌면 더 이상 욕망할 것이 없을 것처럼 살았다. 하나님이 지으시고 보기 좋았다고 하신 그곳에서 하나님께서 주신 모든 만물을 다스리고 관리하는 것을 욕망하며 살았다면 하나님과 동행하며 영원히 살 수 있었을 것이다.

그런데 어느 날 뱀이 선악을 알게 하는 나무의 열매를 먹으면 하나님과 같이 된다고 말했다. 아담과 하와는 처음에는 그냥 흘려보냈을 것이다. 그런데 "하나님과 같이 된다"라는 말이 귀에서 떠나지 않고 맴돌았다. '선악을 알게 하는 나무의 열매를 먹으면 하나님과 같이 된다. 하나님과 같이 된다. … 하나님과 같아진다.' 그러던 어느 날 선악을 알게 하는 나무를 보는데, 이전과는 달리 보였다. '보암직도 하고 먹음직'하게 느껴지자 처음에는 놀라서 아니라고 고개를 저었을 것이다. '내가 지금 무슨 생각을 하고 있나? 하나님이 금하셨는데….' 그런데 시간이 지날수록 점점 뱀의 말이 사실일지도 모른다는 생각이 들었다. 열매는 점점 더 보암직하고 먹음직스럽게 보였을 것이다.

결국 하와와 아담은 선악을 알게 하는 나무의 열매를 먹었다. 아담과 하와는 뱀의 욕망을 욕망한 것이다. 즉 타자의 욕망을 욕망하게 되었다. 타자의 욕망을 욕망하면서부터 부부는 하나님의 얼굴을 외면하기 시작했다. 이로 인해 결국 에덴을 잃고 말았다. 하나님과 같이 되고 싶은 욕망은 본래 어둠으로 상징되는 뱀의 욕망이었다. 아담과 하와에게는 없던 욕망이다. 그런데 뱀의 욕망을 욕망하다가 부부 관계, 하나님과의 관계가 깨졌다. 이전에 아담은 하와를 "뼈 중의 뼈"라고, 즉 하와를 향한 친밀감을 너와 내가 하나라고 표현했다. 그런데 타자의 욕망을 욕망한 뒤에 아담은 하와를 "저 여자"라고 지칭했다. 아내를 친밀감이 없는 '저 여자'라는 삼인칭으로 부르는데, 하와로 만족이 없었다는 의미이기도 하다.

상담사를 찾아 도움을 구하는 내담자들은 대부분 타인의 욕망을 욕망하도록 강요받아서 자기를 잃어버리고 무너진 사람들이다. 대부분 부모의 욕망을 욕망하다가 하늘이 준 자신의 욕망을 잃어버린 경우가 많다. 그들은 부모의 욕망을 자신의 욕망인 줄 알고 살다가 자신의 욕망과 부조화로 인한 갈등으로 힘들어한다. 또 자신의 욕망을 자녀들에게 강요하려다 자녀들이 힘들어하자 상담사를 찾게 된 경우도 있다. 다만 부모 자신의 욕망, 즉 타자의 욕망이 좌절되어 찾은 것이다. 그들을 위로하고 하나님이 주신 본래의 욕망이 힘을 얻도록 돕는 일은 상담사의 중요한 사역 중 하나다. 상담사는 타인의 욕망이 아닌 자기의 욕망을 찾도록 지지하고 격려하고 받아주는 역할이기 때문이다.

한국의 드라마 「스카이 캐슬」은 타자 욕망을 잘 그려냈다. 그런데 캐나다에도 「스카이 캐슬」이 있었다. 타자의 욕망을 욕망하다가 비극이 계속된 이들이 프랑스계 캐나다인 베르나르드 스네칼(Bernard Senecal) 형제들이다. 현재 그는 예수회 신부가 되어 한국에서 서명원이라는 이름으로 살고 있다. 그의 어머니는 소위 극성스러운 '헬리콥터 맘'으로, 친정아버지와 남편 모두 의사였기에 자녀들도 모두 의사가 되기를 바랐다. 서 신부에게 기자가 "어머니는 왜 의대에 가길 원하셨냐"라고 묻자 그는 이렇게 답했다.

"그래야 일자리 걱정이 없으니까, 그래야 돈을 많이 벌 수 있으니까, 그래야 사회에서 인정받는 직업을 가지니까, 그래야 좋은 여자를 만날 수 있으니까, 출세하려면 미래가 밝은 전공 분야를 가져야 하니까…. 그래서 의대에 가길 원하셨지요. 제 형제는 4남 1녀였고, 어머니는 자녀들이 태어나기 전부터 '딸은 변호사, 아들은 의사'라고 자녀들의 인생 계획까지 세워 놓았어요. 그래서인지 어머니는 의사 외에 다른 좋은 직업이 많다는 걸 인정하지 않으셨어요. 자식들의 인생에 다른 길이 있을 수 있다는 걸 받아들이지 않으신 거죠."

서 신부는 어머니의 바람대로 50대 1의 경쟁을 뚫고 600년 전통의 프랑스 보르도대학 의대에 입학했다. 그런데 의사의 길은 그가 원하는 길이 아니었다.

"의사가 되는 건 내 마음에서 일어나는 소망이 아니었어요. 어머니가 내게 기성복 같은 인생 계획을 강요한 것이죠. 나는 내게 알맞은 맞춤복을 원했습니다. 나는 인문학에 관심이 많았고, 철학을 좋아했으며, 문학을 사랑했죠. 그런데 자꾸만 수학, 물리학, 생물학을 공부해야만 했습니다. 그럭저럭 점수는 나왔지만, 억지로 하는 공부였어요. 결국 의대 5년 차에 학업을 포기하고 수도자의 길을 선택했습니다. 부모님은 제게 '거짓말쟁이' '위선자' '배신자' '인생의 낙오자'라고 비난하셨죠. 그때를 돌아보니 나는 '내가 되고 싶은 나'가 아니라 '부모님이 바라는 나'가 되어 있을 뿐이었어요. 둘 사이의 갈등이 극에 달한 상태에서 나는 '내가 되고 싶은 나'를 선택했습니다. 그해 여름에 의대를 자퇴하고 가을에 프랑스의 예수회 수도원으로 들어갔죠."

서 신부의 남동생은 공부를 아주 잘했다. 그러나 동생은 캐나다의 명문 의대 합격 점수를 확인한 날 저녁에 자살하고 말았다. 메시지는 분명했다. '엄마, 당신이 원하는 대로 의과대학에 합격해 드렸어요. 이제 됐죠?' 그때까지 동생은 단 한 번도 '의대에 가고 싶다'라는 말을 한 적이 없었다. 또 다른 남동생도 의사였는데, 그는 어머니가 돌아가시자마자 50세에 의사 생활을 그만두었다. 이제는 내가 하고 싶은 것 하면서 살겠다고 했단다. 서 신부의 어머니가 자신의 욕망은 타인의 욕망이라는 사실을 알았더라면 비극이 없었을 텐데 참으로 안타깝다.

타인의 욕망을 욕망하다가 에덴동산을 잃어버린 인간은 본향을 그리워하는 타향살이가 시작되었다. 아담과 하와 이야기를 통해 우리는 타자의 욕망을 욕망하는 인간의 모습을 읽을 수 있다. 라캉이 하와가 뱀의 욕망을 욕망하는 구절을 읽었다면 '내가 지금 하나님의 이야기를 표절하는 것은 아닐까' 자문했을 것 같다. 아담과 하와의 후손인 내게 타인의 욕망이 무엇일까 질문해 본다. 내게서 타자의 욕망을 빼면 뭐가 남을까? 불안하다. 내가 없어질 것 같다. 성서는 너의 욕망을 찾으라는 메시지를 선악을 알게 하는 나무를 통해서 주고 있다. 타자의 욕망에서 자유를 주시는 복음이다.

선악을 나누지 말라

필자는 9남매 중 다섯째로 태어났다. 등교 시간이면 부엌에는 도시락이 죽 늘어서 있었다. 도시락의 선택은 먼저 등교하는 자매에게 우선권이 주어진다. 같은 반찬에 같은 도시락이지만, 다른 도시락에는 특별히 고기반찬이라도 들었나 싶어 도시락을 살짝 열어보곤 한다. 물론 그런 기적은 일어나지 않는다. 비가 오는 날이면 파란 우산, 검정 우산, 비닐우산, 천으로 된 우산, 기름 먹인 종이우산이 마루에 죽 기대어 있는데, 선택은 역시 먼저 등교하는 순이다. 선택의 순간에는 늘 망설인다.

선택하지 않은 도시락 반찬이 더 맛있을 것 같고, 선택하지 않은 우산의 상태가 더 좋을 것 같아서 우산을 집었다 놓았다 하면 어머니가 한마디 하신다. "다 같다." 그래도 남의 것이 더 좋아 보인다. 반복되는 아침 풍경이었다. 남의 떡이 더 커 보인다는 속담이 생긴 것을 보니 나만 그런 것 같지 않아 조금은 어설픈 위로가 된다.

세월이 흘러 어느덧 이순을 넘겼는데도 남의 떡이 더 커 보이는 마음을 아직도 제대로 다루지 못한다. 남의 떡이 커 보여서 마음이 아픈 분들을 다독이고 품어 주기 위해 상담하러 가는 길에도 남의 떡이 커 보인다. 상담센터로 가는 길에 교통 체증이 심한 구간을 지나야 한다. 옆 차선이 더 잘 달리는 것 같아 재빨리 차선을 바꾼다. 그런데 그때부터 바꾸기 전 차선이 더 잘 빠져서 힘이 빠진다. 잘못 선택했다고 투덜거리곤 하던 아내도 이제는 그러려니 한다.

아담과 하와의 마음이 그랬을 것이다. 아담과 하와만 탓할 일이 아니다. 내가 에덴동산에 살았더라도 에덴의 모든 과실보다 허락되지 않은 선악을 알게 하는 나무의 과실이 더 크게 보였을 것이다. 이런 심리적 작용을 심리학에서는 '불가용성 효과(effect of unavailability)'라고 한다. 소유하고 있는 대상은 언제든지 사용이 가능하기 때문에 가치가 평가절하되고, 갖고 있지 않은 대상은 마음대로 사용할 수 없어서 소유하고자 하는 동기가 높아지는 심리 현상이다. 낚시꾼들이 이를 증명한다. 놓친 물고기는 모두 월척이다. 알면서도 늘 당하는 마음의 속임수다.

상담하다 보면 선악을 알게 하는 나무 앞에서 마음이 흔들린 아담과 하와처럼 내면에서 갈등을 겪는 내담자를 종종 만나게 된다. "나를 사랑하지 않은 부모님이 원망스럽다" "배우자가 나를 아프게 했다" "자식들이 애물단지다" 등 늘 주변 사람들이 자신의 마음을 혼란스럽게 흔든다고 말한다. 그리고 자신은 잘살아 보려고 애쓰는데, 가족들은 도대체 노력하지 않는다고 호소한다. 그래서 무슨 노력을 했는지 물어보면 자신이 엄청 많은 노력을 해왔다고 확신 있게 말한다. 별로 노력한 것 같지 않아 보여도 내담자에게 그렇게 지적할 수도 없는 노릇이다.

심리학자 마이클 로스(Michael Ross)는 결혼한 부부들이 자기 가정에 기여한 바를 조사하고 그 결과를 발표했다. 부부들은 자신의 기여도는 현저히 높게 평가한 반면, 배우자의 기여는 상대적으로 낮게 평가했다. 가장 큰 이유는 자신이 한 일에 대해 처음부터 끝까지 다 기억하고 있지만, 배우자의 기여에 대해서는 띄엄띄엄 기억하기 때문이었다. 자신이 하는 일과 노력은 실제보다 힘들다고 과대평가하면서 다른 사람들이 하는 일이나 노력에 대해서는 과소평가하는 '자기중심적 편파(Egocentric bias)'가 장난친다. 아담과 하와는 "모든 생물을 다스리라 하시니라"라는 말씀을 따라 에덴동산을 관리했다. 시간이 지나 자신들이 애쓰고 노력한 것을 돌아보며 일일이 기억하기에도 벅찰 만큼 퍽 많은 일을 했다고 뿌듯했을 것이다. 이런 생각이 드는 순간 선악을 알게 하는 나무의 열매도 먹을 자격이 있다는 생각이 들지 않았을까? 우리도 자주 경험하는 일상이다. 아담과 하와 이래 이 마음의 장난에 너도나도 같이 춤을 춘다.

이민 목회를 하다 보면 온전한 40일 금식기도를 몇 번이나 하게 된다. 나 같이 부족한 사람은 그렇게 하지 않으면 감당할 수 없어서 금식하며 하나님께 매달릴 수밖에 없다. 금식을 시작한 지 몇 날이 지나면 나의 후각은 음식을 찾는 데 집중한다. 맨해튼 서점에서 파트타임으로 일하면서 목회하던 때라 금식 기도를 시작하면 서점 주변에 있는 여러 식당의 음식 냄새가 서점 안까지 밀려온다.

평소에는 전혀 맡지 못했던 음식 냄새가 금식기도를 시작하면 종류별로 밀려온다. 갈비 굽는 냄새, 된장찌개 냄새, 짜장면 냄새 등 갖가지 냄새가 계속 밀려온다. 심지어 책을 사러 온 손님이 점심으로 무엇을 먹었는지 구분할 수 있을 지경이다. 평소에는 퇴근길 옆에 있는 음식점, 빵집, 커피숍에서 무엇을 파는지 무심했는데 금식기도를 하니 다른 것은 보이지도 않고 온통 먹을 것만 보인다. 이처럼 허기지면 주변의 음식과 음식 냄새에 민감하게 반응할 수밖에 없다. 음식 냄새는 변함이 없었는데, 내가 허기진 탓이다.

1940년대 미국의 폴 매클린(Paul Donald MacLean)은 인간의 뇌를 세 영역으로 나누어 설명했다. 생존을 관장하는 뇌, 감정을 관장하는 뇌, 이성을 관장하는 뇌로 구분했는데, 현대 뇌과학자들은 대다수 명확히 셋으로 구분하는 그의 이론에 찬성하지 않는다. 이 이론의 검증은 과학자들의 몫으로 돌리고, 상담 현장에서는 뇌의 작용이 폴의 이론에 근거한다는 의견이 다수다. 아이가 침대 아래로 떨어지면 어머니는 순간 자신의 몸을 던져 아이가 땅에 떨어지지 않게 한다. 지하철에서 빈자리로 몸을 날린다는 아줌마(?)는 경쟁 상대를 거북이 정도로 따돌린다. 생존은 뇌의 작용으로 이해된다. 그런 후에야 가슴이 뛰고 놀란 가슴을 쓸어내린다. 감정이 작동하는 것이다. 그다음에 생각하게 된다. '침대 옆에 아이가 떨어지지 않도록 보호대를 설치해야겠다.'

생존 본능이 먼저 작동하고, 이어서 감정이 올라오고, 그다음에 생각이 뒤따른다. 이런 일은 늘 경험하는 것이다. 생존의 뇌는 인간이 생존하는 데 가장 중요한 요소를 담당하기에 인간의 감정이나 의지로 다룰 수 없다. 죽고 싶다고 숨을 멈추게 할 수 없고, 화가 날 때 의지로 다루기는 쉽지 않다. 우리가 생각하는 것보다 이성은 힘이 약하다. 니체는 '이성은 감정의 시녀'라고 했다. 지금 생각해보면 당연한 말 같지만, 데카르트 이후 이성이 지배하는 시대에 감정이 이성을 지배한다는 말은 참으로 놀라운 통찰이다.

이성이 감정을 이기기는 쉽지 않다. 만약 이성이 감정을 이긴다면 그 이성의 기저에는 이성을 움직이게 하는 또 다른 감정의 힘이 있다. '자기중심적 편파' '불가용성 효과' 등 마음 깊숙이 자리한 감정이 이성을 마구 흔든다. '도서관에 간다 하고 공원길에서 살금살금 데이트만 하고 와서는 밀린 숙제를 하지 못해 끙끙대더니….' 안 되는 줄 알면서도 매번 감정에게 당한다.

공자는 나이 오십을 지천명(知天命)이라 했다. 즉 하늘의 뜻을 깨달았다는 뜻이다. 10년을 더 보내고 육십이 되면 이순(耳順)이라고 했다. 자기 마음에 상처와 아픔, 유혹, 욕망 등이 다독여져서 밖에서 들어온 자극에 마음이 흔들리지 않는다는 뜻이다. 즉 머리로 안 것을 마음으로 받아들이기까지 10년이 걸렸다는 뜻이다. 공자는 마음 깊은 곳에서 작용하는 힘에 휘둘리지 않는 삶(和而不同), 즉 자아실현에 평생을 보낸 듯하다. 판단하지 않는 마음을 갖는 일에 평생을 보낸 것이다. '화이부동'을 주장한 공자, '판단중지(epoché)'를 주장한 에드문트 후설(Edmund Husserl)이 선악을 알게 하는 나무 이야기를 읽었다면 이 주제로 평생을 연구하면서 기독교 신학자가 되었을 것이다.

목회자로 40여 년, 상담 사역을 시작한 지 어느덧 26년이 되어간다. 선악을 판단하지 않아야겠다고 다짐하는데 아직도 악이 보일 때 마음에 동요가 일어난다. 정확히는 미숙함이 보일 때 마음이 편치 않다. 수십 년 동안 말씀을 들었는데도 여전한 성도, 상담회기가 퍽 많이 지났음에도 도루묵인 내담자에게 짜증이나 화가 나는 경우가 있다. '아픔, 슬픔, 억울함 등 좋지 않은 것들이 뭐 좋다고 덜어내지 못할까?' 내담자는 그럴 수밖에 없다는 걸 알면서도 답답하다. 아내를 때려서 법원 명령으로 상담하면서도 "맞을 짓을 했으니 때렸다"라고 빈정대는 내담자는 아무리 이해하려 해도 적응이 안 된다. 한 대 쥐어박고 싶다. 공감받지 못해 그런다는 것, 공감이 답이라는 것을 알지만, 이놈의 판단은 언제나 멈출꼬!

내가 아직도 놓지 못한 내 아픔이자 상처인데 내담자를 탓하고 나면 내 속이 상한다. '아, 언제쯤 선악의 판단을 멈추고 모두에게 평온히 손을 내밀어 품을 수 있을까?' 아담과 하와를 탓할 일이 아닌데 인간은 아담과 하와만 탓하며 어처구니없는 위안을 삼는다. 그렇게 아담과 하와에서 덧씌우고 마음을 다치지 않을 수 있다면 아마 하와와 아담도 허락할 것이다. 선악을 나누지 말라는 말이 얼마나 큰 복인지 상담할수록 크게 다가온다.

5장

선악을 알게 하는 나무에서 긍휼을 읽다

내가 만든 하나님의 이미지

필자가 섬기는 교회에서는 한때 예배 순서에 '말씀에 대한 감사'를 넣었다. 미리 정한 성도가 전 주일에 선포된 말씀을 어떻게 들었는지, 한 주간 주신 말씀이 삶 가운데 어떻게 역사했는지를 나누며 감사하는 시간이다. 그런데 설교한 것과 전혀 다르게 이해한 성도도 있고, 전한 것보다 더 깊이 묵상한 성도도 있었다. 같은 시간과 같은 장소에서 말씀을 들었지만, 마음에 들릴 때는 퍽 다양하게 들렸던 것이다. 처음에는 주신 말씀에 대한 감사를 나누며 은혜로운 시간이었는데 다소 엉뚱한 이야기들이 나오면서 중단할 수밖에 없었다. 다시 순서에 넣고 싶은데 행여라도 하나님의 영광을 가릴까 하여 머뭇거려진다.

같은 성경을 읽고, 같은 야훼 하나님을 믿는데도 하나님의 이미지는 사람들마다 매우 다르다. 인간은 어떻게 다른 하나님의 이미지를 가지게 되었을까? 인간이 하나님의 이미지를 어떻게 형성하는가에 대해서는 대상관계(object relations) 학자들마다 조금씩 달리 주장하지만, 유아기 어머니와의 관계 경험이 자신과 대상(타자, 신), 그리고 세상에 대한 이미지를 형성하는 데 결정적인 영향을 준다는 점에서 일치한다. 대상관계 이론은 개인의 인간적인 상황이 어떠하든지, 즉 부모가 사랑으로 돌보아 주든지 무정하고 무심하게 대하든지 어떤 상황이든 간에 그가 처한 상황 안에서 자신과 대상의 이미지가 형성된다고 주장한다.

애너 마리아 리주토(Ana-María Rizzuto)와 존 맥다그(John McDargh)는 초기 아동기에 자기 이미지뿐만 아니라 하나님의 이미지도 발달한다고 주장한다. 하나님에 대한 내면의 이미지는 어린 시절 부모와의 경험에서 유래한다고 주장하는 리주토의 대상관계 이론으로 아담과 하와 이야기를 읽어보자. 어머니 품처럼 모든 것이 심히 좋은 에덴과 절대적 의존기처럼 모든 것을 허락하신(전능감을 경험) 하나님과의 관계가 어머니와 유아의 관계가 아님을 염두에 두고 살펴보자.

유아의 정서적 이미지와 어머니에 대한 표상(表象)은 유아와 어머니가 융합된 상태에서 형성된다. 아이가 어머니의 품에 포근하게 안겨서 따스함을 느낄 때, 어머니의 품에서 젖을 먹으며 안정감을 느낄 때 좋은 감정들로 채워진 자기의 이미지를 형성하고, 어머니의 얼굴이나 젖을 주는 어머니의 젖가슴 이미지와 연결된다. 어머니와의 따스한 관계 경험이 지속되면 아이는 '나는 참 좋다(자기표상)'는 자기 이미지와 '세상도 참 좋다(대상표상)'라는 타인 이미지를 갖게 된다. 반면에 어머니로부터 거절을 받거나 무관심을 반복적으로 경험한 아이는 불쾌와 고통과 분노의 감정과 함께 자기와 대상에 대해 '나는 나쁘다' '세상도 나쁘다'와 같은 나쁜 표상을 가지게 된다. 아이에게 있어 엄마는 세상의 전부이기에 어머니에 대한 이미지가 세상에 대한 이미지로 마음에 담기게 된다.

리주토는 유아의 심리적 발달 관점에서 하나님에 대한 최초의 표상이 어린아이의 실제 좋은 어머니나 아이가 소망하는 좋은 어머니로부터 만들어진다고 주장한다. 이렇게 성장한 아이에게 있어 하나님은 친절하고 사랑이 많으며 항상 함께하시는 분으로 받아들여진다. 그런데 어머니로부터 적절한 보살핌을 받지 못한 아이는 하나님을 받아들일 때 어머니 이미지를 투사하여 무서운 분, 책망하고 벌주는 분의 이미지로 받아들이게 된다. 하나님이 직접 '나는 이렇다'라고 말씀하지 않으시니 자신이 경험한 어머니의 이미지로 하나님을 이해하는 것은 자연스럽다.

부모는 아이에게 권위를 경험케 하고 아이를 보호함으로써 종교 경험에 대한 모델이 되는데, 부모를 향한 감정은 곧 하나님을 향한 감정에 반영된다. 어머니가 따스하게 품어 주고, 보호해 주고, 사랑을 표현한다면 아이는 사랑이 많고 친절한 하나님의 이미지를 형성하게 된다. 반대로 어머니가 정을 주지 않고 쌀쌀하게 대하거나 자주 벌을 주고 무섭게 대한다면 아이는 어머니에 대해 두려움과 체벌의 이미지를 갖게 되고, 나아가 두려움과 거리감이 있는 하나님 표상을 갖게 된다. 아이가 어머니로부터 경험한 기본적 신뢰는 후에 사랑이 많으신 하나님을 믿는 신앙의 기초로 사용된다. 긍정적인 어머니 이미지가 우세하다면 긍정적인 종교 경험을 하게 될 가능성이 높다. 입으로는 '사랑의 하나님'이라고 고백하던 어머니가 찡그리며 기도하는 모습을 보고 자란 아이는 사랑의 하나님을 찡그리는 모습으로 이해하는 것도 당연하다. 이처럼 하나님에 대한 아이의 느낌과 이미지는 부모와 긴밀하게 연결되어 있다.

그래서 가족 관계는 본질적으로 하나님에 대한 이미지의 기초를 형성한다는 특성이 있다. 아이는 스스로 생각하면서 의식적으로 하나님의 이미지를 만들어 내는 것이 아니라 가족과의 관계 경험, 기도, 이야기, 부모에게 던진 질문 등 구체적인 경험으로부터 하나님의 이미지를 창조(구성)한다. 아이들이 제도적 교회에서 하나님을 만날 때는 이미 각자가 형성한 하나님 이미지가 있다. 아이가 성장해서 교회 공동체에서 전하는 하나님을 만나지만, 사실상 하나님의 이미지가 이미 형성된 후에 이루어지게 된다.

즉 이미 가지고 있는 하나님 이미지와 제도적 교회에서 전하는 하나님의 이미지가 한 데 섞여 재사고 및 재형성 과정을 거쳐 하나님에 대한 두 번째 이미지를 갖게 된다. 교회에서의 예배와 종교 교육은 아이에게 이미 형성된 하나님 표상을 성서적 하나님 이미지로 바로 잡거나 덧붙이는 일인데, 어려서 이미 고착된 이미지라서 성서적 하나님 표상을 갖게 하는 일은 결코 쉽지 않다.

성서에서 선지자들이 온 힘을 다해 하나님을 선포한다 해도 이스라엘 백성들은 쉽게 우상을 섬긴다. 애굽에서 나올 때 하나님의 놀라운 은총을 경험했음에도 사흘이 지났을 뿐인데 불평하기 시작한다. 광야 생활 사십 년 내내 여차하면 우상을 섬기곤 했다. 부모로부터 형성된 하나님 이미지와 우상의 이미지가 같거나 비슷하다면 갈등 없이 우상에 끌리기 마련이다. 왜냐하면 우상은 유아적 미성숙을 전제하기 때문이다. 이는 제도적 교회에서 말씀을 들어도 쉽게 변하지 않는 이유이기도 하다. 또 자신이 이미 가지고 있는 신의 이미지에 맞는 교회를 찾기 위해 방황하기도 한다. 이에 대해 리주토는 이렇게 말한다. "아이가 하나님의 집에 도달할 때 각자의 애완용 하나님을 품에 간직하지 않은 아이는 아무도 없다."

어떤 내담자가 자신은 엄하고 가부장적인 가정에서 자란 탓에 아버지에 대한 따스한 감정이 없다고 말한 적이 있다. 아버지의 훈계와 지시가 자신에게 잘되라고 하는 말인 줄 알지만, 마음에는 늘 차갑게 느껴졌다고 한다. 그런데 예수님을 영접하고 교회에 출석하기 시작했는데, 하나님을 '아버지'라고 고백하는 게 꽤 낯설었다고 한다. 아버지라는 단어가 싫다고 했다. 상담 현장에서 종종 경험하는 사례다.

나 역시 그랬다. '하늘에 계신 우리 아버지여…'라는 주기도문이 처음엔 의미 없는 소리처럼 여겨졌다. 오랫동안 유교 전통 속에서 살아온 나는 조상신과 신선 이야기를 들으면서 자랐다. 따라서 하나님이라는 말을 들었을 때 가장 먼저 어려서 그림에서 본 신선처럼 나이 많은 근엄한 남자 어른의 이미지를 자연스럽게 떠올렸다. 이런 이미지를 가지고 교회를 다니기 시작한 나로서는 이미 가지고 있던 신의 이미지를 성서적 하나님으로 재구성하는 데 퍽 오랜 시간이 걸렸다.

신학과 상담학을 공부하고 나서 나의 내면을 깊게 통찰하는 가운데 예수를 만나기 전 가지고 있는 신의 이미지를 깨닫고, 옛 이미지들을 성서에서 말씀하시는 야훼 하나님의 표상으로 하나하나 바로잡고 있다. 돌아보니 꽤 많이 바뀌었다. 신선 같은 하나님에서 천국으로 인도하시는 하나님, 병을 고치고 귀신을 쫓아내시는 하나님, 복을 주시는 하나님, 심판하시는 두려운 하나님, 히브리의 하나님, 이민자들의 하나님, 생명을 사랑하시는 하나님, 상한 심령을 치유하시는 하나님, 가정이 회복되도록 도우시는 하나님 등 앞으로도 다른 모습으로 내게 다가오시는 하나님을 경험하게 될 것이다. 리주토는 각인된 하나님의 이미지는 수정이 가능하지 않다고 하지만, 하나님이 친히 찾아와 만나주시는 경험을 통해 바뀌는 것을 확인하게 된다.

상담하는 가운데 내담자가 가진 생각과 감정을 들어보면 그가 하나님에 대해 어떤 이미지를 가졌는지 어느 정도 유추할 수 있다. 또 하나님에 대한 이해와 느낌을 들여다보면 내담자가 어린 시절 경험한 부모, 특히 어머니와의 관계 경험을 어느 정도 가늠할 수 있다. 결국 인간과 하나님의 관계는 개인의 발달 상황 안에서 어느 정도 정해진다. 어려서 어머니와 관계 경험이 그가 하나님을 받아들이고 이해하는 폭과 깊이를 결정하는 것을 볼 수 있다. 생의 초기에 경험한 정서적 틀 안에서 자신이 형성하는 하나님 이미지를 채색하고, 그 형태를 결정하며 또한 자신이 그 하나님과 어떻게 관계 맺을지를 결정한다.

하나님의 형상으로 지음 받은 인간은 그분의 속성을 반영하므로 교제할 수 있는 존재인데, 그 능력은 환경이나 어떤 성장 과정을 경험했느냐에 따라 하나님을 인식하고 느끼는 정도가 달라진다. 따라서 자신의 성장 과정에 대한 이해 없이 하나님을 바르게 알아가기는 어렵다. 그래서 신앙의 중요한 책임이 주 양육자인 어머니와 아버지의 몫으로 돌아간다. 자녀들에게 있는 하나님의 형상이 바른 모습으로 드러나 온전한 하나님을 만나는 자녀로 키울 것인가, 아니면 부분적으로 알게 할 것인가, 또 하나님의 형상을 찾아보기 어려운 자녀로 키울 것인가? 아버지와 어머니의 자리가 점점 무겁게 다가오는 이유다.

아담과 하와는 하나님이 만드셨기에 부모와의 관계로 형성된 하나님 이미지가 없다. 하나님이 아담과 하와를 유아로 만들어 양육하신 게 아니라 그들이 직접 하나님을 만나 경험했으니 바른 하나님이 마음에 있다. 하나님을 온전히 이해했을 텐데 어쩌다 유혹에 넘어갔을까? 하나님의 형상으로 지음 받았으니 하나님을 온전히 알 수 있는 존재임을 알 수 있다. 그래서 유혹에 넘어간 것을 어떻게 이해해야 하느냐에 대해서는 질문으로 남는다. 이처럼 아담과 하와 이야기를 통해서 우리는 미숙한 부모로 인해 하나님의 형상을 많이 상실한 사람들의 이야기를 읽어 내게 된다.

생명나무를 함께 두신 이유

인간은 눈이 아니라 마음으로 세상을 본다는 말이 더 정확한 표현 같다. 하와가 뱀의 꼬임을 받은 후 선악을 알게 하는 나무를 보았을 때 "먹음직도 하고 보암직도"(good, 快) 하다고 느꼈다. 분명 그 나무는 선악이 나뉘지 않은 상태에 있는데 하와는 선악을 알게 하는 나무에서 선(good, 快)만 보았다. 하나님께서 그 열매를 먹으면 죽을 것이라 말씀하셨기에 따먹으려는 순간 두려운 감정(bad, 不快)이 밀려와야 하는데, 하와는 그렇지 않았다. 하와는 선악을 알게 하는 나무에서 좋은 면, 즉 선만 본 것이다.

하와는 선악을 알게 하는 나무를 부분적으로 본 것이다. 대상관계학자인 멜라니 클라인(Melanie Klein)은 유아의 의식 세계에서는 태어나서부터 일정 기간 어머니라는 대상을 온전한 대상(whole object)이 아니라 부분 대상(part object)으로 지각되고 경험된다고 했는데, 하와는 선악을 알게 하는 나무를 부분적으로 보았다고 이해해도 좋을 듯하다. 하나님이 선악을 알게 하는 나무라고 했음에도 하와는 악을 배제하고 보았던 것이다. 그런데 이는 우리가 자주 경험하는 일이기도 하다.

하와는 아직 '편집-분열적 자리(Paranoid-Schizoid Position: 자신이 옳고 타인은 잘못되었다는 분열된 인식 속에서 상대방을 미워하고 공격하는 심리)'에 머물러 있는 사람들을 상징적으로 보여 준다고 할 수 있다. 선악을 알게 하는 나무 이야기는 부분을 보고 전체로 판단하지 말라는 의미로 금하셨다고 이해해도 무리가 없다. 사람을 선으로만 보거나 악으로만 보는 것은 전체로 보는 것이 아니기에 문제가 된다. 부분을 전체라고 보는 것은 분명 대상에 대한 편견이자 모독이요, 나아가 죄라 할 수 있다. 편집-분열적 자리의 '미성숙'을 죄라고 할 순 없지만, 부분적으로는 미성숙이 궁극적으로 죄로 나아갈 수 있다. 간음한 여인을 판단하겠다고 몰려온 바리새인과 서기관들은 자신들에게 죄가 없다고, 즉 자신들이 율법을 지켰다는 선한 부분만 보았다. 예수는 그들로 하여금 외면했던 자신들의 죄를, 어두운 면을 보게 하셨다. 이처럼 부분을 보는 것이 죄가 되기도 한다.

바리새인과 서기관들이 자신들은 죄가 없고 여인만 죄가 있다고 보면서 여인을 죽여야 한다고 판단했다. 그런데 예수님의 말씀을 듣고 자신들의 전체를 볼 때 죄가 있음을 인지하게 되었고, 여인이 죽게 될 상황에서 생명을 살리는 상황으로 바뀌었다. 만약 나와 타인을 부분적으로 보고 선악이 나누었다면 그 여인은 돌에 맞아 죽었을 것이다. 마찬가지로 선악을 알게 하는 나무의 열매를 금하신 것은 선악을 나누지 않고 전체로 보게 하여 죽음에서 벗어나게 하는 복음이다.

하나님이 창조하신 에덴동산은 선악이 아직 나뉘지 않은 어머니 품 같은 곳이다. 에덴동산이 어떤 곳인지는 상징적으로 선과 악이 한 나무였다는 것이 보여준다. 다른 말로 '선도 악도 없는', 즉 판단하지 않는 상태다. 선악이 나뉘지 않은 것은 생명이요 사랑이다. 간음하다 잡혀 온 여인에게 예수는 '나도 너를 정죄하지 않는다' '나도 너를 선악 간에 판단하지 않는다'라고 말씀하신다. 선악은 통합되고 죽게 될 자리가 생명나무가 있는 에덴동산이 되었다.

선악을 나눌 때 기준은 내 느낌이다. 나에게 쾌를 주면 선으로, 불쾌를 주면 악으로 느끼고 판단한다. 아기가 쉬를 했는데 어머니가 기저귀를 바로 갈아주지 않는다고 해서 악은 아니지만, 단지 불쾌하다는 이유로 나쁨, 나아가 악으로 판단하게 된다. 아담과 하와에게는 벌거벗은 것이 언제부터 부끄러운 느낌을 주었을까? 집에서 부부끼리 벌거벗고 지낼 수 있다. 사랑하는 부부 사이에 벌거벗음은 친밀감이요, 오히려 하나 되는 기쁨이 아닌가? 그런데 부부가 서로 내가 옳고 너는 틀렸다고 주장하면, 즉 선악을 구분하여 싸우고 나면 옷을 벗고 다닐 수 있겠는가? 부끄러움은 감추고 싶었던 것이 드러날 때 느끼는 감정이다.

아담에게는 뼈 중의 뼈요 살 중의 살이었던 하와, 나였던 하와였다. 그런데 나와 너 사이에 나쁨이 끼어들어서 '그것'으로 변했다. 하와(너)가 저 여자(그것, it)가 되었고, 에덴동산은 이제 실낙원(失樂園)이 되었다. 이것을 붙들고 씨름한 철학자가 마르틴 부버(Martin Buber)인데, 그의 책 『나와 너』에 잘 나타나 있다.

그들은 선악을 알게 하는 나무의 열매를 따 먹은 후 눈이 밝아졌고, '선과 악'을 나누게 되었다. 눈이 밝아지니 예전에는 보이지 않던 것들이 보이게 되었다는 것이고, 선악을 알게 되었다는 것은 판단하게 되었다는 뜻이다. 그리고 선악을 알게 하는 나무를 부분적으로 보았다는 것도 깨닫게 되었다. 먹음직하고 보암직한 것만 보았던 자신의 잘못을 깨달았다는 뜻이다. 곧 우울해지고 부끄러워졌다. 부버의 용어로 설명하자면 하나였던 것이 나뉘면서 '우리'가 '나'와 '그것'으로 구분된다. 선악을 나누는 순간 그 자체가 죄로 귀결되는 것이다. 곧 "여자 그"라고 원망과 비난이 시작되었다. 나와 그것을 구분하면서 탐욕과 지배욕의 시작이 되고, 죄가 되었다.

아담이 처음에는 "뼈 중의 뼈요, 살 중의 살"이라고 했던 여인 하와(그의 갈빗대로 만들었으므로 곧 나이다)를, 하나님이 함께 살도록 짝지어 주신 존재(너)를 선악을 알게 하는 나무의 열매를 따 먹은 후에는 '그 여자'로 전락시켰다. 아담은 자기와 하나였던 하와를 떼어내어 '그 여자'라고 부르면서 선악을 알게 하는 나무의 열매를 먹은 책임을 돌렸다. 아담과 하와는 본래 하나였다. 인간은 모두 한 몸이었다. 내가 너이고, 네가 나였다. 그렇게 하나님이 지으셨다. 그런데 선악을 나누면서 여자와 남자로 나누어 서로 비하하고, 흑인과 백인을 나누어 차별하고, 헬라인과 유대인을 나누어 멸시하고, 가진 자와 그렇지 못한 자를 나누어 무시하고, 나와 너를 나누면서 나와 다른 '너'를 차별하고 지배하게 되었다. 그런데 너(you)는 인격적으로 대하지만, 그것(it)은 사물로 대한다는 의미다. 너를 그것으로 대하기 시작하면서 노예제도가 생기고, 양반과 상놈이 생긴다. 곧 죄와 악이 시작되었다.

이렇게 아담과 하와의 나눔으로 시작된 비극은 예수의 십자가에서 다시 하나가 된다. "너희는 유대인이나 헬라인이나 종이나 자유인이나 남자나 여자나 다 그리스도 예수 안에서 하나이니라"(갈 3:28) 어디 그뿐인가? 다시 회복되는 그 나라는 이리가 어린양과 함께 살고 송아지와 어린 사자와 살진 짐승이 함께 있어 어린아이에게 끌리며, 암소와 곰이 함께 먹으며, 그것들의 새끼가 함께 엎드리며, 사자가 소처럼 풀을 먹을 것이며, 젖 먹는 아이가 독사의 구멍에서 장난하며, 젖뗀 어린아이가 독사의 굴에 손을 넣어도 물지 않는 공동체가 된다(사 11장).

선악을 알게 하는 나무를 에덴동산에 두셔서 선악 간에 판단을 금하신 것만으로 복음인데, 왜 하나님께서는 그 곁에 생명나무를 두셨을까? 선악을 알게 하는 나무는 생명나무와 함께 보아야 뜻이 더 분명해진다. 하나님은 처음부터 생명나무를 허락하셨다. 선악 간에 판단은 금하고 생명을 취하라는 말씀이었다. 선악을 나누는 것을 금하신 말씀이 생명을 살리는 일이니 결국 두 나무가 한 목적을 향한다고 할 수 있다. 하나님께서 선악을 알게 하는 나무를 만들어 에덴동산에 놓으신 일은 선하고 아름다운 일이다.

율법은 생명을 보호하기 위해 주신 법인데, 계명의 본질을 잊고 판단하는 이들을 향해 예수께서 책망하셨다. 하나님의 법의 본질은 생명을 살리는 복음이다. 예수님은 간음하다 현장에서 잡혀 온 여인을 율법으로 살리셨다. "죄 없는 자가 간음을 금하신 법을 근거로 여인에게 돌을 던져라." 생명에는 관심이 없으면서 선악을 판단하려는 것에 분노하셨고, 가련한 여인의 생명을 먼저 생각하셨다. 생명을 취하고 선악 간에 판단을 금하신 것은 곧 복음이 아닌가? 예수께서 선악 간에 판단하셨다면 십자가는 필요 없을 것이다. 그러나 십자가는 선악을 넘어 생명나무로 초대하는 상징이다. 십자가와 생명나무에 대해서는 다음 장에서 자세히 알아보도록 하겠다.

하나님은 선악을 알게 하는 나무와 생명나무가 있는 에덴동산을 만드시고 좋아하셨다. 하나님은 창조하시고 '좋았더라'라고 일곱 번이나 말씀하셨다. 풍부한 의미를 가진 히브리어 '토브(טוב)'는 '좋다' 외에도 '선한'(창 26:29) '놀라운'(욥 37:14) '완벽한'(신 32:4) '아름다운'(전 3:11) 등의 뜻이 있다. 선악을 알게 하는 나무도 '선하다(좋다)'는 뜻이다. 다시 말해 생명나무도, 선악을 알게 하는 나무도 인간을 살리는 선한 나무다.

인간의 한 면만 보고 판단하는 순간 나는 정죄하는 심판관이 되고 상대방은 죄인이 된다. 바리새인들이 사람을 판단하는 기준이었던 율법 역시 근본 목적은 생명을 살리는 데 있다. 율법은 선악을 알게 하는 나무이자 동시에 생명나무라 할 수 있다. 안타깝게도 인간들은 생명을 보호하고 살리는 율법으로 판단했다. 선악을 판단하지 말고 생명을 취하라 말씀하셨는데, 인간이 이를 어기면서 악이 발생했다. 따라서 에덴동산에 선악을 알게 하는 나무와 생명나무를 함께 두신 것은 복음이다. 내 안에 선악이 함께 있음을 인정하는 자는 손에서 돌을 내려놓는다. 남에게 돌을 던지지 않는다. 생명을 살리니 곧 복음이다.

죽음과 고통이 뱀 때문이라고?

숙제하지 않고 학교 가는 날은 발걸음이 무겁다. 그런데 앞에서 언급했듯이 어쩌면 인류는 숙제하지 않고 학교 가는 느낌으로 살아왔다. 죄와 벌, 고통과 죽음의 문제는 인류의 영원한 숙제인데, 이에 대한 답을 얻지 못하고 무거운 마음으로 살아가는 이들이 많다. 하지만 어떤 이들은 이 질문이 숙제인지도 모르고 살아간다. 인간의 죄와 죽음의 문제에 대한 고대인들의 고뇌는 신화, 전설 등의 형태로 풀어내기도 했다. 프로메테우스는 인간에게 불을 가져다준 죄로 형벌을 받았다. 좋은 일을 하고 벌을 받은 것이다. 수메르 신화인 「길가메시 서사시」에서는 인간 사회의 소음과 혼란에 지친 신들이 홍수를 일으켜 심판한다. 그리스 사람들은 '선한 신과 악한 신'을 만들어 고난과 죽음의 문제를 해결하려고 했다. 문학작품에서도 이 문제를 다루는 경우가 꽤 많았다.

하나님이 만드신 세상에 죽음이 있다. 인간의 죽음에 대해 성서는 에덴동산에서 아담과 하와의 범죄로 말미암아 인간이 영생을 잃어버린 것으로 이야기한다. 하나님이 인간을 만들었다는 확신이 있는데, 하나님의 창조물은 왜 한시적 존재인가? 성서는 이 문제에 대해 답해야 한다.

지금까지 대부분 교회에서는 에덴동산의 아담과 하와의 타락 이야기에서 '죄와 악의 기원'에 대해 말한다고 가르쳤다. 그런데 성서를 자세히 들여다보면 악을 현실적으로 전제하고 있다. 아담과 하와가 타락하고 저주받기 이전에 간교한 뱀이 이미 있었다. 성서는 '간교한 뱀'이 어디서 왔는지, 사람을 '유혹함'이 어디서 왔는지에 대해 침묵한다. 하나님은 뱀에게 왜 하와를 유혹하여 속였는지 추궁하지 않으신다. 악의 기원을 말하려면 뱀의 간교함과 악을 조장한 뱀의 유혹이 어디서 시작되었는지 말해야 한다. 그러나 성서는 악의 기원에 대해서 침묵한다.

세상을 만드시기 전에는 선하신 하나님만 존재했다. 선한 하나님이 창조한 세상에 어떻게 악이 존재할 수 있는가? 악은 자연 발생하는가? 하나님 안에 죄와 악과 죽음이 없는데, 어디서 시작된 것인가?

간교함과 유혹함의 뿌리가 있을 텐데 성서는 이에 대한 언급 없이 간교한 뱀이 에덴에 현실적으로 존재하는 것으로 기록했다. 뱀도 피조물이니 하나님이 뱀을 만드시고 참 좋다 하셨다. 뱀의 잘못이 성서에 나오지 않는데, 뱀은 왜 유혹해서 인간을 무너뜨리는 존재로 묘사되었을까? 에덴동산의 뱀은 오늘날 우리가 보는 뱀일까? 하나님이 만드셨는데 처음부터 악한 존재로 그려진 뱀은 꽤 억울하겠다. 왜 성서는 많은 동물 가운데 뱀을 악의 화신으로 기록했을까?

우리나라의 전통 인형극 「꼭두각시놀음」에 등장하는 이시미(이무기의 강원도 방언)와 국가무형유산 탈춤인 「통영오광대(統營五廣大)」에 나오는 영노는 독특한 용 또는 뱀의 형태를 지니고 사람이나 짐승을 함부로 잡아먹는다. 그래서 "못된 이무기 같다"는 심술 사나운 못된 사람을 빗댄 말이다.

뱀은 다른 동물처럼 피조물이다. 뱀보다 더 사나운 악어나 하이에나 같은 짐승도 많은데 왜 뱀을 마귀나 사단과 동일시하여 신적 힘을 가진 존재로 묘사했을까?(요 8:44, 요일 3:8, 계 12:9; 20:2) 창세기 3장 1절에 "하나님이 지으신 들짐승 중에"라는 표현이 나온다. 창세기에서 뱀은 단지 하나님이 지으신 들짐승 중 하나일 뿐, 아무런 신적 능력이 없다. 뱀은 히브리어로 '나하쉬(נָחָשׁ)'인데, 일반적인 뱀을 통칭한다. 그런데 왜 하나님이 "지으신 뱀"이라고 강조했을까?

이집트 사람들에게 뱀은 신과 동일시되는 왕의 권세(왕권)를 상징했다. 또 가나안 사람들은 뱀을 풍요와 다산의 신으로 이해했다. 실제로 가나안 지방에서는 뱀이 그릇이나 도장에 사람과 같이 서 있는 모습으로 새겨져 있다. 고대인들은 허물을 벗는 뱀과 같은 파충류는 영생한다고 믿었다. 그와 달리 히브리인들이 뱀은 결코 신적 존재가 아니라 피조물일 뿐이라고 말하는 데에는 뱀을 숭배하는 이방 종교들을 비판하는 것으로 보인다.

'간교한'으로 번역된 히브리어는 '아룸(עָרוּם)'으로 구약성서에 모두 11번이 사용되었고, 창세기 3장 1절을 제외하면 모두 지혜문학(욥기와 잠언)에만 등장한다. 이 말은 창세기 3장 1절의 '아룸'이 지혜문학 범주에 속한 낱말임을 보여 준다. 그런데 이 낱말은 '슬기로움'이라는 긍정적 의미와 '간사함'이라는 부정적 의미 모두를 포함하고 있다. 긍정적 의미는 잠언에만 나타난다(잠 12:16, 23; 13:16; 14:8, 15, 18; 22:3; 27:12). 부정적 의미는 욥기에만 나타나는데(욥 5:12; 15:5), 창세기에도 부정적 의미로 쓰였다.

이러한 뱀의 부정적 의미는 하나님의 조화로운 창조에 어울리지 않는다. 그런데 왜 에덴에 부정적 의미로 쓰이는 뱀이 등장할까? 인간에게서 영원한 생명을 빼앗는 뱀 이야기가 성서에만 등장하는 것이 아니다. 「길가메시 서사시」를 보면 뱀보다 높은 권세들이 인간에게 주려고 예정해 두었던 '생명을 주는 식물'을 뱀이 차지함으로써 인간은 불멸의 생명을 잃게 되었다고 기록하고 있다. 신으로 화한 우트나피시팀(Utnapishtim)은 길가메시 영웅에게 청춘을 회복시켜 주는 신비한 힘을 지닌 식물, 곧 '노인이 젊어진다'는 이름을 가진 풀이 있다고 계시해 준다. 길가메시는 자신이 그 풀을 구해서 먹고 잃어버린 청춘을 회복할 것이라고 자랑한다. 그런데 뱀이 그 말을 듣고 노인이 젊어진다는 식물을 도둑질한다.

이뿐 아니다. 다양한 문화권에서도 뱀은 신으로 숭배되거나 악역을 담당한다. 그런데 왜 다양한 고대 설화나 신화에서는 뱀이 악역을 담당할까? 고대 문명인들이 카톡으로 연락을 주고받은 것도 아닐 텐데 말이다. 이것을 융(Carl Jung)의 집단 무의식(kollektives Unbewusstes)으로 설명할 수 있을 것 같다. 고대인들은 두려운 것을 숭배함으로 그것의 마음을 달래려 했다. 우리 전설에도 용, 이무기, 뱀, 구렁이 같은 것이 많이 나오는데, 주로 신적 힘을 지닌 것으로 숭배의 대상이었다. 그렇게 해야 그것이 재앙을 주지 않을 것이라는 믿음 때문이었다. 즉 뱀은 두려움의 대상이었다.

내가 어렸을 때만 해도 뱀을 보면 아이들은 돌로 쳐 죽였다. 당시 나는 교회에 다니지 않았는데 교회 다니던 아이들은 뱀이 하와를 유혹해 인간을 타락시켰다면서 뱀을 미워했고, 뱀을 보면 기를 쓰고 돌로 쳐서 죽이는 것을 보았다. 나도 뱀을 싫어했다. 딱히 싫어할 만한 경험이 있었던 것도 아닌데 그냥 싫었다. 뱀뿐만 아니라 도마뱀 같은 파충류를 싫어한다. 한번은 네바다 여행 중 호텔 로비를 어슬렁거리는 도마뱀을 보고 소름이 끼쳐 혼자 난리를 치기도 했다.

나뿐 아니라 많은 이들이 뱀을 싫어한다. 뱀에 대한 두려움이 전 세계적으로 퍼져 있는 것을 볼 수 있다. 특히 파충류가 없는 지방에서도 파충류에 대한 무서움과 두려움이 발견된다. 왜 파충류를 싫어할까? 본 적도, 피해당한 적도 없는데? 어쩌면 이것은 인간이 파충류를 두려워했던 시절이 있었다는 반증이 아닐까? 파충류에 대한 무서웠던 기억들이 집단 무의식에 원형(元型, archetype)으로 저장되었다가 나타나는 것이 아닐까?

이윤기 씨는 그의 책 『우리가 어제 죽인 괴물』에서 신화에 나타난 이야기를 통해 뱀이 어떻게 사탄의 상징으로 그려지는지 설명한다. 그리스 신화에 나오는 태양신 아폴론은 왕뱀 피톤(Πύθων)을 죽인다. 뱀을 죽이는 게 무슨 유행이었던지, 테바이(Θῆβαι)의 국조 카드모스(Κάδμος)도 뱀을 죽인다. 헤라클레스(Ἡρακλῆς)는 한술 더 떠서 태어난 지 아흐레 만에 허벅지만한 뱀을 두 마리나 죽이고, 장성해서는 머리 아홉 달린 물뱀 히드라(Ὕδρα)를 죽인다. 아이손(Αἴσων)도 보물을 지키던 거대한 뱀을 죽이고 보물 금양모피(金羊毛皮)를 손에 넣는다. 왜 이렇게 신화의 세계에서 영웅은 뱀을 죽여야 했을까?

지금도 아마존 정글에서 아나콘다를 죽이면 영웅이 된다. 인류에게 위협적인 존재인 파충류, 특히 뱀을 죽임으로써 부족을 구한 사람이 영웅이 되고, 뱀을 죽인 자가 인간의 구원자가 된다. 성서에도 뱀의 머리를 상하게 할 자가 올 것이라는(창 3:15) 희망의 메시지가 있다. 우연의 일치인가? 인간이 파충류에 대한 공포에 시달릴 때 인간 내면에 새겨진 무의식 때문이라고 해석하는 것이 적절하겠다. 인간은 스스로 뱀을 이길 수 없다는 공포에 사로잡혀 있고, 누군가 뱀의 공포에서 인간을 구원해 줄 자(영웅, 여자의 후손)를 기다리게 되었다고 볼 수 있다.

종합해 보면 아담과 하와를 유혹한 뱀은 상징이라고 볼 수 있다. 뱀에게 두려움을 느꼈던 인류는 인간의 죽음과 고통이 뱀 때문이라고 생각할 수 있다. 한때 인류는 뱀을 포함한 파충류에 놀라서 쉼 없이 도망 다니던 시절이 있었고, 그 두려움이 인간의 집단 무의식에 남아 있을 수 있다. 고대 이스라엘 주변의 다른 종족들은 두려움에 뱀을 숭배했지만, 성서 기자는 뱀이 하나님의 피조물일 뿐이라고 말한다. 하나님이 지으신 뱀이 그렇게 두려운 존재가 아니라는 말이다.

따라서 창세기에 나오는 아담과 하와 이야기는 원죄를 뛰어넘는 희망, 즉 인간에게 여전히 희망이 있음을 보여 주는 복의 선언으로 읽을 수 있다. 지금은 비록 뱀에게 쫓겨 다니지만, 언젠가는 인간을 두려움에서 구원할 사람, 즉 뱀의 머리를 상하게 할 존재가 올 것이다. 따라서 뱀은 눈에 보이는 뱀이 아니라 인간을 죄와 죽음으로 몰고 가는 세력이며, 성서는 이 죽음의 세력을 이길 희망을 전하고 있다.

본래 하나님은 인간에게 영원한 삶과 영원한 복을 누리며 살도록 해 주셨는데 그렇지 않은 현실 가운데 희망을 전하는 하나님의 말씀이다. 고대 근동의 두려운 이야기를 성서에서는 희망의 이야기로 전하고 있다. 선악을 알게 하는 나무는 현실적으로 존재하는 죽음을 넘어 희망을 말하는 복음이다.

이정표 있는 길에서 길을 잃다

어린 시절 마을에는 나팔꽃 모양의 유성기(留聲機)가 하나밖에 없었다. 당시 유성기에서 들려오던 노래가 지금도 기억이 난다.

이리 가면 고향이요
저리 가면 타향인데
이정표 없는 거리
헤매 도는 삼거리 길
이리 갈까 저리 갈까
차라리 돌아갈까
세 갈래 길 삼거리에
비가 내린다

어려서 이정표가 뭔지, 고향이나 타향은 어떤 느낌인지 모르던 때였지만, 습관적으로 흘러나오는 노래를 따라 흥얼거리곤 했다. 이 노래는 인생을 노래하고 있다. 고향 가는 길과 타향 가는 길을 분명히 알지만, 이정표 없는 거리와 삼거리에서 헤매 돈다고 말한다. 즉 이정표가 없는 것은 길이 아니라 자기 마음이라 하겠다. 마음에 이정표가 없어 인생길에서 방황하고 선택의 순간 갈등하는 자신을 노래하고 있다.

훗날 낯선 도시로 전학을 가면서 고향과 타향 그리고 도시에서 혼자 선택해야 할 상황과 마주치면서 삼거리의 의미가 무엇인지 어렴풋이나마 알게 되었다. 10살에 어머니와 고향을 떠났고, 50년 넘게 타향과 타국에서 살고 있는 내게 타향과 타국은 그리움에 눈물짓게 하는 외로운 곳이다. 그런데 더 긴장하고 힘들었던 것은 어린 나이에 내가 할 일을 선택하는 일이다. 선택에는 책임이 따르는데, 잘못했을 때 도와줄 부모님이 늘 멀리 계셨다. 누나와 형들은 늘 공부에 바빴고, 큰누나가 챙겨주긴 했지만 소소한 선택 앞에서 어린 나는 늘 힘들었다. 그럴 때마다 고향의 어머니를 그리워했다. "고향 떠난 십여 년에 청춘만 늙고"라는 노랫말이 문득문득 내 마음에 맴돌곤 했다. 그동안 나는 옳은 길을 선택하며 살았는가? 청춘만 늙었다고 회고하는 인생이 되지 않아야 할 텐데 걱정이다.

1980년대 어느 회사의 텔레비전 광고 문구가 생각난다. "순간의 선택이 10년을 좌우합니다." 초등학교 시절 텔레비전과 전화기가 가정환경 조사 목록에 들어갈 정도였으니 TV 선택에 신중할 수밖에 없었을 것이다. 그런데 이 선택은 옳고 그름의 문제가 아니다. 잘못 선택하면 금전적 손해만 보면 된다. 그런데 처음으로 인류는 선택 앞에 서게 되는데 차원이 다른 선택이다. 선과 악이 떡 버티고 질문한다. "너는 무엇을 선택할 것인가? 선인가, 악인가?" 이 선택은 머뭇거릴 이유가 없다. 답도 이미 주어졌다.

그런데 이 선택 앞에서 머뭇거린 사람이 있다. 이정표가 있으니 헛갈리거나 헤맬 이유도 없다. 아담과 하와는 인류 최초로 이정표 앞에 서 있었다. 이정표에서 한 길은 하나님이 금하신 길이다. "선악을 알게 하는 나무의 열매는 먹지 말라 네가 먹는 날에는 반드시 죽으리라 하시니라"(창 2:17) 다른 한 길은 허락되었다. 그런데 갈등을 부추기는 자가 등장했다. "뱀이 여자에게 이르되 너희가 결코 죽지 아니하리라"(창 3:4) 이정표가 너무 분명해서 어디로 갈지 헤맬 필요가 없는데, 아담과 하와는 두 갈래에서 갈등하다가 하나님이 금하신 길을 선택했다.

결국 고향 에덴을 잃어버린 아담과 하와에게는 가시덤불과 엉겅퀴 무성한 타향살이가 시작되었다. 게다가 돌아갈 수 있는 길은 하나님이 불 칼로 막으셨다. 이후 인류는 본향을 그리워하는 존재가 되었다. 새 예루살렘은 어쩌면 오래된 미래, 에덴에 대한 그리움이 더해져 간절히 사모하게 된 것은 아닐까? 아담과 하와는 고향 떠난 세월 동안 자식 농사는 망하고 실패한 인생이 되었다. 돌아갈 수 없으니 더 그리웠을 것이다. 그래서 본향을 그리워하는 마음도 하와가 남긴 것 중 하나가 아닐까?

아담과 하와는 왜 그 길을 선택했을까? 이들의 선택을 프로이트(Sigmund Freud)의 시선으로 생각해 보자. 프로이트가 초기에는 의식, 전의식, 비의식, 즉 지정학적으로 인간의 마음을 설명했는데 후기에는 정신역동(Psychodynamics)으로 설명했다. 그는 인간의 인격을 '이드(id, 원자아)'와 '에고(ego, 자아)' 그리고 '수퍼에고(super-ego, 초자아)'로 구분했다. 이드는 인격의 구조 가운데 가장 원시적인 부분으로, 생태적으로 존재한다. 이것은 인간의 가장 기본적인 욕구인 배고픔, 목마름, 성(性)적 욕망 등이다.

이드는 필요가 발생했을 때 즉각적인 만족을 원한다. 갓 태어난 아기들이 배고프면 울고, 기저귀가 축축하면 짜증 내고, 자고 싶을 때 못 자면 밤낮 가리지 않고 보챈다. 갓난아기가 배가 고프다고 느낄 때면 즉시 젖을 먹으려 하고 엄마의 사정은 계산하지 않는다. 이드는 관심 끄는 것이 있으면 내 것과 네 것을 가리지 않는다. 자아와 초자아가 의식의 영역에 있는 반면, 이드는 무의식 영역에 머물고 있기 때문에 의식적으로 파악하기 어렵다. 이드는 사실상 본능의 영역이기 때문에 무시할 수 없고, 이드가 없으면 인류가 존재할 수 없기에 꼭 필요한 것이다.

이드는 자아와 초자아보다 앞선 원초적인 부분으로, 인간의 미성숙한 상태에서 작용하다가 점차 성장하면서 자아와 초자아의 영향을 받게 된다. 자아는 충동적이고 생태적으로 작동하는 이드를 보다 현실적이고 위험이 없는 방향으로 통제하기 위해 발달하게 된다. 아이가 성장하면서 교육과 훈육, 종교 생활과 사회생활을 경험하면서 자아가 성숙해진다. 이드가 작용할 때 타인의 지적과 통제를 받게 되는데, 그럴수록 관계가 어려워지고 불안해지고 보호받을 수 없으면 큰일이라는 생각이 들면서 이드에서 조금씩 벗어나게 된다. 즉 자아가 성숙해지는 것이다. 이 자아(에고)는 '현실원칙(現實原則)'의 지배를 받는다.

초자아(수퍼에고)는 사회·문화·도덕·종교 등 생활 규범에 대한 교육을 통해 서서히 형성된다. 초자아는 인격의 구조 가운데 도덕을 담당하며, 인성을 지배하는 원칙으로 볼 때 완벽 원칙의 지배를 받는다. 그래서 초자아가 가진 성향에 대해 '자제(自制)'라는 말로 표현할 수 있다. 이는 도덕적이고 이상향을 추구하기 때문이다.

이드와 에고 그리고 수퍼에고 사이에는 항상 팽팽한 줄다리기가 존재한다. 에고는 이드와 수퍼에고 사이에 끼어 완충과 조절의 기능을 한다. 화가 났을 때 화를 억누르면서 무슨 말을 해야 할지, 어떤 행동을 해야 할지 조절하는 것이 에고다. 에고가 이드를 적절히 통제하고 억제하는 것이다. 반면에 화를 그대로 드러내는 사람은 이드가 에고를 이긴 것이다. 자기 마음 내키는 대로 하는 사람은 이드가 지나치게 강해 에고가 현실에서 힘을 발휘하지 못하는 경우이다. 반대로 스스로 완벽을 추구하면서 자신에 대한 요구가 엄격해 조금의 실수도 용납하지 못하는 사람은 수퍼에고가 지나치게 강해서 화가 난 자체를 부정하고 아무렇지 않은 듯 지나친다. 이런 사람은 억눌렸던 분노가 폭발하거나 우울해지거나 정서적으로 어려움을 느낄 수 있다.

스스로 온전하고 건강한 인격을 갖추고 싶다면 이드와 에고 그리고 수퍼에고의 관계가 조화와 협력을 이루는 방법을 배워야 한다. 이 셋의 관계가 균형을 잃거나 무너지면 심리적 문제가 나타나기 쉽고 인격 발달에도 위협이 되기 때문이다.

이 셋의 역동성의 시선으로 아담과 하와의 선택을 살펴보자. 하와는 하나님의 하지 말라는 말씀과 따먹으라는 뱀의 말 사이에 있다. 하나님의 말씀을 선택할까, 뱀의 말을 선택할까 결정해야 할 때 하와는 먹음직도 하고 보암직도 한 것에 이끌렸다. 이드에 이끌린 것이다. '먹고 싶고, 보고 싶다'라는 이드와 '먹지 말라'는 하나님의 말씀, 즉 수퍼에고 사이에 서 있었다. 바로 이때 자아가 나와서 작용했어야 한다. '먹음직하고 보암직하지만 내게 허락된 에덴의 모든 것이 있잖아? 참아야 해. 그래야 하나님을 뵐 때 부끄럽지 않을 거야.' 그런데 하와는 하나님이 금하신 열매까지 소유하고 먹고 싶은 충동인 이드에 굴복했다.

그런데 이드, 즉 선악을 알게 하는 나무의 열매를 먹고 싶다는 욕망은 어디서 왔을까? 이제는 밈이 되어 버린 영화 「해바라기」의 대사가 생각난다. "꼭 그렇게 다 가져가야만 속이 후련했냐!" 조폭들은 약자의 모든 것까지 가지려고 하다가 결국 망한다. 이드의 힘은 결코 간과할 수 없다. 프로스트(Robert Frost)의 「가지 않은 길」이라는 시를 되짚어보자.

어디에선가 먼 먼 훗날
나는 한숨 쉬며 이 이야기를 하고 있겠지.
숲속에 두 갈래 길이 있었다고, 그리고 나는-
나는 사람들이 덜 걸은 길을 택했다고,
그리고 그로 인해 모든 것이 달라졌다고.

마지막 연에서 '한숨 쉬며'라는 구절 때문에 선택을 잘못한 사람의 후회를 담은 시로 여겨 선택을 잘하라는 권면이라고 해석하곤 한다. 그런데 시의 두 번째 연을 보면 두 길의 질적 차이는 없다고 말한다. "똑같이 아름다운 다른 길"이다. 아담과 하와 앞에 놓인 길처럼 선과 악의 길이 아니다. "두 길을 다 가지 못하는 것을 안타깝게 생각하면서, 오랫동안 서서" 즉 프로스트는 선한 일들 앞에서 행복한 고민을 노래한 것이다.

프로스트가 말하는 두 갈래 길은 옳고 그름의 갈림길, 이드와 수퍼에고 사이에서 고뇌하는 자아를 노래한 것이 아니다. 돌아보면 해 보고 싶은 좋은 일과 아름다운 일이 많은데 하나만 선택할 수밖에 없는 아쉬움이 늘 있었음을 말한다. 선한 일들 앞에서 무엇을 선택할까 고민하기도 바쁜데, 망하는 길 앞에서 갈등하는 나 자신을 본다. 선악을 알게 하는 나무는 분명한 이정표 앞에서도 갈등하는 인간의 실존을 보여 주고 있다. 살며 사랑할 일도 많은데 말이다. 남의 일이 아니다. '너는 무엇을 선택하겠는가?' 비극으로 생을 마감한 윤심덕의 노래가 들려온다.

광막한 광야에 달리는 인생아

…

너는 무엇을 찾으려 하느냐

선악의 구분이 죄가 되는 이유

"그건 너, 그건 너, 바로 너 때문이야" 이 노랫말을 처음 사용한 사람은 아담이었고, 후렴은 하와의 몫이었다. 선악을 알게 하는 나무의 열매를 따 먹은 아담과 하와는 서로에게 책임을 전가했다. "네가 줘서 먹었잖아. 너 때문이야!" 그런데 열매를 따 먹고 나서 아담과 하와가 너 때문이라고 책임을 떠넘기는 것은 어디서 왔을까? 이 부분을 대상관계심리학의 시선으로 살펴보자. 대상관계이론(object relations theory)은 다양해서 하나로 정리하기 복잡하지만, 기본 생각은 아이가 태어나서 어머니(주 양육자)와 생에 초기 관계 경험의 틀이 일생 동안 반복해서 재현된다는 주장이다.

대상관계학자 마거릿 말러(Margaret Mahler)는 유아의 심리적 탄생에 주목했다. 말러는 유아의 탄생을 생물학적 탄생과 심리적 탄생으로 나누면서 태어나서 경험하는 대상과의 관계가 아이의 심리적 탄생의 성격을 결정한다고 보았다. 즉 심리적 탄생(psychological birth)이란 아이가 어머니를 떠나서(분리) 독립된 존재(개별화)로 서서히 진행하는 정신 내적 과정을 말한다. 아이가 태중에 있을 때 엄마와 육체적·정서적으로 일체였다. 출생을 통해 육체적으로는 탄생하지만, 어머니로부터 심리적으로 분리되는 데 시간이 걸린다. 출생 이후 어머니로부터 심리적으로 분리되는 과정을 '심리적 탄생'이라고 한다. 육체가 잉태되어 출산까지 적절한 영양분과 관리를 받았을 때 건강하게 태어나듯이 심리적 탄생도 어머니의 적절한 돌봄을 받아야만 심리적으로 건강하게 태어난다는 주장이다.

생후 몇 주 동안 아이는 자기와 외부 대상에 대한 인식 없이 신체감각만으로 인식하는 정상적인 유아 자폐적 상태(normal infantile autism)로 지낸다. 즉 이 시기에는 유아에게 우주(환경)와 자기의 구분이 없다. 따라서 “천하가 곧 나이고 내가 곧 천하다”라는 말로 설명이 가능하다. 이 기간 유아는 자기와 외부 세계를 인식하는 기관이 아직 열려 있지 않아서 외부 대상에 대한 인식이 없을 뿐 아니라 구분할 능력도 없는 시기이다. 다시 말해 아이에게 세상은 존재하지만 실제로 느끼는 대상이 없는 시기, 즉 오직 자기밖에 없는 시기(唯我獨尊)이다. 아이를 키워본 엄마라면 말러의 주장을 쉽게 이해할 수 있을 것이다. 한마디로 내가 너고, 네가 나인 것이다.

생후 2~6개월에 이르면 유아는 외부 자극에 민감하게 반응하기 시작하고, 자기의 욕구를 충족시켜 주는 어떤 존재를 희미하게 인식하게 된다. 정상적 자폐(normal autism, 0~2개월)에서 공생(normal symbiosis) 관계로 발전한다. 하지만 자기와 주요 양육자인 어머니를 분리된 존재로 지각하는 것은 아니며, 자기와 양육자가 마치 하나인 것처럼 인식한다. 이처럼 대상이 존재하지만, 대상과 나를 구분하여 인지하지 못하는 시기가 공생단계다. 예를 들어 아이는 어머니가 웃으면 자기가 웃는 것으로 인식하여 같이 웃는다. 또 주변의 아이가 울면 자기가 우는 것으로 인식하여 같이 우는 데 이런 행동이 공생단계의 특징이다.

하인즈 코헛(Heinz Kohut)은 이에 대해 ‘자기대상(self object)’이 형성되는 시기라고 한다. 자기대상은 코헛이 사용한 용어로서 대상이지만 자기 안에 존재하는 자기처럼 느끼는 대상을 뜻한다. 부족한 자신의 불안을 잠재우기 위해 힘 있는 대상을 자기로 받아들이는 마음의 작용을 말하는데 주로 어머니일 가능성이 높다. 아직 자기와 대상이 분리되지 않는 시기에 작용하는데, 중간대상(transitional object)과 유사한 개념으로 자기 안에 있다고 느낀다는 점에서 구분된다. 우리는 그냥 자란 것 같은데 인간이 불안과 싸우기 위해 정말 신비로운 작업을 하면서 자란다는 것을 알면 생명을 어찌 경외하지 않을 수 있을까? 에덴동산을 잃었을 때 하와의 마음이 조금은 이해가 되는 듯하다.

“거울은 먼저 웃지 않는다”라는 문장은 아이의 공생단계를 잘 설명해 준다. 유아는 대상을 따라 같이 행동하고 느끼는데, 외부 환경을 자기 자체로 인식하는 시기이므로 외부 환경과의 관계가 결국 아이의 정서를 결정하게 된다. 이 과정에서 아이는 엄마를 따라하면서 엄마를 내면화(internalization, 외부 대상을 마음속에 받아들임)한다. 엄마가 곧 아이가 되며, 아이는 자연스럽게 내면에 엄마를 복사한다. 공생단계이기 때문에 지각하고 노력하지 않아도 닮게 된다.

이 단계부터 유아는 밖에서 오는 경험(환경)을 조직화하기 시작한다. 유아에게 아늑하고 포근하게 느껴지는 경험은 ‘좋음(快)’으로 받아들이고, 불편하고 고통스럽게 느껴지는 경험은 ‘싫음(不快)’으로 범주화한다. 범주화(範疇化, categorization)는 비슷한 성질을 가진 것을 일정한 기준에 따라 모아 하나의 종류나 부류로 묶는 것이다. 즉 같은 부류를 하나로 묶어 일반화해서 판단하는 경우를 가리킨다. 아이는 자신에게 들어오는 정보를 같은 부류로 구분하여 내면의 틀을 만들기 시작한다. 똥을 싸거나 쉬를 해서 축축해진 기저귀를 갈아주지 않으면 이런 느낌을 묶어서 불쾌라고 경험한다. 축축한 기저귀를 바로 갈아주고 씻어주면 쾌를 경험한다. 이런 경험들이 모여 감정의 묶음을 형성하는데, 이것을 인간의 가장 깊은 감정, 또는 가장 근원적인 첫 번째 감정이라 할 수 있겠다. 태어나서 최초로 경험되는 느낌은 좋고 싫음으로 받아들이는 것이다.

쾌와 불쾌 이전 상태, 즉 감정이 분화되지 않은 상태를 하나님이 주신 원감정이라고 생각해 보자. 즉 쾌와 불쾌가 하나인 상태다. 외부 환경의 어떤 느낌도 개입되지 않은 상태라서 대상의 느낌이 없는 상태라고 할 수 있다. 물론 말러는 태어난 순간부터 쾌와 불쾌를 이야기하지만, 신학을 공부한 나로서는 그보다 더 일찍, 곧 아이가 잉태되어 어느 순간까지는 쾌도 불쾌도 없는 상태라고 부르고 싶다. 이 단계를 구태여 이름하자면 생명 그 자체이고 성서적으로 사랑이신 하나님의 형상을 따라 지음 받은 사랑 그 자체라고 할 수 있겠다. 다시 말해 어느 시기까지는 아이에게 쾌와 불쾌가 나뉘지 않은 상태로 존재하는데, 나쁨과 좋음이 없는 단계가 아닐까?

확대해서 말하면 선과 악이 나뉘지 않은 상태로 존재하는 시간이다. 그런데 아이를 잉태한 엄마의 상태에 따라 태중에서부터 쾌와 불쾌를 경험하는 순간이 온다. 또 태어난 아이가 아늑하고 따스한 보금자리에서 잘 보호받게 되면 쾌를 느낄 것이고, 돌봄을 받지 못하면 불쾌를 경험할 것이다. 이처럼 태아에게 쾌와 불쾌가 나뉘는 순간이 온다. 그런데 아이는 쾌와 불쾌가 느껴질 때 이 감정을 외부 대상에 대한 감정으로 인식하는 능력이 없어서 자기에 대한 느낌 자체로 인식한다. 우주와 내가 하나인 시기에는 밖에서 오는 불쾌는 자기 자신을 불쾌(부정적 자아감)한 존재로, 쾌는 자기 자신을 쾌(긍정적 자아감)한 존재로 인식한다는 뜻이다.

이런 심리적 작용으로 인해 아이가 처음으로 경험하는 쾌와 불쾌의 감정은 유아의 자기감정으로 자리 잡게 된다. 포근하고 배부르면 '좋다'와 축축하고 배고프면 '싫다'라는 감정은 자기가 느끼는 감정으로, 아직은 선이나 악이라는 개념이 없는 상태다. 그런데 인간은 쾌를 추구하고 불쾌를 피하고 싶어 한다. 그래서 기본적인 느낌 자체를 넘어 쾌를 주는 것을 선으로, 불쾌를 주는 것을 악으로 개념화한다. 단순한 쾌와 불쾌가 선과 악으로 바뀌는 과정이다. 그리고 쾌가 지속되지 않으면 어떨까라는 감정이 불안으로, 불쾌가 지속될 때에는 공포로, 불쾌가 멈추기를 바라는 감정이 소망으로 등 감정은 점점 세분화된다. 자폐 단계에서 시작된 자기감정이 공생의 단계에 접어들면서 감정도 자폐를 벗어나 대상에게 투사되기 시작한다. 투사(projection)는 쉽게 말해 스크린에 비친 장면은 영사기 안에 있는 필름에 있으며, 스크린에 보이는 것을 투사로 이해하면 된다. 즉 내 마음에 있는 것을 상대방에게 있다고 믿는 무의식적인 마음의 작용을 투사라고 한다.

유아가 쾌와 불쾌를 느끼는데, 어느 시기가 되면 이 느낌이 대상을 향할 때가 온다. "너 때문이야"라는 느낌이 선악을 판단하는 것으로 발전한다. 결국 유아는 자기의 감각적인 느낌으로 선인과 악인을 판단하게 되고 쾌와 불쾌의 감정이 대상을 선과 악이라는 윤리적 판단으로 발전하게 된다. 어느 날 아이는 "엄마, 좋아(선)" 또는 "엄마, 나빠(악)"라고 말하기 시작한다. 아이에게 잠시 불쾌를 주었는데 나쁘다고 말한다. 어느 시기가 되면 쾌와 불쾌를 각각의 묶음으로(범주화) 마음에 자리 잡게 된다. 기저귀를 갈아주지 않아 불쾌한 것, 먹을 것을 제때 주지 않아 불쾌한 감정, 동생을 먼저 챙길 때의 불쾌한 감정 등을 묶어서 나쁘다, 즉 악으로 개념화한다. 물론 그 반대의 느낌을 모아 선으로 받아들인다. 곧 아이는 심리적으로 선과 악으로 나누려고 한다. 이런 선악의 윤리적 판단은 나아가 미적 판단으로, 즉 대상을 아름다움과 아름답지 않음으로 구분하기도 한다. 그런데 객관적인 미(美)와 추(醜)의 개념이 객관적으로 존재하는가? 자기 마음에 따라 미추가 오락가락하지 않는가? 즉 판단, 선악의 구분이 죄가 되는 이유다.

아담은 하와를 "뼈 중의 뼈"(쾌, 사랑)라고 불렀는데 선악을 알게 하는 나무의 열매를 따 먹은 후로는 '그 여자'(불쾌, 원망, 미움, 싫은)라고 불렀다. 선악을 알게 하는 나무의 열매를 따 먹으면 좋을 것이라는 쾌의 자기감정이 생기고, 쾌의 감정이 생기면서 자동으로 그렇지 않은 상태인 불쾌의 감정이 분리되었다. 벌거벗었음을 알게 되어 쾌를 잃어버린 상태가 두려움과 불안이라는 불쾌의 자기감정으로 발전했다. 먹지 말라고 한 나무 열매를 먹었느냐는 하나님의 질문에 따르게 될 벌이 주는 두려움을 경감시키려고 아담은 하와에게, 하와는 뱀에게 두려움과 원망이란 자기감정을 투사했다. 저 여자가, 저 뱀이 문제야! 에덴동산의 선악을 알게 하는 나무 이야기는 자료가 풍부하지는 않지만, 인간 내면에서 발생하는 감정이 어떻게 분화되어 선과 악으로 확대되는지 그 시작점을 잘 보여 준다.

이장희 씨가 「그건 너」 노래를 부를 때 저작권 사용료를 내야 할 것 같다. 다만 저작권 시효가 만료되었으니 마음 놓고 부르되, 아담과 하와에게 저작권이 있었음을 알면 좋겠다.

우울적 자리와 은혜의 자리

대상관계학자인 멜라니 클라인은 유아가 부모로부터 정서적으로 분리되는 시기를 '편집-분열적 자리'와 '우울적 자리'라는 다소 익숙하지 않은 개념으로 설명했다. 그녀는 다른 학자들이 주로 사용하는 '성장 과정(phase)'이나 '성장 단계(stage)'라는 용어 대신 '자리(position)'라는 말을 사용했다. 성장 과정이 한 단계씩 앞으로만 나아가는 게 아니라 앞뒤로 왔다 갔다 반복하기에 자리라고 표현했다.

클라인은 인간이 태어나면서부터 어느 정도 자기와 대상을 구분하는 능력이 있다고 보았으며, 자기에게 들어오는 정보를 조직화하는 능력을 가지고 태어난다고 주장한다. 그래서 태어난 아이는 비록 원시적 수준이지만 자신과 대상을 구분하여 관계를 맺는 대상관계(對象關係)를 형성한다고 말한다. 유아는 최초의 대상인 어머니의 젖가슴에 사랑과 미움을 투사(감정 밀어 넣기)하며, 어머니의 젖가슴에 대해 '좋은(good)' 또는 '만족'을 주는 대상과 '나쁜(bad)' 또는 '좌절감'을 주는 대상으로 나누어 인식한다고 주장한다. 즉 유아는 아직 자아와 지각 능력의 미숙으로 자신을 먹여 살리는 어머니를 젖가슴으로 만나는데, 일정 기간 어머니의 젖가슴을 분열(schizoid, 나누어진)된 대상으로 인식한다는 것이다.

쉽게 설명하자면 제때 젖을 주는 어머니 젖가슴(좋은 대상, 사랑)과 젖이 잘 나오지 않는 어머니 젖가슴(나쁜 대상, 미움)을 두고 일정 기간에는 한 어머니의 젖가슴으로 인식하지 못한다는 것이다. 젖이 잘 나오는 젖가슴은 '이상화(idealization)'되고 끝없는 만족을 제공해 주는 대상으로 인식된다. 반대로 젖이 잘 나오지 않는 젖가슴은 무서운 박해자로 느끼게 된다. 유아가 이렇게 나누어서 인식하는 시기를 편집-분열적 자리(paranoid-schizoid position)라고 한다. 따라서 이 시기에 편집-분열적 자리의 나쁜 젖가슴을 미워하고 그 젖가슴이 자신을 박해할 것이라는 불안인 박해불안(persecutory anxiety)을 가지게 된다. 그래서 유아는 어머니의 젖가슴이라는 나쁜 대상에 의해 자기가 파괴될 것을 두려워한다. 하지만 이런 마음의 작용은 순전히 아이의 마음속에서 만들어진, 환상 속에나 존재하는 현상들이다.

한편 유아의 초기 시기에 대해 편집-분열적 자리라고 한 것은 이 시기의 유아는 자기를 돌보는 어머니가 한 사람이 아니라 두 사람(정확히는 두 젖가슴)이라고 느끼기 때문에 '분열적'이라고 말한다. 유아의 의식 세계에서 자기에게 젖을 주는 어머니라는 대상은 아직 온전한 대상(한 사람, whole object)이 아니라 부분 대상(part object)으로 지각되고 경험된다고 보기 때문이다. 이 시기의 유아는 젖을 잘 주고, 기저귀를 잘 갈아주고, 불편할 때 잘 달래주는 어머니와 제때 젖을 주지 않고, 기저귀도 제때 안 갈아주고, 불편할 때 돌봐주지 않는 어머니가 서로 다른 존재라고 인식한다. 나아가 나쁜 어머니로 인식된 대상을 파괴하려고(없어졌으면) 한다. 미숙한 유아에게는 자연스러운 일이다.

아이가 태어나서 일정 기간은 시각의 발달이 미숙해 사물을 인식하지 못하는데, 이 기간이 지나야 나와 너를 구분하게 된다. 그리고 다시 일정 기간이 지나야 제3자를 구분하는데, 이때가 낯가림하는 시기다. 새로운 대상을 인식하게 되면서 낯선 사람에 대한 경계가 낯가림이다. 이처럼 아이는 오직 자기만 있는 시기, 나와 너로 구분하는 시기, 제3자를 구분하는 시기로 인식 능력이 발달한다. 이 과정이 심리적으로 탄생하는 과정이며, 이때 심리 상태가 결정된다.

클라인은 엄마가 둘로 나뉘어(분열) 치우친 인식[한자 '偏執'은 '치우칠 편'과 '잡을 집'으로 표기된다]을 하는 시기라는 의미에서 '편집-분열적 자리'라고 지칭했는데, 이 과정이 어떠했느냐에 따라 아이의 심리 상태가 달라진다고 보았다. 그래서 "세 살적 버릇 여든까지 간다"라는 속담이 통찰 있게 느껴지기도 한다. 아이를 키우면서 이런 모습을 자세히 관찰했던 엄마라면 어떤 개념인지 쉽게 이해한다. 아마도 아이가 젖을 먹으면서 엄마를 빤히 쳐다보는 경험을 해봤을 것이다. 젖을 잘 주는 이 사람이 누구인지, 또 잘 주지 않는 사람은 누구인지 눈빛으로 묻고 답하면서 마음에 저장한다.

또 좋은 어머니와 나쁜 어머니를 다른 사람으로 생각하던 시기가 지나면 다음 단계로 성장하는데, 이 단계를 '우울적 자리(depressive position)'라고 이름을 붙였다. 그녀가 다음 단계를 우울적 자리라고 이름한 것은 이 시기에 들어서면서 아이는 자기가 이상화한 좋은 어머니와 자기가 미워해 파괴하려고 했던 나쁜 어머니가 한 사람이라는 것을 깨닫게 되면서 찾아오는 우울 감정 때문에 우울적 자리라고 불렀다. 이 단계에서 아이는 비로소 자신이 사랑하는 대상(좋은 어머니, 젖을 잘 주시던 어머니)을 나쁜 대상(젖을 잘 주지 않던 어머니)으로 인식해서 파괴하려 했다는 것을 알고 충격을 받는다.

아이는 곧 자신이 나쁜 어머니로부터 박해받는 자인 동시에 좋은 어머니에 대한 가해자였다는 사실을 깨닫는다. 나쁜 어머니가 없어졌으면 좋겠다고 생각했던 어머니가 좋은 어머니였다는 사실을 인식하면서 불안해하고 우울해진다. '이 엄마가 그 엄마야!' 어찌할꼬! 하나님을 모를 땐 하나님을 비웃고 그리스도인들을 박해하다가 하나님을 만나면서 자신이 하나님을 미워하고 무시했던 일에 대해 통곡했던 경험이 있는 사람이라면 우울적 자리가 무슨 의미인지 이해할 것이다.

아이가 자신의 파괴성과 불완전함을 인정하게 되면서 잘 돌봐주지 못했던 어머니(대상)의 파괴성과 불안전성도 받아들이게 된다. 이 과정은 아이를 무척 침울하게 만든다. 미숙에서 성숙으로 나아가는 자연스러운 현상이지만, 그렇게 느낀다는 것이다. 자신에게 완전한 사랑을 준다고 믿었던 좋은 어머니 상을 포기하는 동시에 완벽하고 흠 없는 자신의 이미지도 포기하는 일이기 때문이다. 즉 어머니와 자신의 불완전성을 인정할 때 우울해진다는 의미다.

예를 들자면 건강을 자신했는데 어느 날 몸에 병이 생겼다는 진단을 받았을 때 우울해지는 것과 같은 감정이다. 클라인은 인간이 가진 우울감의 뿌리가 이 시기에 만들어진다고 보았다. 물론 아이가 말을 못하니 검증하기 쉽지 않겠지만, 우울감을 갖게 되는 동기에 대한 놀라운 통찰력이다. 생각해 보면 성숙해지는 과정에서 나쁘다고 판단했던 것들이 자신에게도 있음을 발견하는 순간 침울해진다. 우리도 살면서 자신이 싫었던 적이 있지 않았던가? 대개 사춘기에 우울적 자리를 심하게 경험하게 된다. 그래서 사춘기를 지나면 부쩍 성숙해지는 것이다.

간음한 여인을 돌로 치겠다고 예수 앞에 끌고 왔던 군중들의 마음이 그랬을 것이다. "저 여자는 죄인이다. 율법대로 돌로 치겠다." 그런데 예수님의 말씀을 듣는 순간 군중들은 자신을 성찰하게 되고, 곧 자기에게 죄가 있음을 인정하고 돌을 놓고 돌아갔다. 자신에게는 선한 면만 있는 줄 알고 당당했던 군중들이 자신들 속에 악함이 있음을 인정하고 돌을 놓고 돌아갈 때 우울했을 것이다. 한 여인이 죽어 나갈 자리를 예수님은 은혜의 자리로 만드셨다.

'나는 잘못이 없어. 장담할 수 있어!' 그런데 내 안에 이런 어둠이 있다니! 아담과 하와처럼 말이다. 선악을 알게 하는 나무는 우리를 우울적 자리로 인도하고, 인간은 하나님을 부르게 된다. 그래서 우울적 자리는 은혜의 자리다. 클라인이 "죄 없는 자가 먼저 돌로 치라"는 예수님의 말씀에 군중들이 돌을 놓고 돌아간 이야기를 읽었다면 미소 지으며 중얼거렸을 것이다. '그래서 예수를 메시아라고 하는구나!' "너희가 돌이켜 어린 아이들과 같이 되지 아니하면 결단코 천국에 들어가지 못하리라"(마 18:3)는 말씀이 새롭게 와닿는다.

우울적 자리에 있던 아이들이 어둠을 인정하고 우울해지는 면을 예수님이 보셨을까? 이 자리는 용서와 사랑이 시작되는 곳인데, 어른들은 가면을 쓰고 아닌 척한다. 바울에게는 다메섹으로 가는 길이 우울적 자리였다. "오호라 나는 곤고한 사람이로다"(롬 7:24) 그런데 바울 사도가 앞으로 나아갈 수 있었던 것은 하나님을 대적했던 우울한 감정보다 하나님의 은혜가 더 크기 때문이었다.

아담과 하와는 뱀의 유혹을 받은 후 먹음직도 하고 보암직도 한 것을 허락하지 않으셨던 하나님께 어떤 마음이었을까? 혹시 원망이나 불신이 아니었을까? 선악을 알게 하는 나무의 열매를 따 먹은 죄보다 하나님의 은혜가 더 크게 느껴져 다음 단계로 나아갔으리라. 가인 역시 동생을 죽인 범죄가 들통이 났을 때 몹시 우울했을 것이다. 하지만 하나님이 표를 주셔서 우울 자리를 벗어나 앞으로 나아가게 하신 게 아닐까? 내가 우울적 자리를 다시 경험한 것은 고등학교 1학년 때였다. '죄인이라는 말이 참 싫었는데, 죄가 내 안에 있다니!'

선악을 알게 하는 나무가 있는 에덴동산은 삶이 변화되는 은혜의 자리였다! 선과 악이 내 안에 있음을 인정하게 하는 복된 나무다. 선악을 알게 하는 나무는 나를 망하게 하는 나무가 아니라 내 삶을 변화시켜 주는 복된 나무다.

전체 대상으로 보게 하는 나무

선악을 알게 하는 나무의 열매를 나눠 먹은 뒤 아담은 벌을 피하기 위해서인지 하와에게 죄를 덮어씌우게 되고, 악이 탄생하게 된다. 불쾌를 피하고 싶어서 다른 사람에게 책임을 전가하는데, 이것이 악의 시작이다. 선악을 알게 하는 나무의 열매를 따 먹은 사건은 앞서 말한 것처럼 쾌와 불쾌 감정이 선과 악으로 진행되는 모습을 잘 보여 준다. 아담이 불쾌를 피하고 싶어서 하와에게 불쾌를 투사한 것이다. 하와에 투사된 자신의 불쾌를 보고 아담은 하와를 '그 여자'라고 비난한다. 그래서 악이 된다.

선악을 알게 하는 나무는 처음부터 나눠지 않은 상태였다. 그런데 뱀의 유혹을 받은 순간 먹음직도 하고 보암직도 했다. 좋고 나쁨이 갈리는 순간이며, 나아가 아름다움과 추함이 갈리는 것이다. 하나님은 선악을 알게 하는 나무를 만드시고 좋아하셨지만, 그 열매를 따먹은 인간은 순전히 자기감정에 따라 대상을 구분한다. 혼자서 "감 놔라 배 놔라" 하는 꼴이다. 이것이 곧 죄이며, 악으로 귀결된다.

죄는 하나님이 만드신 게 아니다. 오히려 죄와 악이 시작되는 것을 원천적으로 금하셨다. 그런데 간음하다 잡혀 온 여인을 돌로 치겠다는 것은 악으로 귀결된다. 자신의 어둠을 보지 못하고 오히려 그것을 여인에게 덧씌워(투사) 처벌하고자 함으로써 자신에게 심리적 면죄부를 주려 한 것이다. 한 생명을 죽이고 자신들은 죄책감에서 벗어나겠다는 심산이었다. 이에 예수께서 선악의 구분을 멈추게 하시고 말씀하셨다. "나도 너를 정죄(선악 간의 구분)하지 아니하노니" 생명이 죽게 될 장소였던 그곳에서 선악의 나눔이 멈추고 생명이 살아났다. 곧 에덴이 회복된 것이다. 이것이 하나님의 사랑이자 골고다 언덕에서의 예수 십자가의 의미다. 또한 이미 빌라도의 법정에서 사형 선고를 받아 영원한 어둠에 들어가야 했던 오른편 십자가의 강도에게도 선악 간에 구분이 멈추고 낙원이 허락되었다.

아담이 자신의 죄를 하와에게 던졌던 투사를 극명하게 보여 주는 사례가 남녀가 사랑에 빠졌을 때다. 사랑에 빠지면 자기 속에 있는 가장 이상화된 이미지, 즉 신의 이미지를 상대방에게 투사(投射)하고 자신이 투사한 선한 이미지를 좋아하게 된다. 사랑에 빠지는 것이다. 그래서 신을 사랑하는 정도의 강열함과 남녀가 사랑에 빠졌을 때의 강열함에는 비슷한 점이 있다. 개인적으로 하나님께 좀 죄송하지만, 아내와 첫사랑에 빠졌을 때 같이 있어도 그립던 감정과 하나님을 처음 만났을 때의 감정은 우열을 가리기 어려울 만큼 비슷한 경험이었다. 사랑에 빠지면 상대방이 완벽한 한 사람이 된다. 허물도, 부족함도, 추함도 없다. 속담처럼 처갓집 말뚝 보고도 절하고 싶을 만큼 좋게 보인다. 상대방이 마치 신처럼 흠과 티가 없이 보인다. 하지만 그런 이상적인 여인은 없다.

이렇게 신과 같던 연인은 잠시 사랑에 빠진 사람의 환상 속에 존재하다가 신의 이미지를 거두고 나면 보통의 연인으로 돌아온다. 따라서 사랑은 상대방을 최상으로 이상화하지만, 실은 있는 존재로 보는 게 아니다. 존재를 있는 그대로 받아들이지 않으니 오히려 상대방을 조롱하거나 모독하는 것일지도 모른다. 이처럼 사랑에 빠져서 연인을 전체가 아닌 작은 부분을 최상으로 미화하는 마음의 작용은 유아가 어머니의 좋은 면을 이상화시키는 단계로 돌아가는 것이라 하겠다. 편집-분열적 자리에 있는 유아에게 좋은 엄마는 신 같은 존재이듯 말이다.

한편 사랑에 빠진 것과 우상숭배는 닮은꼴이다. 신이 아닌 것을 신이라 믿었으니 말이다. 내 경험으로도 사랑에 빠졌을 때의 황홀함과 하나님을 처음 경험했을 때의 황홀함 가운데 어느 감정이 더 황홀했는지 구분하기 어려웠다. 사랑에 빠졌을 때는 상대방과 상관없이 순전히 내 감정에 내가 빠진 것이다. 출애굽한 히브리들이 금송아지를 만들어 자기감정을 투사해 놓고 그것이 숭배받을 자격이 있는 것처럼 착각하고 찬양한 것과 같다. 돌이나 금으로 조각한 것을 신처럼 보는 것이 우상숭배이므로 사랑에 빠진 것도 일견 우상숭배와 닮아 있다. 사랑에 빠져 보통 사람을 신처럼 완벽하다고 믿고 있으니 돌을 신처럼 좋아하는 것과 별반 다르지 않다.

그런데 시간이 지나 사랑이 식으면 서서히 전체가 보이기 시작하고, 상대방의 허물도 하나씩 보이기 시작하면서 우울해진다. '어? 저 사람에게 이런 허접한 면이 있었네. 어쩌지? 계속 사랑해? 아니면 여기서 멈추어야 하나…. 내가 정신이 나갔었나 봐. 눈에 콩깍지가 끼었었나 봐!' 우울감이 찾아온다. 그래서 사랑은 두 눈을 감고 하는 것이고, 결혼은 한 눈을 감고 하는 것이란 말이 있는 것이리라. 나아가 결혼해서 함께 살다 보면 사랑은 점점 식고 허물이 더 많이 보이면서 부부 갈등이 시작된다. 사랑이 식으면 허물만 보여서 살벌한 부부 싸움을 하지 않는가? "너 때문에 결혼 생활이 엉망이 되었어! 너 때문에…." 어두운 면이 보이기 시작하면 우울해진다. 우상을 섬기던 사람이 어느 날 정신을 차리고 능력도, 사랑도, 아무것도 아닌 돌조각을 신으로 여겼던 자신을 발견하곤 우울해지듯 말이다. 나아가 부부 싸움을 할 때는 자기 속에 있는 악한 이미지를 배우자에게 투사하다 보니 상대에게 선한 것이 전혀 보이지 않는다. 이 또한 상대방을 모욕하는 것이다. 결국 우울해지고 자신이 한심해 보인다.

이 세상에 악하기만 한 사람은 없다. 사랑에 빠지는 것은 잠시 정신을 잃은 것과 같다. 그래서 사랑은 일정 기간이 지나면 식어야 하고, 편집-분열적 자리를 벗어나야 한다. 그리고 그로 인해 우울감을 느끼고 마음고생도 해 봐야 성숙해진다. 아이가 태어나면 부모가 되면서 자연스럽게 자녀에게 사랑을 투사하게 되고 아이가 예뻐서 죽고 못 살 지경이 된다. 적어도 미운 세 살 이전까지 말이다.

유아가 성장하면서 엄마에게 선한 면이 있고 때로는 악한 면도 있다는 사실을 받아들이게 된다. 나아가 세상이 선하기도 하지만 동시에 악한 면도 있음을 수용하게 된다. 곧 자신의 존재도 그러하다는 것을 받아들이는 일이기도 하다. 이처럼 자신의 어두운 면을 인정하고 나면 선한 면만 가지고 있었던 자신을 포기하는 상실감이 우울감을 일으키게 된다. 이 또한 자연스러운 일이다.

이러한 우울적 자리는 무척 고통스럽지만 필요한 과정이다. 사람은 우울적 자리를 거쳐야만 타자에 대해 진심으로 관심을 갖게 되고 자신의 한계를 아는 인간으로 성장할 수 있기 때문이다. 하지만 자연스럽게 찾아오는 우울적 자리를 마주할 수 없는-발달과정에서 자연스럽게 거치는 이 과정을 우울해하거나 애도할 수 없는- 사람은 그대로 편집-분열증 자리에 머물게 된다. 그런 아이는 어른이 되어서도 사람을 여전히 두 가지로 나누어 본다. 한쪽은 자신에게 완벽한 사랑을 주는 선인이고, 다른 쪽은 자신을 박해하는 악인이다. 편집-분열적 자리에 머물러 있는 사람은 선인이라고 생각하는 사람은 이상화하는 동시에 악인이라고 생각하는 사람은 무자비하게 비난하고 공격한다. 이렇게 흑백으로 보는 사람은 유아기를 건강하게 보내지 못했을 가능성이 있다.

간혹 필요 이상으로 친절한 사람은 상대방을 선한 사람이라고 이상화하는 단계라고 할 수 있다. 하지만 이런 경향의 사람은 어느 날 갑자기 돌아설 가능성이 있다. 상대방의 작은 잘못을 발견하는 순간 자기 속에 있는 어두운 면을 모두 상대방에게 투사하고 그를 악한 사람이라고 거칠게 몰아붙인다. 자기 혼자 선한 면을 투사했다, 악한 면을 투사했다 하면서 자기 기분에 따라 상대방을 선하다, 악하다 조작한다. 흑백 논리에 빠진 사람은 이 단계에 고착된 경우가 많다. 그들은 맺고 끊는 것이 분명한 것 같지만, 실은 편집-분열증 자리에 머물러 있을 가능성이 높다.

우울적 자리를 건강하게 경험한 사람은 자신의 한계와 상대방의 한계를 알기에 선이냐 악이냐 하면서 이분법적 사고를 하지 않는다. 간음하다 잡혀 온 여인에게는 선한 면이 전혀 없었겠는가? 돌을 들고 씩씩거렸던 사람들은 이 여인의 한 부분만 보고 자신들 속에 있는 어두운 면을 모두 이 여인에게 던져 넣었다(투사). 비약해서 말하자면 바리새인들은 편집-분열적 자리에 머물러 있는 사람들의 특징을 보였다. 하지만 예수께서는 나누지 않고 그녀의 전체를 보셨다. 투사를 멈추게 하는 것-선악을 알게 하는 나무-을 두신 하나님의 뜻이 복음이다. 선악을 알게 하는 나무는 우리를 전체 대상(whole object)으로 보게 하는 복음이다.

하나님과 같아지려는 마음

아이들은 성인에 비해 경험이 적은 데다 인지 능력이 미성숙하고 사회화가 덜 되어 감정 왜곡과 인지 왜곡 또는 사회 문화적 제약이 거의 없다. 스스로 필터링하지 않는다는 뜻이다. 이 말을 해도 될지 말지를 자기 스스로 사전에 검증하지 않는다. 하고 싶은 것이 있다면 일단 해본다. 떠오르는 생각을 거침없이 말한다. 올라오는 느낌도 억압하지 않는다. 타인을 배려하여 자신의 감정을 에둘러 표현하지도 않는다. 그래서 때때로 아이들의 말은 예의 없이 들리기도 하고, 상황에 맞지 않게 행동하기도 한다. 하지만 성장하면서 이웃과 사회의 기대와 바람, 규칙과 윤리와 도덕을 알아가면서 스스로 필터링하여 타인과 상황에 맞는 말과 행동으로 사회화된다. 한편으로 사회화된다는 것은 자신을 잃어간다, 억압한다는 의미이기도 하다.

이처럼 어린아이들이 가진 특성의 뿌리를 전능환상(omnipotent fantasy)이라고 한다. 이는 아이들이 갖는 정서와 인지의 독특한 특징 중 하나인데, 대개 생후 2~3개월쯤 시작해서 6개월 이전에 끝나는 주관적이고 환상(착각)적인 사고에 붙인 이름이다. 생후 6개월 이전의 아이는 충분히 좋은 엄마의 반응 행동에 의해 자신의 욕구가 충족되는 경우 '이것이 내가 원했던 것이다'라고 인식한다. 아이는 자신이 원했던 것이 바로바로 충족되면 원하는 것을 자신이 만들었다는 경험으로 받아들인다. 즉 아이가 배가 고파서 울면 엄마가 젖을 주는데, 이렇게 원할 때마다 젖이 주어지면 아이는 자신이 그 젖을 만들었다고 인지한다.

이 시기의 유아는 자기와 세상을 구분하여 인식하지 못하니 자기가 젖을 만들었다고 인지하는 것은 자연스럽다. 젖을 엄마(타인)가 주었다고 인식하는 것은 아직 인식 범위를 넘어선다. 아이로서는 이렇게 인지할 수밖에 없는 경험이므로 환상일 뿐이다. 이런 착각을 대상관계 이론에서 전능환상이라고 부른다. 이 전능환상의 시기에 아기는 자신이 모든 것을 만들어낼 수 있다는 자신감, 또는 무엇이든 할 수 있다는 전능감을 갖게 된다. 다만 실제로 그렇게 되지는 않지만, 아이가 그렇게 인지하고 느끼기 때문에 이런 용어를 사용하는 것이다.

전능환상은 아이의 소망과 성취가 하나 되는 경험, 자신의 욕구가 성취되면서 모든 것은 할 수 있다는 경험, 곧 신과 같다는 경험이다. 다르게는 자기가 세상을 마음대로 할 수 있다는 느낌, 세상의 주인이 된 느낌, 그리고 세상은 자신을 중심으로 움직인다는 경험이기도 하다. 그리고 이런 자신감을 토대로 자신만의 주관 세계를 형성하는데, 이 주관 세계는 차츰 상상력과 창조적인 능력으로 발달하게 된다. 이때 유아는 자신의 세계를 마음에 자유자재로 그리면서 자신만의 창조자가 된다. 자신이 보고 느끼는 것이 세상의 모든 것이기에 자신을 세계의 창조자라고 믿는 것이다.

엄마는 유아에게 '전능을 경험할 수 있는 짧은 기간'을 허용해야 한다. 이 시기를 경험하면서 유아는 세상에 대해 원하고 필요로 하는 것을 담고 있는 좋은 곳이라는 신뢰감이 자라게 된다. 나는 할 수 있고, 만들 수 있고, 해낼 수 있다는 자신감과 세상은 좋은 곳이라는 감정을 담는다. 그런 경험을 통해 자기와 세상 사람들이 공유하는 일반적인 세상에 살아 있는 관계가 있다는 희망을 갖게 된다.

아기는 엄마의 느낌과 생각에 의존해서 살아가기 때문에 엄마의 느낌과 생각의 깊이와 넓이에 따라 아이의 환상 영역이 결정된다. 환상이 활짝 열린 아이는 상상력과 창의력 그리고 풍부한 감성이 발달하게 된다. 즉 엄마가 상상력이 있어야만 아이의 상상력에 적절히 반응하여 아이의 환상이 충족될 수 있고, 창의적이고 세상을 긍정적으로 바라보는 아이로 성장케 한다. 그래서 전능환상 시기를 적절히 경험한 아이는 자라서 동화의 세계를 풍부하게 그려낼 수 있다.

이 시기에 아이가 하는 말은 논리도 없고 개연성도 없다. 당연히 기승전결이나 육하원칙도 없다. 마치 꿈과 신화의 세계와 같은 아이의 말에 귀를 기울이고 세심하게 들어주는 엄마는 거의 없을 것이다. 엄마들은 대부분 건성으로 대답할 뿐, 잘 듣지 않는다. 그러다가 아이의 이런 말을 막거나 다른 곳으로 화제를 돌리곤 한다. 그러면 아이는 놀이나 이야기에 흥미를 잃어버리고 상상력과 창의력을 발휘하지 못한다.

만약 생후 6개월 이전의 1차 대상인 엄마가 충분히 좋은 엄마로서 반응해 주지 못하면 아이의 전능환상은 고착이 일어나게 되고 정서적 성장이 멈춰서 이후로 정서적으로 건강한 삶이 어려워진다. 아이의 욕구가 제때 채워지지 않으면 전능환상이 파괴된다. 또 엄마가 아이의 실수나 허물을 수용하지 못하면 아이는 '나는 할 수 있는 일이 없구나!'라는 의미로 이해되어 고착된다. 수용 욕구가 채워지지 않은 아이는 정서적으로 기갈 상태가 될 수밖에 없다. 그래서 전능환상은 풍성하게 경험되다가 적절한 시기에 점차 종료되어야 한다.

그런데 전능환상이 충족되지 않은 아이는 충족되지 않은 욕구에 계속 매달리게 되면서 전능환상 기간이 더 늘어나게 된다. 즉 전능환상은 엄마와 아이의 융합 시기인 공생애 시기에 일어나 충족되고 종료되어야 한다. 엄마가 아이의 욕구를 모르거나 반응하지 않는다면 아이의 전능환상은 충족되지 않거나 강제로 파괴되어 적절한 시기에 자연스럽게 종료되지 못하고 성인기로 이어져 자기애적 성격장애(narcissistic personality disorder)나 과대자기(grandiose self, [나는 완전하다])에 매여 과대망상증에 빠지게 된다. 전능감과 과대자기는 척박한 현실을 살아가는 원동력으로 언젠가는 현실에서의 희망과 건강한 야망으로 변형되어야 하지만, 충족되지 않으면 그 자리에 멈추게 된다.

그런 아이는 성인이 되어서도 모든 것을 자신이 만들었다고 착각하면서 모든 것을 자신이 통제해야 직성이 풀리고 자기 뜻대로 안 되면 화를 내는 폭력적인 사람이 된다. 육체는 성장했는데 정서는 전능환상 단계에 머물러 있는 것이다. 세상은 절대 엄마 품이 아니다. 자기 뜻대로 되지 않는다고 해서 어린아이처럼 떼쓰고, 울고, 밥상을 뒤엎는 남편이 있다면 대체로 전능환상 단계에 머무른 경우일 가능성이 있다. 이런 사람은 작은 좌절과 비난에도 쉽게 무너지면서 파편화되기 쉬운 자기로 남게 된다. 마치 자신이 신처럼 대접받아야 한다고 믿으며, 그렇지 않을 땐 화를 내곤 한다. 어릴 때 채워지지 않았던 결핍감이 마음에 새겨져 있어서 성인이 되어도 채워지지 않으면 지속적으로 폭발하게 된다. 마치 어린 애가 떼쓰듯 말이다.

한편 엄마가 적절하게 반응해 주게 되면 아이는 절대 의존을 벗어나 상대적 의존기에 접어들게 된다. 성장하면서 점차 자신의 소망이 현실의 실체가 아니라 환상임을 깨달으면서 현실 감각을 갖는 것이다. 이때 자기가 만들었다고 생각했던 것들이 사실은 엄마가 해준 것임을 깨닫고, 2차적 전능성(부모를 이상화) 단계로 넘어가게 된다. 즉 무엇이든 자기 뜻대로 할 수 있다고 믿는 전능적인 환상 시기가 지나면서 자신이 애착하던 양육자가 세상에서 가장 강하고 크게 느끼는 환상을 '이상화(idealized)'라고 한다. 유아는 현실에서 불가피하게 자신의 결함과 좌절에 직면하고 무력감을 느낄 수밖에 없다. 그런데 모든 것을 부모가 해 주었다는 것을 알아차리고 부모를 이상화한다. 이처럼 이상화된 대상으로부터 보호받는 경험을 통해 안전함과 충만함을 유지하게 되고, 이상화된 부모를 내면화한다.

자연스럽게 '나는 완전하다'에서 '부모는 완전하다'로 옮겨 간다. 그리고 '부모와 나는 하나다'라고 믿으며 안정감을 찾는다. 아이들이 종종 하는 "난 아빠가 될 거야" "엄마가 좋아" 등의 표현에서도 부모가 힘과 능력의 상징으로서 이상화되고 아이는 부모와 동일시하고 있음을 알 수 있다. 전능환상에서 벗어나 현실과 접촉하는 가운데 과대자기는 좌절하게 되지만, 좌절되는 감정을 추스르고, 받아들이고, 다시 일어나는 과정에서 불안하니까 자기 대신 부모를 이상화하고 부모의 이미지를 내면화하면서 성장하게 된다. 이 과정이 반복되면서 아이만의 자기애적 구조를 형성하게 되기 때문에 결국 이 시기 부모의 모습이 아이의 미래를 결정한다고 말할 수 있다.

조앤 롤링이 판타지 소설 「해리 포터 시리즈」로 자신의 인생을 바꾸게 된 사건의 시작은 기차 안에서였다고 한다. 남자 친구를 따라 맨체스터로 갔다가 런던으로 돌아오는 기차에서 '해리 포터와 마법사 학교'에 대한 아이디어가 떠올랐다고 한다. 어디에서 그런 이미지가 떠올랐는지 알 순 없지만, 문득 해리 포터에 대한 이야기가 눈앞에 그려졌고, 뛸 듯이 기뻤다고 한다. 그녀는 어려서부터 이야기 쓰는 것을 좋아했고, 6살에 처음으로 여동생을 위한 「토끼」라는 작품을 쓰기도 했다.

그런데 우연히 해리 포터와 마법사 학교에 대한 그림이 떠올랐을까? 자기 마음에 없는 것은 떠오르지 않는다. 어쩌면 그의 가족이 전능환상 시기에 무한한 상상력을 펼칠 수 있도록 부모가 받아주었을 것이다. 6살에 동생을 위한 소설을 썼다는 건 어쩌면 그녀의 상상력이 거침없이 날아다니도록 부모가 맞장구쳐 주었기 때문이다. 또는 집단 무의식(collective unconscious)이 자유자재로 올라오도록 부모가 열어놓았을 수도 있다.

아담과 하와가 선악을 알게 하는 나무의 열매를 먹으면 하나님과 같이 된다는 말을 믿었던 걸 보면 그들은 전능환상 시기를 자연스럽게 넘기지 못한 것 아닐까? 열매를 먹는다고 전능자가 된다는 말은 어린아이들이 좋아하는 동화에서나 가능할 법하다. 그들이 이런 유혹을 받았다는 것은 전능환상 시기로 퇴행한 것으로 보아도 무방하다. 선악을 알게 하는 나무처럼 보이는 것들에 의해 속아 넘어가는 이들이 아담과 하와 가운데 보인다. 안타깝게도 성인이 되어서도 아담과 하와처럼 하나님과 같아지려는 사람과 같이 사는 가족들, 신 같은 직장 상사와 함께 일하는 직원들의 마음은 얼마나 힘들까? 하나님이 이미 다 주셨음에도 선악을 알게 하는 나무마저 자기 것으로 만들려는 아담과 하와를 에덴에서 내보내신 마음을 이해할 것 같다. 선악을 알게 하는 나무는 전능환상 단계에 머물러 타인을 아프게 하는 미성숙한 이들을 멈추게 하시는 말씀, 곧 복음이다.

엄마의 품을 떠난다는 것

엄마들은 자녀가 어린아이 때부터 가지고 있던 낡고 손때 묻은 장난감을 치웠다가 곤욕을 치른 경험이 있을 것이다. 그럴 때면 더 좋은 새것을 사 준다고 해도 막무가내로 다시 찾아오라며 떼쓰는 아이를 달래느라 애를 먹어야 했다. 이 문제를 다룬 학자가 도널드 위니컷(Donald Winnicott)이다. 위니컷은 충분히 좋은 엄마(good enough mother), 중간대상(transitional object)과 중간현상(transitional phenomenon) 등의 개념을 통해서 자신이 전능하다는 환상으로부터 아이가 현실적 지각으로 전환되게 되는 과정을 설명했다.

아이는 태어날 때 엄마의 몸을 떠나는 탄생의 고통과 낯선 세상에 대한 불안을 경험한다. 이는 엄마와 분리될 때의 불안 경험이다. 또 엄마를 좋은 엄마와 나쁜 엄마로 나누어 인지하면서 나쁜 엄마를 미워했는데, 그 엄마가 '나를 박해하면 어떡하지'라는 우울감과 불안을 경험한다. 그다음, 엄마 품을 떠나 세상으로 나아갈 때 또다시 불안을 경험한다. 더 멀리는 선악을 알게 하는 나무의 열매를 따먹고 아담과 하와가 하나님과 분리될 때의 불안이 원초적인 불안의 시작이다. 다음은 에덴동산을 떠날 때 한 번 더 불안을 경험한다. 아담과 하와의 불안은 아이가 엄마를 떠나는 과정에서 겪는 불안의 원형이기도 하다.

중간현상은 아이가 엄마로부터 분리될 때 불안한 마음을 달래려고 엄마를 느끼게 하는 어떤 대상을 찾는 현상이며, 그 대상이 중간대상이다. 즉 전능환상이 깨질 때 느끼는 불안을 잠재우고 평안을 주는 대상이 중간대상이고, 이런 심리적 현상을 중간현상이라 부른다. 중간대상은 어머니가 옆에 없을 때 위로해 주고 달래 주는 어머니에 대한 환각을 유지시켜 준다. 위니컷은 아이가 가지고 노는 부드러운 장난감이나 담요 조각을 대표적인 중간대상이라고 보았는데, 엄마가 곁에 있다는 느낌을 주기 때문이다. 중간대상은 아이의 마음속에 위로해 주는 엄마의 이미지를 느끼게 하므로 곁에 없더라도 상황이 주는 불안을 극복하도록 돕는다.

유아기에는 손가락이나 주먹이 중간대상 역할을 하다가 몇 달이 지나면 인형이나 담요 등 자신에게 가까이 있는 것이 중간대상이 된다. 이 시기 아이는 엄마의 체취를 느낄 수 있는 스카프나 엄마의 품에서 가지고 놀던 인형 등을 버팀목으로 사용해 엄마가 곁에 없을 때를 견뎌낸다. 실제로 두 살 터울의 내 여동생의 중간대상은 놋 밥그릇이었다. 여동생은 오랫동안 놋 밥그릇이 없으면 밥을 먹지 않고 불안해했던 기억이 있다.

만화 『피너츠』에서 라이너스가 늘 가지고 다니던 배냇담요는 중간대상을 잘 설명해 준다. 아이들은 특히 잠들기 전에 중간대상을 찾는데, 자려고 눈을 감으면 엄마의 모습이 보이지 않는 것이 엄마가 없어지는 것으로 느껴져 불안하기 때문이다. 졸린데 눈을 감지 않으려는 것도 엄마가 안 보이면 불안하기 때문이다. 이때 엄마의 보호를 받는 자신의 존재감을 지속적으로 자각하기 위해 중간대상을 사용하는데, 잠들기 전에 아이가 손가락을 빠는 것도 같은 이유다. 젖을 빨 때 가장 안전하고 포근한 느낌을 경험해서 손가락을 빠는 것이다. 그런데 생각해 보면 엄마의 손을 놓는 것은 애나 어른이나 똑같이 힘들다. 「비 내리는 고모령」이 들려온다.

어머님의 손을 놓고 돌아설 때엔 부엉새도 울었다오 나도 울었소

중간대상은 유아가 절대적 의존기의 전능감의 경계를 벗어나 현실 세계로 나

아가는 중간과정에서 발생하는 불안과 좌절 그리고 단절을 극복하기 위해 적극적으로 창조되고 사용되는 것이다. 유아에게 중간대상은 자기 내부에 속한 것도 아니고 환상도 아닌 그저 사물이다. 어머니가 아니면서도 어머니를 느끼게 하는, 환상과 실재를 동시에 가진 경계선에 있는 사물이다. 아이는 전능환상 단계를 넘어 어머니는 전능하다는 느낌으로 안정감을 얻게 되고, 좀 더 자라서 엄마를 떠날 일이 점점 많아지면서 아이는 중간대상을 의지하여 엄마가 함께하지 않는 시간에 안정감을 얻는다.

아이가 조금 더 성장한다면 서서히 중간대상을 놓고 이제 현실에 맞서서 자기 삶을 살아가야 한다. 그렇지만 현실은 여전히 녹녹하지 않다. 두렵고 불안하다. 이 두려움에서 의지할 대상을 찾는데, 이때 전능하신 하나님을 찾아 나선다. 이처럼 아이의 마음 상태는 '나는 전능하다'에서 '어머니는 전능하다'로, 또 '중간대상은 전능하다'에서 나아가 '하나님은 전능하다'라는 단계로 자연스럽게 성장한다.

자기심리학(self psychology)의 창시자인 하인즈 코헛(Heinz Kohut)은 아동이 태어나 최초 몇 주 동안 전폭적인 돌봄이 필요하고 절대적으로 안정감이 필요하다고 주장한다. 그런데 그 후로 최적의 좌절(optimal frustration, 적절한 좌절)을 경험하면서 현실 적응력을 키워나가게 된다. 반면에 좌절을 맛보지 못하면 너무 버릇이 없는 아이로 성장하게 된다. 적절한 좌절을 경험하지 못한 아이는 전능환상과 비정상적인 자기애에 머물게 되고, 전능감에 비해 실제 자신이 할 수 있는 일이 부족해서 열등감을 느낀다. 반대로 좌절 경험이 지나칠 경우 전능환상이 사라지고 현실에 적응할 힘이 없어서 외면하거나 공허한 상상을 하고 창의력이 부족해 무력감을 느낀다. 이 무력감이 클수록 무력감을 피하려고 전능환상을 더 열망하게 되면서 이 시기가 길어지거나 멈추게 된다.

아담과 하와는 왜 신과 같이 되고 싶었을까? 선악을 알게 하는 나무의 열매를 먹으면 자신들이 신과 같이 될 수 있으리라 믿었던 것으로 보아 전능환상 자리로 퇴행한 것으로 이해해도 되겠다. 선악을 알게 하는 나무의 열매를 먹는다고 신과 같이 될 수 있겠는가? 공허한 상상력이다. 그런데 자기애적 전능환상에 머물러 있는 사람은 충분히 가능한 일처럼 여긴다. 하와와 아담의 내면에서 일어난 신과 같이 되고 싶어 했던 욕구를 전능환상 이론으로 설명해도 무리가 없을 듯하다. 자녀를 키워본 부모나 아직도 철이 덜 든(?) 배우자와 사는 사람이라면 쉽게 이해할 수 있을 것이다.

전능환상이 만든 거대한 자기 인식-과대자기-은 자기 안에 완전하다는 느낌을 창조함으로써 행복했던 상태를 회복하려는 노력의 산물이다. 아이는 태어나서 이런 심리적 발달과정을 겪으며 성장하는데, 양육 과정에서 적절한 보살핌과 적절한 좌절을 경험하면서 점차 순기능적이고 현실적인 정서가 발달하게 된다. 유아가 과대자기에서 현실적 자아의 비율이 점점 커지는 방향으로 성장하는 것은 자연스러운 과정이다.

코헛은 '과대자기'와 '현실적 자아'는 복잡하고 거친 현실을 살아가게끔 버티게 해 주는 '정신의 두 기둥'이라고 말한다. 과대자기는 전능환상과 관계하며, 현실적 자아는 현실과 관계한다. 과대자기에 머물다 보면 현실 적응력이 떨어지고, 과대자기 경험이 적으면 현실을 견뎌 낼 힘이 부족해진다. 전능환상과 현실적 좌절이 서로 보완하면서 성장할 때 과대자기는 건강한 야망 또는 이상적 꿈으로 변형되어 현실적 자아가 살아갈 에너지를 공급한다.

어린 시절의 전능환상 단계에 머물러 있는 사람은 오늘도 하와와 아담처럼 공허한 상상을 하거나 유치한 유혹에 넘어갈 수 있다. 어린 시절에 충족되었어야 할 전능감이 채워지지 않아 빈 마음을 채우려고 금기를 넘어가는 이들이 많다. 일확천금을 꿈꾸거나 비현실적인 기대를 한다. 사회가 금하는 것을 넘어서면 무너지고 망가질 텐데 자신은 신 같은 환상 속에 머물러 있어서 별문제가 없을 것이라며 경계를 넘어간다. 법도 우습게 여기면서 마치 자신이 법 위에 있는 것처럼 행동한다.

한편 엄마와 아이가 주고받는 반응의 질은 아이의 정서적 성장을 결정한다. 아이의 미성숙을 부모가 자연스럽게 공감과 지지 그리고 위로와 수용을 해 주지 않을 때 아이는 자신의 모습을 받아들이는 것이 수치스러워서 모든 불완전함(미성숙함)을 외부 세계(아담은 하와에게, 하와는 뱀에게)로 돌린다. 이런 아이는 성인이 되어서도 과대자기에 머물면서 자기를 완전하다고 믿고 좋고 유쾌한 것은 내게 속해 있고, 나쁘고 불쾌한 것은 모두 타인에게 속한 것으로 지각한다. '너 때문이야!' 이것은 가인에게서도 되풀이된다.

아담과 하와는 전능환상에서 중간대상으로, 나아가 자기로 자연스럽게 성장해야 하는데 그렇지 못했다. 스스로 신이 될 수 있다는 과대자기에 머물러 있는 사람을 상징한다고 보아도 무리가 없다. 전능환상에 고착된 상태에서 금기를 넘은 것이다. 현실 사회에서도 어렵지 않게 발견되는 사례가 많다. 그들은 이렇게 말한다. "내가 누군지 알고 까부는 거야?"

위니컷은 아기가 절대적 의존기에 엄마 품에서 전능환상을 마음껏 즐기면 건강한 자기를 형성할 수 있다고 말한다. 그리고 이런 경험은 자기 정체성(identity)을 형성하는 데 건강한 기반이 된다. 한마디로 참자기(true self)로 살아갈 수 있다는 뜻이다. 그런데 이 시기에 엄마가 산후우울증이나 질병, 생활고로 아이의 요구에 민감하게 반응하지 못하게 되면 기본적인 욕구가 좌절되면서 환상 대신 환멸을 느끼게 된다. 절대적 의존기이기에 모성적 돌봄의 실패는 절대적 '박탈(privation)'감을 안겨준다. 이런 절대적 박탈은 거짓자기(false self)나 분열성 병리와 같은 정신병리의 원인이 된다고 보았다.

비록 아담과 하와는 성인일 때 에덴에서 쫓겨났지만, 그들에게 이 사건은 마치 어린아이가 전능환상에서 갑자기 냉혹한 현실 사회에 내던져진 것 같은 트라우

마였을 것이다. 에덴동산의 생활은 절대 의존기처럼 원하는 것은 바로바로 얻을 수 있었고, 하나님이 하신 것이나 그들이 한 것이나 매일반이었다. 어머니의 품처럼 말이다. 그런데 하루아침에 에덴을 잃어버린 아담과 하와는 절대적 박탈을 경험했을 것이다. 에덴동산 밖에서는 가시덤불과 엉겅퀴가 나고, 얼굴에 땀을 흘려야 얻을 수 있었다. 이렇게 불안하고 고단한 상태에서 가인을 낳아 길러야 했으니 하와의 품에서 자란 가인이 정서적으로 건강하기란 어렵다.

기독교에서 답을 찾지 못한 이들에게

기독교인이 불편하게 여기는 학자들을 꼽으라면 대부분 니체와 프로이트를 가리킬 것이다. 필자 역시 교회에서 니체와 프로이트를 비판하는 설교를 자주 듣곤 했다. 니체는 "신은 죽었다"라고 했기 때문이며, 프로이트는 '인간의 본능을 성욕'이라고 주장했기 때문이다. 물론 니체와 프로이트의 사상을 소개하려는 것이 아니다. 이들을 다룰 만큼 전문가도 아니다. 그런데 니체와 프로이트가 선악을 알게 하는 나무와 생명나무에 대한 성서의 가르침을 만났다면, 성서에서 말하는 인간 이해를 바르게 이해했다면, 바울 사도의 고백을 깊이 있게 읽었다면 위대한 기독교 철학자와 기독교 정신분석가가 되지 않았을까 생각해 본다.

인간은 존재를 이해하는 데 있어 이분법적으로 나눠서 보는 것을 좋아한다. 이데아의 세계와 현실 세계로 나눈 플라톤의 이원론이 대표적인 예다. 좋은 것과 나쁜 것, 정신과 육체, 빛과 어둠, 남자와 여자, 정상과 비정상, 이성과 반이성, 음과 양 등 동서를 막론하고 둘로 나눠 생각하곤 한다. 이런 무의식적 구조를 이항 대립(二項對立, binary opposition)이라는 용어로 설명하곤 한다. 엄밀히 다른 개념이지만, 이글에서는 이분법과 이항 대립을 구분하지 않고 설명하고자 한다.

이항 대립은 언어나 사유에서 두 개의 이론적인 대립을 엄격하게 정의하고 하나에 다른 하나를 대립해서 사유하는 체계를 말한다. 이는 소쉬르(Ferdinand de Saussure)의 구조주의적 이론에서 유래했는데, 현대철학에서 중요한 개념이다. 이항대립은 고대부터 인간의 정신, 언어, 문화에 대해 보편적·무의식적 구조로 이해하는 철학 사조이기도 하며, 넓은 의미에서 구조주의(structuralism)라고 일컫는다.

그런데 포스트모더니즘(post-modernism)은 이런 이항 대립을 넘어서려는 철학의 흐름이다. 지바 마사야(千葉雅也)는 그의 책 『현대사상 입문』에서 포스트모더니즘이라는 용어 대신 '포스트구조주의'라는 용어를 사용하는데, 구조주의 이후 사상이라는 뜻이다. 구조주의는 간단히 말하면 세상의 현상들을 일정한 구조로 이해하려는 철학의 흐름이다. 즉 인간이 행동하고, 인식하고, 느끼는 모든 것의 무의식적 구조를 밝히는 학문으로 문화와 사회가 무의식적으로 구조화되어 있으므로 그 구조의 패턴을 파악해서 사회와 문화 현상을 이해하려는 경향이다. 다시 말해 구조주의는 존재를 자신의 의지나 생각의 관점에서 바라보는 것이 아니라 이미 만들어진 언어 구조나 무의식 구조 등에 의해 구성되는 존재라고 보는 것이다.

마사야는 이항대립의 구조를 깨뜨리는 것이 포스트구조주의의 핵심이라고 주장한다. 즉 이항대립의 해체라 할 수 있다. 포스트구조주의는 구조주의를 넘어서려는 노력으로, 이항대립이 아닌 역동적인 관점에서 해석하려는 시도이다. 구조주의는 보편적이고 명확하고 고정적인 구조가 우리의 인식 뒤에 있다고 보는 반면, 포스트구조주의는 인간이 명확하고 보편적이라고 생각하는 구조가 그렇게 명확하고 안정적이지 않을 수 있다는 관점이다. 다만 이분법적인 구조를 깨뜨린다는 공통점 때문에 포스트구조주의라 불린다.

그런데 마사야는 포스트구조주의조차 일관된 패턴이 있다고 주장하면서 이런 예를 제시한다. '어른이 된다는 것은 결단의 무게를 떠맡는다는 것이다.' 여기에도 '어른과 비(非)어른'을 나누고, '결단력 있음과 결단력 없음'을 나누는 이분법적 구조가 있다는 것이다. 즉 위의 문장에는 이분법적으로 차별이 보이진 않지만, 문장의 전제는 '어른'과 '결단력 있음'을 좋음, '비어른'과 '결단력 없음'을 좋지 않음으로 보는 이분법적 차별 구조가 담겨 있다고 주장한다.

이처럼 이분법적 구조가 아닌 것 같지만, 순간순간 이분법적으로 나누면서 좋고 나쁨을 따진다. 이는 앞에서 다룬 아이가 태어나서 쾌와 불쾌를 나누는 것에 뿌리를 둔다고 봐도 무리가 없다. 다른 말로 바꾸면 생존에 유리하면 선, 그렇지 않으면 악으로 나누는 것이다. 이처럼 구조주의가 만들어내는 사회적인 여러 문제와 아픔을 극복하려는 사조가 포스트구조주의라 할 수 있겠다. 그럼에도 마사야는 포스트구조주의조차 이처럼 이분법적 틀이 있다고 본 것이다.

대표적인 포스트구조주의자가 자크 데리다(Jacques Derrida)라 할 수 있다. 그는 쉽게 말해 '저자도 독자도 없다'라는 말처럼 저자와 독자라는 이분법을 해체하려고 한다. 그러면 인간은 왜 이렇게 구조적인 사고를 할까? 구조주의 안에서 세상을 파악할 때 인간은 심리적 안정감을 느끼기 때문이다. 인간은 피아가 불분명하면 불안해하는데, 이쪽도 저쪽도 아닌 경계에 서 있는 것을 싫어하는 것도 불안을 주기 때문이다. 인간은 그것이 주는 안정감 때문에 이분법적 사고를 하지만, 이분법적 사고는 차별과 억압을 가져올 수밖에 없는 구조다. 그래서 포스트구조주의는 이런 차별과 억압을 넘어서려고 선과 악의 경계, 즉 이분법적 구조의 경계가 무엇인지 묻는 것이다.

인간 세상에서는 누가 선과 악을 정의하느냐에 따라 얼마든지 달라질 수 있다. 빌라도가 예수님에게 "진리가 무엇이냐"라고 묻는데 아무런 답을 하지 않으셨다. 의미 없는 논쟁이라 여기신 것은 아닐까? 빌라도의 진리와 예수님의 진리가 다르기 때문이다. 예수께서 답을 한들 빌라도가 이해할 리 없기 때문에 침묵하신다. 그래서 니체는 진리가 무엇인가 묻지 말고 누가 진리를 묻는지를 물어야 한다고 주장한다. 그는 진리를 말하는 사람마다 진리가 달랐기 때문에 진리와 비진리라는 이항대립을 흔들었다. 하나님이 선악을 알게 하는 나무를 하나로 두신 뜻을 이런 이유로 보면 어떨까? 선과 악을 나누고 선과 악을 이항대립으로 이해할 때 무의적으로 차별과 억압으로 귀결된다. 이 부분을 파고든 철학자가 바로 니체가 아닐까 생각해 본다.

니체가 그의 책 『선악의 저편』에서 말하려는 궁극적인 의미는 무엇일까? 이항대립을 극복하려는 포스트모더니즘의 입장에서 니체를 들여다보자. 물론 필자는 니체 전문가가 아니지만 여러 전문가의 강의와 문헌을 바탕으로 생각해 보자.

유아는 느낌을 쾌와 불쾌로 나눈다. 그런데 아이가 성장하고 사회화되면서 좋고 나쁨으로 나누고, 종교의 영역에서는 선과 악으로 나눈다. 이렇게 이분법으로 나누게 되면 나는 선이 되고 너는 악이 될 수밖에 없다. 선악을 알게 하는 나무의 열매를 따 먹은 후 아담과 하와에게서 잘 드러났다. 이처럼 선과 악을 나누며 인류가 자행했던 사회적·인종적 차별과 전쟁, 그리고 이에 따른 아픔을 경험한 니체는 선악을 넘어설 것을 강조했다. 선악을 넘어선다는 것은 일체의 선(good)과 악(evil)을 배제하는 것이 아니라 '우리'를 주어로 하는 선악 구분을 넘어 나에게 좋은 것(good)과 나쁘거나 싫은 것(bad)을 판단할 줄 알아야 한다고 말하고 있다. 인간의 가장 기초적인 느낌, 어느 것도 끼어들기 이전의 가장 순수한 느낌, 온 인류 공통의 느낌으로 돌아갈 것을 주장한 것으로 보인다. 예수님의 표현으로 어린아이같이 되는 단계로 볼 수 있겠다. 니체가 이렇게 주장하게 되는 배경에는 '우리'라는 집단이 '우리 외 집단'을 차별하고 억압하고 노예화하고 굴종을 강요하는 것에 대한 저항을 담고 있다. 비근한 예로 게르만족과 유대인으로 구분되는 '우리'가 가져온 비극을 우리는 잘 알고 있다. "우리가 남이가!" 이 구호는 반드시 타인 집단을 배제한다. 다음은 강신주 박사가 니체 철학을 강의하면서 우리와 나에 대해 한 말이다.

> 『차라투스트라는 이렇게 말했다』에서 가장 중요한 것은 '인간이 노예에서 벗어나는 과정'이다. 우리는 누구나 처음에는 낙타처럼 노예의 삶을 살지만, 자신만의 스타일을 완성해 가면서 차례로 주체적인 사자와 어린아이로 변할 수 있다 … 인문학을 하는 사람들은 항상 모든 판단의 주어가 '나'라는 것을 잊지 말아야 한다 …

'우리'가 주어가 되는 도덕(moral)에서는 선(good)과 악(evil)의 개념이 사회적으로 정해진다. 그러나 '나'가 주어가 되는 윤리(ethics)에서는 좋음(good)과 나쁨(bad)의 개념이 각각의 개인마다 다르다.

니체의 주장은 느낌의 차원에서 감정의 주체 회복, 어린아이와 같이 되는 것으로 다가온다. 어린아이는 자신에게 좋은 것과 그렇지 않은 것으로 구분한다. 또 나를 챙기는 것에만 관심이 있다. 어린아이는 아직 타자에 대한 개념이 불확실하고 미숙하기 때문에 자연스러운 것이다. 이기적인 것도, 탐욕도, 악이나 선도 아닌 그 이전 단계다. 니체는 선악을 나누면서 타인을 파괴하는 세상을 보면서 선악이 개념화되는 것을 막고 어린아이처럼 진솔하게 나에게 좋고 나쁨의 단계로 돌아갈 것을 촉구했다고 이해해도 될 것이다.

그런데 이처럼 유아의 전능환상과 자기중심적인 마음을 어머니가 충분히 받아주면 아이는 건강한 자기(real self)로 성장하여 창조적이고 건강한 꿈을 꾸게 된다. 아이는 성장하면서 품어주고 견뎌주고 따스하게 되돌려주는 어머니를 통해서 세상, 타자, 대상을 받아들이고 나를 넘어 타자를 대하는 방식을 배우게 된다. 나와 너, 나아가 우리가 만들어지는 것이다. 충분히 사랑받은 아이가 성장해서 만든 '우리'는 굴종을 강요하지도, 타자를 억압하지도 않는다. 어머니가 자신을 대한 따스한 방식으로 타인을 대하게 된다. 이것을 사랑이라 할 수 있다. 니체는 충분히 사랑받거나 지지를 받지 못한 사람들, 그리고 그들이 만들어낸 파괴적인 모습을 보면서 '우리'를 극도로 싫어한 것이다.

니체가 선악을 나누는 것에 대해 싫어하고 선악의 저편으로 가고 싶었던 이유가 무엇일까? 어쩌면 기독교가 선악을 나누면서 기독교가 아닌 집단에 대한 증오와 차별, 심지어 마녀라고 이름 붙이고 화형까지 시키는 모습을 보면서 기독교의 선악을 넘어선 나름의 답을 찾아 떠난 것이다. 그래서 니체는 초인을 추구하지 않았을까? 하지만 안타깝게도 니체는 이미 예수가 선악을 넘어 생명으로 나아가셨는데, 이를 미처 보지 못했던 것으로 보인다. 당시 교회가 선악을 알게 하는 나무와 생명나무가 선악 구분을 거부하고 생명을 선택하는 말씀으로 해석하면서 생명을 추구했다면 니체는 성서에서 그의 철학을 발전시켜 위대한 기독교 철학자가 되지 않았을까 상상해 본다. 그러면 구태여 초인을 부르지 않아도 되었을 것이다. 이미 예수는 이 땅에 오셨고 우리 인간을 자기 친구로 여겨주셨다. 또 예수가 우리 안에, 우리가 예수 안에 있는 존재인데, 니체가 초인을 부를 이유가 어디 있겠는가? 그리스도 안에서 이미 인간은 초인-그리스도의 장성한 분량이 충만한 데까지 이르는 존재, 니체의 용어로 위버멘쉬(Übermensch)를 향해 나아가는 존재-인데, 니체가 이를 알았다면 얼마나 좋았을까?

니체가 말한 '우리' 개념은 미셸 푸코(Paul-Michel Foucault)의 거대담론(세상을 바라보는 큰 틀, 사회를 설명하는 대다수가 믿고 있는 이야기)과 연결 지을 수 있다. 거대담론(巨大談論, meta-narrative)은 너와 나의 이야기를 담은 지역담론과 달리 전체를 포괄하는 이야기다. 푸코의 개념으로 볼 때 니체의 '우리'는 거대담론을 만드는 주체다. 푸코에 따르면 거대담론은 역사적으로 정상과 비정상을 구분하는데, 정상과 비정상의 구분은 폭력으로 작용했다. 즉 거대담론은 세상을 선과 악으로 나누며, '나는 정상이고 너는 비정상이야'라는 논의가 사실 아주 위험한 담론이자 권력이다.

담론이란 현실 세계를 설명하는 지식 일반을 지칭하는데, 예를 들어 '날씬하고 탄탄한 몸매가 아름답고 건강하다'라는 말도 담론이라 할 수 있다. 사람들은 이러한 신체 담론의 영향을 받아 그렇지 않은 사람들은 자기 몸이 추하다는 인식을 갖게 된다. '정신 이상은 귀신 들렸다는 증거다'라는 거대담론이 만들어지면서 정신 이상을 보인 사람들을 모두 종교 시설에 감금해야 한다는 주장은 실제 역사적으로 자주 있었던 담론이다. 이는 엄청난 폭력이다. 이처럼 담론은 그 자체로 권력을 가지며, 담론 권력 아래 사람들은 일방적으로 담론에 종속되는 경향을 보이게 된다.

『광기의 역사』는 미친 사람(비정상)은 어떻게 탄생하게 되는지를 집요하게 파헤친 푸코의 저서다. 그는 미친 사람(비이성)을 정신병원이란 권력 구조를 이용하여 배제하고 감금시키는 과정을 통해 정상(이성)이 존재하게 되었다고 말한다. 비이성은 이성을 전제로 하는데, 다시 말해 정상은 비정상을 규정함으로써만 존재할 수 있다. 그러니 정상적인 사람과 비정상적인 사람의 구분은 무엇이며, 누가 구분하는가? 그리고 정상과 비정상은 담론에 의해 선악으로 규정되기도 한다. 이런 정상-비정상의 구분을 집요하게 개인의 내면에서 관철하려는 것이 바로 체제와 권력이다. "게르만족은 위대하지만, 유대 민족은 열등하다"라는 말 역시 거대담론이다.

담론은 인간의 무의식에 내면화된다. 담론은 그렇게 인식되지 않는 곳에서 인식의 틀을 만들어낸다. 인식의 틀이란 우리가 세계를 인식하는 방식을 가리키는데, 푸코는 이 인식의 틀이 시대마다 지역마다 차이가 있다고 보았다. 거대담론이 인식의 틀을 만들고, 인식의 틀은 우리를 만든다. 푸코의 '거대담론'과 니체의 '우리'가 갖는 힘은 폭력과 통하는 부분이다.

무의식적 틀, 즉 무의식 구조에 눈을 돌린 사람이 지그문트 프로이트(Sigmund Freud)이다. 반복되는 자극이 만들어내는 인식과 감정을 통해서 무의식적 구조가 만들어지는데, 처음에 그는 인간의 제반 행동을 리비도(libido, 성적 본능, 쾌락 본능)와 생존 본능으로 설명하려 했다. 즉 쾌락을 추구하는 리비도와 유기체의 안전을 추구하는 생존 본능으로 인간의 모든 행동과 말을 설명하려고 한 것이다.

생존 본능에서 옳고 그름의 기준은 나의 생존에 득이 되는가, 실이 되는가로 판단된다. 그런데 생존 본능과 쾌락 추구(리비도)가 충돌할 때는 리비도가 억압되고 생존 본능이 우선한다. 프로이트는 쾌락 추구와 생존 욕구 모두 본능적이면서 인간을 이끌어가는 두 축이라고 했다. 리비도를 성적 욕망으로 한정해서 이해한 일부 기독교 학자들은 프로이트를 비판하는데, 리비도는 성적 충동을 의미하기보다 생을 이끌어가게 하는 에너지로 보는 것이 더 적절하겠다. 성적 욕망도 하나님이 주신 은총이지만, 그가 사용한 리비도는 스포츠, 여행, 오락 등을 추구하는 힘도 포함한다. 그런 면에서 리비도-쾌락의 추구-가 없는 인생은 사실 생기 있는 삶을 살기 어려울 것이다. 만약 리비도의 한 부분인 성적 욕망이 없는 섹스리스(sexless)가 증가한다면 어떻게 되겠는가? 생육하고 번성하라는 하나님의 말씀을 실현하는 것도 프로이트의 이론으로 보자면 리비도라 할 수 있다. 성적 욕망과 음욕을 구분해야 하는데, 일부 기독교인들이 이를 구분하지 않고 프로이트를 오해한 면이 있다.

그런데 왜 훗날 프로이트는 자신이 평생 추구했던 리비도와 생존 본능 이론을 수정했을까? 프로이트는 말년에 쾌락을 추구하는 욕구, 즉 리비도와 생존 본능을 하나로 묶어 생의 욕구라고 보았다. 처음에는 이 두 욕구가 대립한다고 보았으나 훗날 삶의 역동으로 묶었다. 이런 변화에는 그가 1차 세계대전을 경험하면서 인간 안에 죽음 욕동(죽음 본능, death-drive)이 있음을 인정하지 않을 수 없었기 때문이다. 삶의 역동과 전혀 다른 본능으로 인간을 파괴하고 죽이는 전쟁을 보면서 자신의 이론에서 인간의 본능을 생의 욕동과 죽음 욕동으로 수정하게 되었다.

이런 프로이트의 생의 욕동과 죽음 욕동 이론을 보면서 선악을 알게 하는 나무와 생명나무 그리고 바울 사도의 고백이 떠오른다.

> 하나님이 그들에게 복을 주시며 하나님이 그들에게 이르시되 생육하고 번성하여 땅에 충만하라, 땅을 정복하라, 바다의 물고기와 하늘의 새와 땅에 움직이는 모든 생물을 다스리라 하시니라 (창 1:28)
> 선악을 알게 하는 나무의 열매는 먹지 말라 네가 먹는 날에는 반드시 죽으리라 하시니라 (창 2:17)

위에 인용한 두 말씀은 인간의 생의 욕동과 죽음 욕동을 설명하는 말씀으로 충분하다. “반드시 죽으리라”는 말씀에도 불구하고 선악을 알게 하는 나무의 열매를 따 먹는 힘, 그래서 시작된 인간의 파괴하고 멸절시키는 힘은 죽음 욕동으로 설명이 가능하다.

> 내 속사람으로는 하나님의 법을 즐거워하되 내 지체 속에서 한 다른 법이 내 마음의 법과 싸워 내 지체 속에 있는 죄의 법으로 나를 사로잡는 것을 보는도다 (롬 7:22~23)

바울 사도 역시 자신 안에 있는 생의 욕동와 죽음 욕동으로 갈등하고 있다. 결국 바울 사도는 선악의 판단을 하지 않으신 예수님의 십자가에서 구원의 길을 찾았다. 생의 욕동과 죽음 욕동이 그리스도 안에서 생명의 경외로 통합되는 것을 본 것이다. 이것이 기독교 신학의 정수라고 할 수 있다.

> 우리 주 예수 그리스도로 말미암아 하나님께 감사하리로다 그런즉 내 자신이 마음으로는 하나님의 법을 육신으로는 죄의 법을 섬기노라 (롬 7:25)

니체는 인간이 죄의식에 사로잡혀 자신을 비하하면서 학대할 것이 아니라 자신의 힘을 건강한 방식으로 드러내고 강화할 것을 요구한다. 모든 자연스러운 욕망을 억압할 것이 아니라 욕망을 수용하고 바르게 표현함으로써 건강한 삶을 누려야 한다고 주장한다. 앞에서 다룬 것처럼 충분히 사랑받는 사람은 성욕이나 지배욕, 승부욕 등이 건강한 가치관이나 비전으로 발전된다. 니체의 주장처럼 성숙한 삶을 살아가게 된다. 니체가 꿈꾸었던 인간상이 이미 성서에 있음에도 그는 보지 못한 듯하다. 그리스도 안에서 참 자유를 얻은 인간의 삶이 있는데, 니체 주변의 교회들이 보여 주지 못한 것 같아서 안타깝다.

기독교가 이 부분을 바르게 해석했다면 니체나 프로이트는 그의 사상을 성서에서 충분히 발전시킬 수 있지 않았을까 하는 아쉬움과 안타까움이 남는다. 선악을 알게 하는 나무, 생명나무 그리고 인간이 되신 메시아 예수를 바르게 알았더라면 니체는 기독교에서 자신의 철학을 전개했을 것이다. 물론 바르게 알았다고 해도 교회가 보여준 모습에 실망했다면 큰 의미가 없을 수 있겠다. 프로이트와 니체처럼 기독교에서 답을 찾지 못한 이들에게 전하고 싶다. 니체와 프로이트에게 말하고 싶다. 선악을 알게 하는 나무와 생명나무에 당신들이 찾던 답이 있다고, 기독교의 핵심은 생명이라고.

6장

가인의 마음에서 아픔을 읽다

인류 최초의 살인 사건

MBC 라디오에서 1974년 4월부터 방송한 인기 수사 드라마인 「법창야화」에서 제1화였던 '강진 갈갈이 사건'은 필자가 기억하는 가장 오래된 살인 사건이다. 당시 마을에 하나밖에 없던 라디오를 듣기 위해 우리 집 안방에 모인 마을 어른들 틈에 끼여 이 사건을 알게 된 어린 나는 엄청난 공포와 충격에 휩싸였다. '사람이 사람을 죽이다니!' 그런데 훗날 알게 된 인류 최초의 살인 사건은 비극적이게도 형제 살인이었기에 다시 한번 충격을 받았다. '형이 동생을 죽이다니!'

가인은 어쩌다가 동생을 죽인 살인자가 되었을까? 가인의 살인 충동은 어디서 온 것일까? 아담과 하와가 물려준 원죄로 인해서 살인을 저질렀을까? 물려받은 원죄로 인해 살인했다면 가인은 억울하지 않겠는가? 아담과 하와의 원죄가 원인이라면 아벨에게도 살인 충동이 있었을까?

가인의 살인 사건을 읽을 때면 영화 「에덴의 동쪽」이 생각난다. 이 영화의 원작은 존 스타인벡(John Steinbeck)이 구약성서의 가인과 아벨을 모델로 쓴 소설인데, 영화에서는 제임스 딘(James Dean)의 반항적인 연기가 돋보였다. 그런데 성서와 달리 모범생인 형과 본바탕은 여리나 난폭하고 반항적인 동생, 형만 사랑하는 아버지라는 세 부자의 갈등을 통해 가족과 사회의 다양한 갈등과 고뇌를 담은 영화다. 그런데 선악으로 대립하는 형제의 이야기는 어느 시대와 지역에서나 흔한 이야기다. 우리네 흥부와 놀부가 그 대표적인 예다.

에덴의 동쪽은 하나님 없는 지대를 말한다. 하나님이 계시지 않는 곳은 하나님을 잊은 채 살고 싶은 땅, 하나님의 시선을 피하고 싶은 땅이라는 말이 더 적절하겠다. 하나님의 눈과 하나님의 뜻을 피해서 자기 혼자 살아보려고 애쓰지만, 갈등과 고통만 있는 곳이 「에덴의 동쪽」이라는 의미로 사용되었다. 동생을 살해한 가인은 여호와 앞을 떠나 에덴 동편 놋 땅으로 갔다. '놋(נוד, Nod)'은 '유랑, 방황'이라는 뜻이다. 하나님을 떠난 에덴의 동쪽은 안전을 보장받을 수 없고 정착할 수 없는 곳, 곧 유랑자의 땅인 것이다.

내가 '가인(이하 카인과 혼용)'이라는 이름을 처음으로 접한 것은 성서가 아니라 황순원의 소설 『카인의 후예』를 통해서였다. 시대의 격변기에 한 마을에서 일어나는 질투, 배반, 증오, 살인을 저지르는 행위는 형제를 죽인 것과 다름없는 사건이었다. '어찌 마을 사람들을 서로 죽일 수 있을까?' 평화로운 산골에서 자란 내게 황순원의 소설은 큰 불안과 아픔뿐만 아니라 인간에 대한 분노와 실망을 남겼다.

그 후 성서에서 가인의 살인 사건을 읽고 놀라움과 의문은 커져만 갔다. 가인과 셋은 누구와 결혼하여 후손을 퍼뜨렸을까? 당시 여자는 하와뿐인데! 하와가 딸을 낳았고, 그 누이와 결혼했다고 한다면 인류는 근친상간의 후손이 아닌가? 아벨은 죽고 없는데, 가인에게 위협이 되는 자는 누구인가? 그러나 성서는 여기에 대해 침묵한다. 국가가 없던 시절 살인에 대한 응징은 살해된 자의 가장 가까운 가족이나 친척들에게 권한이 있었다. 하지만 가인에게 누가 어떻게 죗값을 묻겠는가? 결국 아담과 하와만이 아벨을 죽인 가인을 벌할 수 있다. 그런데 성서에는 이미 아담과 하와 이외에 다른 사람이 있음을 전제하고 있고, 하나님도 그 사실을 알고 있어서 가인을 벌하지 못하도록 표를 주셨다. 이처럼 가인과 아벨 이야기는 많은 질문을 하게 한다.

전통적으로 가인과 아벨 이야기를 다음의 몇 가지로 해석하는데, 나의 의문은 여전히 해소되지 않았다. 첫째로 레위기의 계명을 근거로 가인의 제사에는 피가 없어서 하나님이 받지 않으셨다는 해석이다(레 17:11). 그러나 레위기 2장 1절을 보면 소제(grain offering, 곡식 제물)는 번제(burnt offering, 희생 제물)와 더불어 이스라엘의 제사에 있어 중요한 요소다. 따라서 피의 제사가 없어서 가인의 제물을 받지 않으셨다는 해석은 적절치 않다.

둘째로 하나님의 자유로운 선택이라는 해석이다. 출애굽기 33장 19절의 "나는 은혜를 베풀 자에게 은혜를 베풀고 긍휼히 여길 자에게 긍휼을 베푸느니라"는 말씀을 들어 가인의 제물을 받지 않으신 것은 여호와 하나님의 주권적 선택이니 인간이 불평할 이유가 없다는 해석이다. 옛말에 "얻어먹으러 와도 예쁜 놈이 있고, 싸 들고 와도 미운 놈이 있다"라고 하는데, 하나님이 그러셨을까? "엿장수 맘대로"라는 말만 들어도 화가 나는데 하나님이 당신의 선택으로 제사를 받지 않으셨다면 가인은 억울할 뿐이다. 하나님의 자유로운 선택이라고 쉽게 답하기는 어렵다.

셋째로 아벨은 믿음의 제물을 드렸기 때문이라는 해석이다. 신약성서에 가인은 악한 자였고(요일 3:12, 유 1:11), 아벨은 믿음으로 가인보다 나은 제물을 하나님께 바쳤기 때문이다(히 11:4)라는 해석이 있다. 이 해석이 성서에 있으니 한 가지 해석으로 받아들일 수 있겠다. 그런데 제사법 자체가 레위기에 구체적으로 주어졌다 해도 가인이 제사하던 때는 제사법이 주어지기 전이다. 법이 없으면 잘못도 없고, 처벌도 없어야 한다. 따라서 제사법을 어겨 하나님이 받지 않으신 게 아니라 믿음이 문제였다고 볼 수 있다.

넷째로 아벨의 제물보다 제물을 바치는 자의 삶을 받으셨다는 해석이다. 즉 "야훼께서는 아벨과 그가 바친 예물은 반기시고 카인과 그가 바친 예물은 반기지 않으셨다."(창 4:4~5, 공동번역개정판)라고 제물과 삶을 같이 받으시는 하나님으로 말씀하고 있다. 제물에는 문제가 없으니 제사 드리는 가인의 삶에 문제가 있다고 볼 수 있다.

그런데 정작 나를 혼란케 한 것은 다른 데 있었다. 가인 때에 '여호와'를 부르며 드리는 제사가 있었느냐는 점이다.

> 아벨은 자기도 양의 첫 새끼와 그 기름으로 드렸더니 여호와께서 아벨과 그의 제물은 받으셨으나 (창 4:4)
> 셋도 아들을 낳고 그의 이름을 에노스라 하였으며 그 때에 사람들이 비로소 여호와의 이름을 불렀더라 (창 4:26)

아벨 때에는 여호와라는 신의 이름이 주어지지 않았다는 성서의 증언이다. 또 다른 증거가 있다.

> 내가 아브라함과 이삭과 야곱에게 전능의 하나님으로 나타났으나 나의 이름을 여호와로는 그들에게 알리지 아니하였고 (출 6:3)

믿음의 조상과 족장들도 여호와를 부르며 예배하지 않았다고 증언한다. '야훼(여호와)'라는 이름은 모세 때에 와서야 비로소 히브리들에게 계시되었다. 야훼라는 이름이 주어진 때가 아벨이 제사할 때인가, 에노스 때인가, 모세 때인가? 야훼 하나님의 이름이 주어지기 전에 아벨과 가인은 어떻게 야훼(여호와) 하나님께 제사를 지냈는가?

또 한 가지 의문점은, 성서에서 아벨의 6대 후손인 야발이 가축을 치는 자의 조상이 되었다고 말한다(창 4:20). 그런데 어떻게 아벨이 양 치는 자였는가라는 의문이 생긴다. 성서가 역사적 사실이라고 주장하기 위해서는 이처럼 앞뒤가 맞지 않는 부분을 설명해야 한다. 이러한 성서 내용을 볼 때 가인과 아벨 이야기는 하나님의 뜻을 전하려고 구전으로 내려오던 이야기를 당시 사람들이 사용하는 글쓰기의 형태로 성서에 들어왔다고 보는 것이 더 설득력이 있겠다. 하나님의 영감을 받은 이들이 남긴 형제들의 갈등과 분노가 가인과 아벨 형제의 갈등 이야기로 성서에 담게 되었다는 해석이 설득력 있다.

이렇게 이해한다면 가인과 아벨 이야기는 다양한 하나님의 이야기로 읽을 수 있다. 살펴볼 중요한 단어로는 아벨이 종사한 목축과 가인이 종사한 농사라는 기록이다. 가인으로 대표되는 농업에 종사하는 정착민과 아벨로 대표되는 유목민 사이에 갈등이 있었을 것이다. 히브리들은 비교적 정착이 늦은 유목민으로 약자에 속한다. 이들은 목초지를 따라 이동하며 살았는데, 땅을 소유한 정착민에게 쫓기는 약자일 수밖에 없었다. 반면 가인으로 대표되는 농업 정착민들은 농산물 축적과 안정된 생활 기반으로 사회적 강자였으며, 약자들을 학대하고 착취하여 얻은 풍부한 재물로 신의 환심을 사려는 자들이었다. 이런 갈등은 족장들에게서도 반복되는 이야기다.

다시 말해 고대 사회에서 농부가 목자보다 사회적으로 더 우세한 위치에 놓여 있었다고 할 수 있다. 종교사학자 미르체아 엘리아데(Mircea Eliade)는 아벨은 '양치기,' 가인은 '대장장이'라는 뜻이고 성서의 전통은 유목민을 단순하고 순수한 존재로 이상화했다고 주장한다. 반면에 농경인을 경계해야 할 존재로 낮추면서 농기구를 만드는 대장장이는 불을 다루기 때문에 이상한 마술의 힘을 가지고 있다고 여겨 가인을 살인자로 묘사한다고 보았다. 하나님이 아벨의 제물은 반기시고 가인의 제물을 반기지 않으신 것을 두고 약자와 강자 사이의 사회적 갈등이 있을 때 하나님은 약자의 손을 들어주신다는 의미로 읽을 때 성서의 흐름에 보다 더 적합하다. 하나님은 억압하는 자의 예배를 받지 않으신다. 힘으로 빼앗는 자의 삶과 그가 빼앗은 제물을 받지 않으신다는 뜻이다. 이런 의미에서 세 번째와 네 번째 해석이 개연성이 있다고 할 수 있다. 약자를 보호하시는 하나님의 손길은 성서 전체를 흐르는 주제이기 때문이다.

인간을 억압하는 자나 약자의 재물과 생명을 빼앗는 자들의 제사를 받는 신이 있다면 그 신은 자신의 형상을 따라 인간을 만드신 성서의 하나님은 아닐 것이다. 힘 있는 것이 죄나 악은 아니지만, 가인처럼 힘을 의지해서 살아가는 자는 자신의 삶을 인정해 주시고 복을 주시는 신을 마음에 그리면서 제사 드리는 경우가 허다할 것이다. 그러나 하나님은 그런 자들의 예배를 받지 않으신다. 예수님은 형제에게 원망들을 만한 일이 생각나거든 먼저 화목하라고 말씀하신다. 가인의 이야기를 통해 우리는 약자를 보호하시는 히브리 하나님의 성품을 볼 수 있다.

구조주의로 보는 가인의 살인

상담대학원에 다니는 한 학우는 남자아이 두 자녀가 있는데, 어느 날 아홉 살짜리 큰아들이 동화책을 집어던지면서 다시는 동화책을 읽지 않겠다고 선언했다. "아빠, 왜 동화는 맨날 형이 나쁜 사람이야? 순 거짓말이야!" 큰아들은 동화책에서 형이 나쁘게 그려지는 것을 발견하고 화가 났던 것이다. 통계를 내 본 것은 아니지만, 필자가 알고 있는 전설이나 전래 동화에서는 형이 나쁘게 그려진 경우가 더 많다. 우연의 일치일까? 아니면 형을 나쁘게 그린 이야기만 골라서 읽은 탓일까? 성서의 최초 형제인 가인과 아벨 이야기에서도 형이 나쁜 사람으로 그려진다. 게다가 족장의 장자들, 이스마엘, 에서, 르우벤, 다윗왕의 아들 암논도 부정적으로 그려진다.

보는 이 없는 들에서 동생을 죽인 가인은 단지 아담과 하와로부터 물려받은 원죄 때문에 동생을 죽이고 싶었을까? 그를 원죄의 희생양이라고 말할 수 있는가? 그렇다면 가인은 억울하지 않을까? 죄를 지을 수밖에 없는 살인 충동을 물려받았다면 가인은 꽤 억울할 것이다. 인도의 불가촉천민(不可觸賤民)들은 자신의 비천한 삶을 신의 뜻으로 알고 순응하며 비인간으로 사는데, 하나님은 그런 운명의 신이 아니시다. 그러면 하나님이 가인과 아벨의 제사를 두고 불공정하게 대우한 결과로 가인이 살인자가 되었는가? 원죄인가, 주변 환경인가, 가인의 자신의 죄인가, 하나님의 불공정이 원인인가?

서울 종로에서 구두닦이 통을 들고 뛰어다니며 열심히 돈을 벌어 가족의 생계를 책임지던 진태는 하나밖에 없는 동생 진석의 미래를 위해서 열심히 산다. 그런데 그들의 행복은 한국전쟁이 발발하면서 산산이 부서지고 만다. 군사 훈련도 제대로 받지 못한 두 형제는 같은 부대에 배치되고 낙동강 방어선으로 투입된다. 형은 어떻게 해서든지 무공을 세워 동생을 집으로 돌려보내기 위해 죽음을 무릅쓰고 포화 속으로 뛰어든다. 애국심, 자유에 대한 열망, 민주주의를 지켜내려는 열망보다 오직 동생을 전쟁터에서 살려 보내기 위해 형 진태는 총알이 빗발치는 전방에서 앞장서서 돌격한다.

한국 영화사에서 최초로 천만 관중을 동원한 영화 「태극기 휘날리며」의 내용이다. 그런데 영어 제목에서 '전쟁의 형제애(Brotherhood of War)'라는 부제가 붙은 걸 보면 영화에서의 진태와 진석은 일반적인 형과 동생의 모습이 아닌 듯하다. 주변에서 전해진 이야기나 우리 삶의 현장에서 마주하는 형제는 갈등하는 관계가 보편적이었다. 실례로 필자의 둘째 자녀인 동하는 제 누나가 사용한 적 없는 말을 종종 사용했다. "That's not fair!" 항상 누나 것과 비교해서 자신이 적게 받았다고 투정한다. 누나와 4살 터울인 것은 고려하지 않고 밥 먹는 것, 과자 먹는 것 등등 자주 누나와 비교하면서 적다고 불평이 잦았다.

작가 김영하 씨는 형 진태를 '유사 아버지', 동생 진석을 '유사 아들'이라고 설명했다. 형 진태는 유사 아들인 동생을 살리기 위해 아버지만 줄 수 있는 맹목적 사랑으로 진석을 돌보았다. 윤리와 이데올로기를 뛰어넘는 부성애로 동생을 사랑한 것이다. 그래서 동생을 살리기 위해 무공을 세워야 한다는 생각에 주저하지 않고 총을 쏘았다. 전공을 세우기 위해서라면 악행도 마다하지 않는 형을 보면서 진석은 형에게 '왜 그러느냐'고 따졌다. 진태가 대답한다. "넌 우리 집의 희망이야. 엄니의 꿈이고 전부야. 역에서 엄니와 헤어지면서 백 번 천 번 다짐했어. 무슨 일이 있어도 너만은 살려서 엄니 품에 보낼 거라고." 아버지 없는 집의 큰아들로서 진태는 무의식적으로 아버지 같은 행동을 한다. 이런 진태의 행동을 부모화(Parentification, role reverse) 되었다고 말한다.

진태와 진석의 이야기에는 일반적인 형제의 갈등이 없다. 아버지가 없는 가정의 구조에서 형 진태는 자신도 모르게 유사 아버지가 되었기 때문이다. 이 가정의 구조에서는 형을 유사 아버지로 만들고, 동생을 유사 아들로 취급한다. 가정은 유기체와 같은 생명력을 가지고 있는데, 가정의 구조는 인간의 생각과 정체성을 형성하기 때문에 유사 아버지인 형 진태와 유사 아들인 동생 진석에게는 가정의 구조가 다른 가인과 아벨 같은 형제 갈등이 없다. 오히려 아버지의 맹목적인 사랑과 이에 반항하는 십대 아들만 있을 뿐이다. 가인과 아벨은 진태와 진석의 가정과 구조가 달랐기에 다른 정서를 가졌다. 가인과 아벨을 형과 동생이라는 가족 구조 안에서 살펴볼 때 가인의 살인 충동을 다르게 설명할 수 있을 것이다.

"봄볕에 며느리 내보내고, 가을볕에 딸 내보낸다"라는 속담은 구조의 영향을 잘 보여 준다. 시어머니가 아들 집에 가서 초인종을 눌렀다. 며느리는 나오지 않고 아들이 앞치마를 하고 나왔다. "아니, 네 마누라는 어디 가고 네가 나오냐?" "아내가 몸이 불편해서 쉬라 하고 제가 설거지하고 있습니다." "이런 쓸개 빠진 놈! 내가 고생고생해서 대학까지 보냈는데, 기껏 해서 설거지냐?" 아들 집에는 들어가지도 않고 딸네 집으로 발길을 돌렸다. 초인종을 누르자 사위가 앞치마를 하고 나왔다. "자네 마누라는 어디 가고 자네가 나오는가?" "아, 아내가 몸이 좋지 않다고 해서 누워 있으라 하고 제가 청소하고 있습니다." "암! 그래야지. 부부는 그래야 하는 거야. 우리 딸이 시집 잘 갔다."

한 여인이 시어머니 자리에 있을 때, 며느리 자리에 있을 때, 친정어머니 자리에 있을 때, 시누이와 올케 자리에 있을 때, 딸의 위치에 있을 때 그때마다 그의 인격은 가볍게 분열되어 대부분 다른 정체성을 갖게 된다. 같은 여인인데 시집간 딸이 오면 뭐든지 퍼주고 싶어 하고, 며느리가 가져가면 아까워하는 경우가 많다. 이처럼 어느 구조에 놓여 있느냐에 따라 같은 사람인데 전혀 다른 모습이 될 수 있다. 그렇다면 같은 사람이라도 형의 자리에 있을 때와 동생의 자리에 있을 때 다른 정체성을 갖지 않을까? 즉 구조가 형과 동생의 정체성을 결정하는 데 영향을 미치지 않을까? 구조는 가족, 사회, 국가, 문화를 비롯해 넓게는 문명으로 확대할 수 있다.

우리가 속한 사회적 관계는 우리의 느낌과 생각의 방식에 영향을 준다. 사회 구성원인 인간은 자기 의지대로 자유롭고 주체적으로 살기보다 자신이 속한 가족, 집단, 사회가 허용하는 것만 선택적으로 보거나 느끼거나 생각하는 경향이 있다. 우리가 속한 집단이 무의식적으로 지배하고 있어서 처음부터 사회가 원하지 않는 것들은 보고 듣고 느끼는 것 등은 제한받는다. 이처럼 주체를 구조로 보려는 문화인류학의 한 방법론을 구조주의(structuralism)라고 한다. 개인이 아니라 구조를 주체라고 보는 이론이다.

근대철학은 이성을 가진 인간을 주체로 본다. 그런데 구조주의는 인간의 주체성을 뒤엎고 '언어와 사회 구조'에 의해 정체성을 갖게 되는 존재로 보았다. 구조주의 언어학자인 소쉬르는 무의식을 언어적 무의식이라고 했고, 정신분석학자 라캉은 무의식이 하나의 언어처럼 구조화되어 있다고 했다. 인간이 사용하는 언어 역시 인간을 둘러싼 구조로 본 것이다.

구조주의자들이 주체를 인간이 아닌 구조로 본다는 것은 인간의 정체성을 구성하는 것도 구조로 본다는 의미다. 구조주의는 사회 속 개인들이 자신의 의지와 무관하게 맺게 되는 사회관계들의 구성인 구조에 초점을 맞추어 사회와 인간을 이해하려고 시도한다. 사회 현상은 그러한 구조의 산물이고, 사회 주체들은 구조의 논리에 따라 행동한다고 보는 것이 구조주의적 인식이다. 단순하게 표현하면 사람의 행동을 결정하는 것이 한 개인의 역량이나 속성이 아니라 그를 둘러싸고 있는 사회 구조라는 주장이다.

시어머니라는 이름과 자리, 며느리라는 이름과 자리, 딸이라는 이름과 자리,

시누이라는 이름과 자리가 개인의 도덕성과 삶을 결정하는 데 큰 영향을 미친다는 주장이다. 구조 속에서는 개인의 인격이나 의지 그리고 느낌은 힘을 잃는다. 시월드의 '시' 자 들어간 시금치도 싫다는 말도, 봄볕에 며느리 내보낸다는 말도 모두 구조주의의 산물인 셈이다.

구조주의에는 몇 가지 기본 특징이 있다. 첫째, 구조주의는 인간의 의식, 내면, 주체성, 마음(정신) 등에서 출발하는 것이 아니라 객관적인 삶의 '장(場, field, 구조)'에서 출발한다. 인간을 그가 속한 바깥 구조에서 이해하려고 한다. 둘째, 그 장의 구조를 논할 때 관계가 생각이나 사유를 구성한다고 본다. 예를 들어 장자는 차자 없이는 의미가 없다는 말이며, 며느리와 시어머니는 둘의 관계성 속에서 의미를 갖는다는 뜻이다. 셋째, 이런 법칙성은 표면에 드러나는 것이 아니라 자신도 모르게 이끌려 가는 깊은 곳, 즉 무의식적으로 작용한다고 이해한다. 따라서 구조주의는 '무의식'을 중시하며, 무의식 속으로 파고 들어간다.

가인의 살인 충동은 가인 개인이 아니라 부모와 아벨과의 관계성 속에서 발생하는 것이며, 이러한 사회 구조가 만들어 놓은 무의식에서 발생했다고 볼 수도 있다. 가인이 살인을 결정했던 주체가 아니라 가인이 속한 구조를 주체로 볼 수 있기 때문이다. 그렇다고 해서 가인의 살인이 정당화되는 것은 아니지만, 적어도 가인과 같은 구조 안에 있는 사람들을 더 잘 도울 수 있고 살인도 막을 수 있을 것이다. 역사에 만약은 없다. 하지만 가인이 장남이 아니었다면 다른 결정을 할 수 있지 않을까? 형으로 태어난 것이 죄는 아니지만, 형들은 할 말이 많다. 귀 기울여 들어보면 형들의 눈물이 느껴진다. 다만 놀부는 예외인가?

보수적 형, 급진적 동생

아내는 선도 안 보고 데려간다는 딸 부잣집 셋째다. 연애결혼을 했으니 선을 안 본 것은 맞다. 왜 셋째 딸은 선도 안 보고 데려갈까? 정말 셋째로 태어나면 정서에 미치는 영향이 있을까? 매사추세츠공과대학교의 역사학자인 프랭크 설로웨이(Frank J. Sulloway)는 25년간 가족 내 출생 순서와 성격 사이의 상관관계를 연구하면서 흥미로운 사실을 발견했다.

서구의 현대사에서 정치와 과학 분야의 변혁은 대부분 맏아들이 아닌 아우들에 의해 주도됐음을 밝혀낸 것이다. 그는 1543년부터 1967년까지 400년 넘는 기간에 있었던 28개의 과학 논쟁에 참여한 2,800여 명의 과학자들이 어떤 입장을 취했는지 평가해 줄 것을 100여 명의 과학자들에게 요청했다. 가령 1543년 코페르니쿠스가 죽은 해에 발간된 책을 통해 처음 공개된 그의 지동설을 놓고 1609년까지 진행된 논쟁에서 큰아들로 태어난 과학자들은 22퍼센트만이 지동설을 지지했다. 그런데 아우로 태어난 과학자들은 무려 75퍼센트가 지동설에 찬성한 것으로 분석되었다. 아인슈타인의 상대성 이론을 놓고 20여 년간 진행된 논쟁(1905~1927년)에서는 장남 과학자의 30퍼센트, 동생으로 태어난 과학자의 76퍼센트가 상대성 이론을 받아들였다.

설로웨이 교수는 아우로 태어난 과학자들이 큰아들로 태어난 과학자보다 혁명적인 아이디어를 받아들이는 성향이 평균 3배 정도 강하다는 결론에 도달했다. 뉴턴이나 아인슈타인처럼 큰아들로 태어났어도 혁신적인 이론을 주장한 사례가 없는 것은 아니지만, 대체로 기존의 고정관념을 깨는 급진적 이론에 대한 반대자는 주로 장남 과학자들이었다. 첫째는 동생들보다 보수적이고 현상 유지를 원하면서도 새로운 아이디어를 배격하는 성향이 농후했다. 반면에 동생들은 첫째보다 모험을 즐기고 급진적이면서도 편견이 적은 것으로 나타났다. 물론 설로웨이는 출생 순서만이 지적 수용성에 영향을 미치는 요인이라고 주장하진 않았다. 나이, 성별, 사회적 지위, 학력, 가정환경, 종교, 정치적 입장, 건강 상태, 출생 시 부모의 연령 등 수많은 변수 중에서 출생 순서가 가장 영향력이 크다는 사실을 밝혀낸 것이다.

설로웨이 교수에 따르면 부모의 관심과 지원을 차지하기 위한 형제들 사이의 경쟁에서 유리한 입장인 맏아들이 부모를 닮아 가는 기득권자였음에 비해, 둘째 이후의 자식은 이에 '반역'하는 거역자로 성장할 수밖에 없다고 설명한다. 진화심리학에 따르면 자식이 오래 생존할수록 더 많은 자손을 낳게 되므로 부모의 유전자를 전파할 가능성이 크다. 따라서 부모는 일찍 태어난 아이에게 더 많은 투자를 하려는 경향이 있다. 장남은 부모와 밀접한 관계를 유지하면서 이러한 상황을 이용하고 싶어 하므로 보수적으로 될 수밖에 없다. 그러나 동생은 가정에서 형보다 잃을 게 많지 않기 때문에 변화를 추구하고 모험을 즐기게 된다.

이러한 주장은 아담과 하와의 가족에게도 그대로 적용해 볼 수 있다. 성서 속 차남들은 이런 속성을 잘 보여 준다. 앞에서도 다루었지만, 욕망이라는 관점에서 가인과 아벨을 들여다보자. 히브리서 11장 4절은 동생의 속성을 보여 준다. "믿음으로 아벨은 가인보다 더 나은 제사를 하나님께 드림으로 의로운 자라 하시는 증거를 얻었으니…" 이미 가인이 부모의 관심과 사랑을 받고 있는 상태에서 태어난 아벨은 부모의 사랑과 관심을 빼앗아 와야 하는 위치, 즉 그런 구조 속에서 태어났다. 이런 가족 구조는 아벨로 하여금 사랑받을 만한 행동을 하도록 이끌었을 가능성이 있다. 부모의 사랑을 받기 위해 입안의 혀처럼 행동하는 자녀들이 그렇다.

가인이 아담과 하와에게 죄의 속성을 물려받았을지라도 정서적으로 다른 환경에서 자랐다면 살인자가 되지 않았을 수 있겠다는 반증이 아닐까? 아담과 하와가 어떤 부모였는지 성서에 구체적으로 나와 있지는 않다. 하지만 형이 동생을 죽일 만큼 아담과 하와의 가정이 분노를 일으켰다는 데 대해서는 피할 수 없다. 어쩌면 그런 가정의 모형이라 할 수 있다. 더 주목할 것은 출생 순서이다. 심리학자 아들러는 형제 관계에서 첫째 아이를 '폐위된 왕'에 비유했다. 만약 가인이 아벨의 동생으로 태어났다면 전혀 다른 상황이 발생했을 수도 있을 것이다.

어느 주일 친교 시간에 세 살 터울 남동생을 둔 여섯 살짜리 여자아이가 엄마 곁에서 엄마는 동생만 예뻐한다고 항의(?)했다. 엄마가 아니라고 하면서 "너도 사랑한다"라고 하자 아이는 자신이 틀리지 않았다는 증거를 제시했다. "반찬 집 아주머니도, 식당에서 만난 할머니도 동생만 예쁘다고 했어!" 엄마가 "동생은 어리니까 어른들이 예뻐하는 것"이라고 말하자 아이가 가느다란 한숨을 쉬며 말했다. "나이가 내 인기를 낮추는구나." 그날은 아빠와 남동생이 감기로 인해 교회에 오지 않았기에 엄마 곁은 자기 차지였다.

바로 옆에서 밥을 먹던 여섯 살 아이가 엄마에게 밥을 먹여달라고 했다. 즉 퇴행이다. 그러자 곁에서 밥을 먹고 있던 일곱 살짜리 여자아이가 엄마 품에 안기면서 씩 웃었다. 자기 마음을 그 아이가 대신 표현해 주었다는 듯이 만족한 표정이었다. 이런 서러움은 둘째에겐 없는 아픔인데, 또 우리가 살아가는 현실(context)이기도 하다. 출생 순서, 즉 관계는 첫째들의 감정을 터치하여 움직이게 하는 힘이다. 이 관계가 아프게도 하고, 슬프게도 하고, 행복하게도 만든다. 그래서 대상관계 상담에서는 관계가 아프게 하면서도 관계가 치유한다고 말한다. 관계가 만든 아픔을 관계가 치유하는 것이다.

가인과 아벨의 갈등 관계는 에서와 야곱에게서 재현된다. 에서와 야곱은 엄마

뱃속에서부터 싸웠고, 태어날 때도 서로 먼저 나오려고 다투었다. 경쟁에서 이겨 먼저 태어난 에서는 장자로서의 특권을 가지고 태어났다. 먼저 태어나고 싶었는지 형의 발목을 잡고 태어난 야곱은 늘 형의 장자권을 부러워한다. 결국 들에서 돌아와 배고픈 형에게 장자권을 팔라고 거래한다. 에서는 태어나면서부터 주어진 장자권을 가볍게 생각하여 죽을 받고 동생에게 팔아 버렸다(창 25:34). 훗날 야곱이 아버지 이삭을 속여 장자의 축복을 받은 것을 뒤늦게 안 에서가 동생을 죽이려 하자 야곱은 외가로 도망쳤다.

어머니 리브가가 에서의 분노를 알고 야곱을 도와주어 재빨리 도망치지 않았다면 큰 사달이 날 만큼 분위기가 험악했다. 신학대학교를 다닐 때 은사이자 언더우드 선교사의 손자인 원요한(J. T. Underwood) 교수는 쌍둥이 형인 원일한(H. G. Underwood) 장로를 '1분 형'이라고 불렀다. 1분 먼저 태어났어도 형은 형이다. 원요한 교수로서는 조금 억울했을 것이고, 어느 누구보다 야곱의 마음을 잘 이해하지 않았을까?

환경과 출생 순서가 형제들의 생각과 행동에 미치는 영향은 상당하다. 인간은 탄생과 함께 가족이라는 구조 속으로 던져지는데, 자신의 의지와 상관없이 혈연으로 맺어진 가장 강력한 가족 구조에 편입된다. 즉 가족에서부터 생을 시작하는 것이다. 그래서 가족은 인간의 정체성을 결정하는 최초이자 가장 중요한 구조다. 다시 말해 아담과 하와 가족이 가인에게 미쳤던 영향도 간과할 수 없다.

인간의 행동은 선천적으로 유전자(본성)나 내적 요인에 의해 결정되는지, 아니면 환경(양육)에 의해 후천적 경험으로 결정되는지 성서에서 문제에 대한 답을 찾아볼 필요가 있다. 성서 인물 역시 환경의 영향 아래 있었기 때문이다. 행동주의(behaviorism) 심리학에서는 '인간의 마음이나 그와 관련된 개념'을 심리학에서 축출하고, 외적으로 일어나는 자극과 반응의 연합 양상만 관찰하여 조건형성(conditioning) 등의 원리에 의해 행동을 설명하려고 했다. 오직 환경이 인간을 만든다고 보았다.

초창기 '본성 대 양육(nature versus nurture)' 논쟁을 주도한 인물은 철학자들이었다. 영국의 경험주의 철학자인 존 로크(John Locke)는 사람의 마음을 '빈 서판(blank slate)'에 비유했다. 그는 인간의 마음이 아무 개념도 담겨 있지 않은 흰 종이와 같으며, 그 내용은 오로지 경험에 의해 채워진다고 주장했다. 빈 서판은 본성을 부정하고 양육을 옹호하는 개념인 셈이다. 한편 프랑스의 장 자크 루소(Jean Jacques Rousseau)와 독일의 이마누엘 칸트(Immanuel Kant)는 영국의 경험론자들과 달리 인간은 본성을 타고 난다고 주장했다.

인지심리학 및 언어심리학의 권위자인 스티븐 핑커(Steven Pinker)는 그의 책 『빈 서판: 인간은 본성을 타고나는가』에서 이 문제와 씨름했다. 그는 타고난 본성의 손을 들어주면서 빈 서판은 없다고 강조했다. 그리고 양육 위주의 사고방식이 가진 위험성과 함께 인간의 정신은 타고난 본성에 의해서도 많이 좌우된다는 것을 지적했다. 본성 대 양육 논쟁은 현재 진행형으로 계속되고 있지만, 가인을 구조에서 이해하면 조금 다르게 다가온다. 현진권의 소설 『술 권하는 사회』가 생각난다. 식민지 시대, 억압과 굴종의 시절에 어찌 술을 마시지 않을 수 있는가? 물론 술을 마시지 않은 이들도 많았지만, 어떤 형태로든 영향을 받긴 받는다.

가족은 유전자를 물려줄 뿐만 아니라 구성원 서로의 인격 형성에 큰 영향을 끼친다. 부모에게서 물려받은 기질, 성 정체성, 환경, 사회적 조건, 집단 무의식 등 인간의 힘으로 어쩔 수 없는 상황이 어우러져 가족은 서로에게 영향을 끼친다. 이처럼 인간은 많은 굴레 속에서 살아간다. 만약 가인이 동생으로 태어났다면 최초 살인자라는 오명에서 벗어날 수 있지 않았을까? 동생을 죽이고 제정신이 들었을 때 가인은 형으로 태어난 것을 슬퍼했을 것이다. "어머니, 왜 절 먼저 낳으셨나요?" 첫째들이여, "형만 한 아우 없다"라는 속담도 있으니 힘을 내자!

내가 동생을 돌보는 자입니까?

아이는 태중에서 정서적·육체적으로 엄마와 한 덩어리다. 또 출산을 통해 엄마로부터 육체적으로 단번에 분리되지만, 정서적으로는 천천히 분리된다. 가족은 구성 단계(자연 상태)에서는 서로 감정적으로 얽혀(분화되어 있지 않음) 있다. 아이는 자신의 독립된 세계(분화)를 찾아가는 데 시간과 노력이 필요하다. 자아분화(differentiation of self)는 정신의학과 교수인 머레이 보웬(Murray Bowen)의 핵심 개념으로, 개인이 타인이 아닌 자신만의 방식에 따라 살아가는 것을 배우는 과정을 설명한 이론이다. 정신 내적으로는 사고와 감정을 분리할 수 있는 능력을 의미하며, 대인 관계적 측면에서는 자신과 타인을 분리할 수 있는 능력 정도를 말한다. 이에 대해 자료가 부족한 가인을 이해하기 위해 자료가 비교적 많은 족장 가족들을 살펴보자.

아이가 정서적으로 성장한다는 의미는 가족의 정서/감정 덩어리로부터 자신을 구분해내는 과정이자 점차 경계를 분명히 하는 과정인데, 이를 분화(differentiation)라고 부른다. 본래 하나였기에 어머니/가족과 연합하려는 힘과 태어났기에 자기로 살아가려는 힘이 줄다리기하게 된다. 즉 아이가 성장한다는 것은 정서적 개인 독립과 같다. 아이의 인지 능력이 발달하면서 엄마와 자신이 다른 인격체라는 것을 인지하고 엄마와 다르게 성장하려고 한다. 따라서 분화란 감정으로 얽혀진 환경 속에서 얼마만큼 자신의 인지적 능력을 사용할 수 있는가를 나타내는 개념이다. 이처럼 자아 분화란 개인이 사고와 정서를 분리시킬 수 있는 능력 및 정서적 성숙과 그가 태어난 가정으로부터 독립된(개별화된) 정도를 말한다.

가족 내에서 개인의 분화는 두 가지 요인에 의해 영향을 받는다. 첫째, 부모는 얼마나 그들의 원가족(결혼하기 전 가정)으로부터 정서적으로 분리되었는가? 둘째, 가족 안에서 개인이 차지하는 위치와 부모나 형제자매들과 어떤 관계를 맺고 있는가? 부모로부터의 분화 정도가 가인의 사고와 정서에 커다란 영향을 끼칠 수밖에 없다. 동생을 죽인 가인의 행동은 형이 가지는 역동적인 감정과 사고를 분리하지 못해 발생한 비극으로 볼 수 있다. 이는 감정이 사고를 지배한 것이다.

모든 인간은 자기의 주어진 능력과 힘을 발휘하려는 욕구를 지니고 있다. 그런데 이러한 욕구가 자연스럽게 펼쳐지지 못하면 왜곡된 모습으로 타인을 조종하려고 하거나 자기 패배적인 방법으로 표현된다. 무엇보다 이런 지배 욕망이 가장 적나라하게 분출되는 곳이 가정이다. 가정에서 처음으로 욕구(need)가 요구(want)로 표현되고, 요구에 대한 가족의 반응을 경험하면서 욕망(desire)이 잘 드러나게 된다. 욕구가 좌절되면 부정적 감정이 쌓여 분화에 장애를 받고 역기능적으로 분화되기도 하고, 분화가 덜 일어나기도 한다.

반면에 욕구가 충족되면 긍정적 감정이 쌓이면서 분화가 잘 일어나고 정서적 독립이 쉬워진다. 분화의 측면에서 가인을 살펴볼 순 있지만, 성서의 자료가 부족하기에 어디까지나 추론일 뿐이다. 또 특수를 일반화하는 오류를 범할 수도 있다. 그럼에도 우리 가정에서 이런 비극이 되풀이되는 것은 현실이고, 이런 비극을 막기 위해 애써야 하지 않겠는가?

아브라함의 아내 사라는 자신이 아들을 낳지 못하자 몸종 하갈을 남편에게 그 한을 풀려고 했다. 그래서 아브라함을 설득하여 몸종 하갈을 남편 침실로 들이는 비정한 행동을 했다. 또한 자기 아들 이삭이 태어나자 비정하게 남편을 닦달하여 하갈과 이스마엘을 쫓아냈다. 사라는 가부장제 가치관을 내면화하여 다른 여인을 남편 품에 안기지만, 사라도 사랑받고 싶은 여인이기에 하갈에 대한 질투 때문에 두 여인의 관계는 나빠질 수밖에 없었다. 사라는 늦게 얻은 이삭에게 과도하게 집착했을 것이고, 따라서 이삭은 어머니 사라로 인하여 분화 정도가 낮았을 가능성이 있다. 그래서인지 성서에서 이삭은 수동적인 사람으로 묘사되고 있다.

사라는 이삭이 장자로서 복을 누리도록 이스마엘을 내쫓고 그 자리를 빼앗아 이삭에게 주었다. 이삭은 어머니가 자신을 대신해 이스마엘을 내쫓아 주었으므로 둘째들이 갖게 되는 야망이 필요 없었던 것으로 보인다. 사라도 삶의 가치를 아들 이삭에게 두게 되면서 사라와 이삭은 '내가 곧 너이고, 네가 곧 나인 관계', 즉 공생, 용해, 밀착 관계를 형성했을 것이다. 이런 관계가 심각해지면 자녀는 경계선 인격 장애(borderline personality disorder)나 정체감 상실(foreclosure) 등 다양한 정서적 문제를 갖게 된다. 가족의 밀착 관계를 조사해 보면 부모가 자신의 좌절된 꿈이나 이상을 자녀에게 걸 경우 자녀의 분화 정도가 낮은 경우가 종종 발견된다.

게다가 사라는 한 성질 했을 것 같다. 아브라함과 사라처럼 갈등 관계가 있는 부모 밑에서 자라면 자녀들은 자아 정체감의 혼돈, 부부 관계에 대한 회의, 부모 역할에 대한 자신감 결여 등이 일어날 수 있다. 이삭의 아내 리브가는 어머니 사라를 대치한 것처럼 보인다. 성서에서는 어머니 사라와 비슷하게 자기주장이 분명한 리브가와 만난 이삭은 어머니에 대한 공허한 마음을 위로받았다고 말하고 있다(창 24:67). 즉 이삭은 어머니 대신 리브가와 의존적 부부 관계를 형성한 것처럼 보이며, 아브라함과 사라의 관계는 이삭과 리브가에게서 반복된다.

이삭은 장남 에서에게 장자권을 물려주려고 했으나 사라처럼 리브가가 방해한다. 이삭과 리브가에 대한 부부 관계 이야기가 성서에 많지 않지만, 리브가 역시 사라처럼 작은아들 야곱과 밀착 관계였던 것으로 보인다. 장남 에서와 달리 야곱은 조용한 성격의 소유자였지만, 꾀를 부려서라도 얻고자 하는 것을 손에 넣으려 했다. 자아 분화 정도가 낮은 이삭은 자신이 갖지 못한 야성적인 성격의

에서를 좋아했고, 리브가는 자기주장이 강한 자신과 달리 치마꼬리를 잡고 다니던 야곱을 좋아했다.

한편 에서는 태어나면서부터 장자권을 가지고 태어났다. 당연히 특별한 노력 없이 주어진 장자권이라 귀한 줄 몰랐다. 에서는 장자권을 얻거나 아버지의 사랑을 받기 위해 특별히 애쓸 필요가 없었다. 하지만 야곱은 달랐다. 어떻게 해서든지 형의 것을 빼앗으려고 계속 노력했다. 태어났을 때부터 형이 가지고 있던 기득권을 빼앗아야 했고, 그래서 꾀를 내고 속임수를 쓰면서 모험했다. 형 에서에게 죽으로 장자권을 사기도 하고, 이삭의 축복을 받기 위해 어머니와 공모하여 아버지를 속이기도 했다. 형의 미움을 받아 삼촌 라반의 집으로 도피했을 때도 사랑하는 라헬을 얻고 꿈을 이루기 위해 14년의 머슴살이도 마다하지 않았다. 천사와 씨름하면서도 축복해 달라고 간청했다. 이처럼 야곱은 전형적인 둘째의 모습을 보이면서 형의 미움을 받았다.

이런 비극은 야곱의 아들들에게서 반복되었다. 큰아들 르우벤이 자신의 첩 빌하와 통간한 사실을 아버지 야곱이 알게 되고, 결국 르우벤은 장자의 복을 잃게 되었다(창 49:3-4). 그러면 르우벤은 왜 아버지의 첩을 범했을까? 그의 본성이 악해서일까? 르우벤의 어머니 레아는 그녀의 아버지 라반이 라헬을 달라고 하는 야곱을 속여 덤으로 야곱에게 준 비운의 여인이다. 레아는 동생 라헬에 비해 예쁘지 않았고, 라헬로 인해 마음고생도 심했다. 동생에게 빼앗긴 남편의 사랑 때문에 고통을 받았고, 동생 라헬과 아들 낳기 경쟁까지 했다. 그런데 라헬이 죽은 뒤 동생이 남편에게 준 몸종 빌하가 남게 되었다. 르우벤은 어머니에게 고통을 주었던 라헬에게 되갚아 주고 싶었지만, 어머니의 친동생이라 실천에 옮기지 못했다. 그리고 라헬의 몸종에서 이제는 아버지의 첩이 된 빌하를 대신 욕보임으로써 어머니의 마음을 위로하려고 했으리라는 추론이 가능하다.

르우벤 역시 어머니 레아와 밀착 관계에 놓였던 것으로 보인다. 레아는 여러

면에서 열등감을 가지고 있었던 데다 남편에게마저 거부당하고 사랑받지 못하는 한을 자식의 사랑을 통해 풀려고 했을 것이다. "르우벤, 엄마는 너 때문에 산다. 알지?" 이렇게 되면 르우벤은 사랑받아야만 할 아들인데 오히려 어머니를 위로하고 사랑해 주어야 할 위치에 놓이게 된다. 그러면서 레아는 르우벤에게 집착했을 가능성도 배제할 수 없다. 부모가 없는 가정에서 자란 자녀는 어린 동생들을 돌보고 보호하는 부모 역할을 해야 하는 경우가 많다. 이런 경우에는 부모와 자녀의 세대 간 경계선이 불분명해진다. 결국 르우벤은 부모 세대인 아버지의 첩인 빌하와 통간했다. 부모와 자식의 경계가 불분명해졌고, 결국 경계가 무너졌다.

부모가 감정에 따라 아이들을 대한다면 아이들도 자신의 감정을 조절하지 못하고 다른 사람에게 충동적으로 대하는 경우가 있다. 편애는 자녀에게 해를 끼치는데, 이런 부모의 편애에는 부부 갈등이 원인인 경우가 대부분이다. 아브라함과 사라, 이삭과 리브가, 야곱과 레아의 불편한 관계 아래에서는 형제간의 갈등을 피할 수 없다. 편애는 부모의 갈등의 산물일 뿐 아니라 아이를 자기의 연장으로 보면서 실제로는 자기 자신을 사랑하는 일종의 애정결핍증으로 인한 마음의 병이다. 아내를 그 여자라고, 서로 너 때문이라고 비난하던 아담과 하와는 가인과 아벨을 어떻게 대했을까? 가인이 하나님께 항변했던 말은 결국 그의 부모 아담과 하와에게 하고 싶었던 말이었을 것이다. "내가 동생을 돌보는 자입니까?" 이 한마디가 아담과 하와의 가족 관계를 말해 준다. 형들의 아픔이 묻어 있는 말이다.

아담과 하와 가족의 심리적 역동

자신이 좋은 부모인지 어떻게 알 수 있을까? 부부가 행복하면 좋은 부모라 여겨도 될 것이다. 서로 사랑하는 부부라면 그 사랑이 자연스럽게 자녀에게 흐른다. 그런데 부모로부터 인정받지 못했거나, 부모에게 지나치게 통제당했거나, 부모가 과보호 또는 방임했거나, 부모가 학대할 때 자녀의 자존감은 낮아진다. 또 외부 환경이 지나치게 열악하거나, 심각한 사고를 당한 후 그 충격을 다루지 않았거나, 신체적으로 장애가 있는 경우에 자존감은 짓눌릴 수 있다. 이처럼 외부 환경으로 인해 자존감이 짓눌린 사람은 배우자가 자기의 낮은 자존감을 회복시켜 줄 것이라 기대하며 결혼하지만, 오히려 아버지의 아픔이나 부족함을 배우자에게 투사할 가능성이 크다. 그리고 자기가 투사한 것을 배우자에게 있다고 하면서 배우자를 비난한다. 결국 두 사람은 갈등하거나 소원해져서 친밀한 관계를 형성하지 못하게 되고, 부부 싸움을 하거나 자녀에게 갈등이 흐르게 한다.

자존감이 낮은 사람은 배우자가 채워 주지 못하는 친밀감을 자식을 통해 얻으려 하거나, 부정적 감정을 자녀에게 퍼붓거나, 자기 문제에 휩싸여 자녀에게 따스한 관심을 주지 못한다. 결국 부부의 불안정한 관계 때문에 긴장감과 불안이 자녀에게 옮겨간다. 그러면 자녀는 자신뿐만 아니라 삶 자체를 불안하게 여기게 된다. 나아가 불안감에서 도피하려고 하거나 외부의 것을 통제함으로써 불안을 감소시키려고 시도하게 된다.

부모 사이의 긴장이 만성적인 집안에서 자란 자녀는 지속적으로 외부, 특히 부모에게 관심을 쏟는 것에 익숙해져서 자기 내면보다는 외부에서 욕구 충족을 찾거나 타인을 통제함으로써 불안을 회피하고자 한다. 자신의 불안감을 해소하기 위해 무의식적으로 배우자나 자녀를 욕구 충족의 대상으로 삼게 되고, 그 욕구를 충족시킬 수 있는 방향으로 상대방을 통제하려고 한다. 결국 심리적으로 건강하지 못한 부부는 원가족에서 해결되지 않은 감정 양식을 자신의 부부 관계, 자녀와의 관계에 무의식적으로 옮겨 붙인다. 원가족 부모와의 문제나 부부의 문제를 자녀에게 투사, 전이 등의 방어기제가 작용하여 물려준다.

가인과 아벨은 같은 부모 밑에서 자랐지만, 전혀 다른 구조 속에 놓였다. 가인은 맏아들로 태어나서 장자가 누릴 복과 사랑을 혼자서 듬뿍 받았다. 그렇기에 가인으로서는 부모에게 받아 왔던 복을 아벨에게 나눠주어야 하니 미웠을 것이다. 이것은 자연스러운 일로 비난받거나 죄로 규정지을 일은 아니다. 반면 아벨은 먼저 부모의 사랑을 받고 있던 가인에게서 사랑을 빼앗아 와야 하는 위치에 있다. 그래서 아벨은 부모에게 더 잘 보이기 위해 애교를 부리는 것이 자연스럽다. 그래서 아벨로 대표되는 자녀가 제사를 드릴 때도 하나님의 사랑을 받기 위해 더 나은 제사를 드리는 것은 어쩌면 당연하지 않은가? 하나님의 일방적 선택으로 아벨의 제사만 받으신 것이 차별이 원인이 아니라 가족의 심리적 역동의 문제로 이해하는 것이 자연스럽다.

사람은 각자만의 고유성을 가지고 태어나는데, 이것이 기질이다. 좀 더 깊고 본질적인 의미로 자기라고 해도 될 것이다. 그런데 태어나는 순간 가족의 전통과 굴레 속으로 들어가게 된다. 학자들은 아이들이 0세부터 5, 6세까지 삶의 양식을 형성하는데, 그것이 부모에 의해 형성된다고 본다. 아이들은 선택의 여지 없이 그 가족의 심리적 역동 속에서 살아간다는 것이다. 가족의 심리적 역동은 아이들이 저항할 수 없는 힘으로 심리적으로 얽어맨다. 일종의 무의식으로 인식하지 못한 상태에서 매고 매이는 것이다.

좀 더 근원적으로 살펴보면 집단 무의식까지 더해져 아이는 저항하기 힘들다. 어쩌면 이것이 성서에서 말하는 원죄가 아닐까 하는 생각도 든다. “이제는 그것을 행하는 자가 내가 아니요 내 속에 거하는 죄니라”(롬 7:17) 바울 사도의 고백처럼 여기에서 말하는 죄는 일종의 집단 무의식과 가족의 심리적 역동이 물려준 저항할 수 없는 역기능적 힘이라 해도 크게 틀리지 않을 것이다.

가인과 아벨 이야기는 이삭과 이스마엘, 야곱과 에서, 르우벤과 요셉과 같은 가족의 심리적 갈등 속에서 발생한다. 장자의 갈등과 고뇌의 무의식적 반영이 가인과 아벨 이야기로 나타났다고 볼 수 있다. 아담과 하와의 범죄는 하나님이 정하신 법칙에 따라 원죄가 되어 가인이 불가항력적으로 죄를 지을 수밖에 없었다면 가인이 죄를 짓도록 하나님이 정하셨으니 가인에게는 책임이 없다. 하나님이 정하신 법칙으로 부모의 죄가 자녀에게 필연적으로 주어졌는데, 어떻게 가인에게 죗값을 물을 수 있겠는가? 가인은 억울하다. 그런데 아벨도 원죄에서 자유롭지 않았는데, 다른 삶을 살았다. 뭔가 다른 게 있다.

아버지가 신포도를 먹어 아들의 이가 시다면 이가 신 것은 아들의 책임이 아니다(겔 18:2). 원죄를 신이 결정한 일이라고 정의한다면 죄에 저항하는 인간의 힘은 무력하다. 신이 정한 법칙과 싸워 이기겠는가? 그러나 가인의 죄를 가정의 심리적 역동의 문제로 본다면 인간에게 희망이 남아 있다. 맹자의 어머니처럼 이사를 가서 맹자가 속한 사회적 역동, 심리적 역동을 다르게 한다면 인간은 좀 더 정서적으로 건강해질 여지가 있다.

원죄와 구원의 문제에 대해서는 신학자의 몫으로 돌리고 가족의 심리적 관계 속에서 가인의 죄를 이해해 보자. 그러면 장남이 갖는 아픔을 덜어줄 수 있는 길이 열릴 수 있다. 상담을 통해서, 그리고 교육을 통해서 폭력성을 줄일 수 있다. 그러나 원죄라고 한다면 가인의 폭력성은 어쩔 수 없이 당해야 하지 않겠는가? 그렇다고 가인의 죄가 정당화될 순 없지만, 장자를 둘러싸고 있는 악의 고리를 끊을 수 있는 여지가 있다. 물론 인류가 갖고 있는 심층 구조(deep structure)는 쉽사리 변하지 않는 인류 문화의 뿌리다. 그러나 가족의 심리적 역동은 '원죄'라는 신학적 명제보다 실체를 파악하기 쉽고 그 영향을 바로 확인할 수 있다. 인간관계에서 완벽히 건강한 심리적 역동을 만들 수 없으니 피조물인 인류가 온전히 죄에서 벗어날 수는 없어 신학적 용어로 원죄라 할 수 있겠다.

소설 「에덴의 동쪽」에서는 동생 칼이 아버지의 친구를 만나서 엄마와 아버지의 관계를 질문하는 장면이 있다. 아버지는 농부이고, 어머니는 아버지를 견디지 못해 집을 나가 도박을 겸한 바를 운영하는 마담이 되어 화려한 생활을 했다. 아버지의 친구로부터 어머니가 바의 주인이란 걸 확인한 칼은 중얼거린다. '그럴 줄 알았어요.' '사실일 줄 알았어요.' 어떻게 사실인 줄 알았느냐는 아버지 친구의 질문에 칼이 대답한다. "내가 나쁜 건 이유가 있는 줄 알았어요." 소문으로만 듣던 어머니의 좋지 않은 삶을 확인하는 순간 자기가 어머니의 그런 모습을 닮았다고 생각한 것이다.

이 소설에서는 성서와 달리 장자와 차자가 바뀌어 나오는데, 존 스타인벡이 장남이어서 그렇게 설정한 것인지 모르겠다. 그러나 소설 마지막에서 칼은 끝내 자기 방식의 사랑을 거부하는 아버지를 떠나기로 결심한다. 그러나 형의 여자 친구 에이브라의 부탁으로 아버지를 마지막으로 만나게 된다.

그때 뇌졸중으로 쓰러진 아버지가 칼에게 자신을 지켜달라고 부탁한다. 칼은 처음으로 '아버지의 부탁'을 받고 떠나려던 생각을 바꾸게 된다. 아버지를 수용한 것이며, 용서의 시작을 선택한 것이다. 어머니는 에덴의 동쪽으로 떠났지만, 엄마를 빼닮은 칼은 에덴의 동쪽으로 떠나려는 계획을 바꾸고 아버지 집에 남기로 한다. 즉 역기능적인 가족의 굴레에서 벗어나기로 결심하게 된다. 에덴의 동쪽으로 갈 수밖에 없는 마음의 작용을 박차고 나와서 마침내 심리적 역동을 벗어나기 시작한 것이다.

한 사람을 이해할 때는 부모와의 관계뿐만 아니라 사회·문화적 배경을 고려해야 한다. 어떤 사람이 심리적인 문제를 경험할 때 그것이 자신의 개인적인 결함 때문이 아니라 병리적인 가족이나 가족 관계 때문에 생기는 문제로 보는 것이 적절하다. 결국 이러한 맥락에서 우리는 개인의 죄를 넘어 가족 관계로 나아가야 할 이유가 있다.

인간이 살아가는 세상은 에덴동산처럼 심히 보기 좋고 격리된 공간이 아니다. 인간은 완전하지 못하기 때문에 가족도, 사회도 건강하지 않은 심리적 역동을 갖고 있다. 그러나 이러한 심리적 역동이 아이들의 정체성까지 기계적으로 통제하는 것은 아니다. 역기능 가족의 자녀라고 해서 반드시 문제 자녀가 되는 건 아니기 때문이다. 건강한 친구, 이웃, 선생님, 교회 등 따스함이 개입하게 되면 어려움을 딛고 바르게 성장할 수 있다. 오히려 자기의 문제를 극복하고 자신에게 집중되던 에너지를 고통받는 이웃에게로 넓혀 가는 경우도 얼마든지 있다.

> 너희가 이스라엘 땅에 관한 속담에 이르기를 아버지가 신 포도를 먹었으므로 그의 아들의 이가 시다고 함은 어찌 됨이냐 주 여호와의 말씀이니라 내가 나의 삶을 두고 맹세하노니 너희가 이스라엘 가운데에서 다시는 이 속담을 쓰지 못하게 되리라 (겔 18:2~3)

성서는 아이들이 아버지의 영향을 받을 수 있지만, 하나님의 말씀 안에서 이 고리를 끊을 수 있다고 이야기한다. 대물림되는 심리적 역동을 극복하기란 쉽지 않지만, 하나님이 멈추게 하시겠다고 맹세까지 하셨으니 희망을 품어본다. 모세는 잉태되는 순간부터 어머니의 극심한 불안을 경험할 수밖에 없었다. 사내아이면 죽임을 당해야 하는데 사내아이로 태어났기 때문이다. 철저하게 없는 아이로 취급을 받을 수밖에 없었다. 그런 이유로 모세는 분리 불안과 유기 불안을 경험해야만 했다. 보웬 이론(Bowen Theory)으로 불안정 애착(Insecure Attachment)을 경험할 수밖에 없었고, 코헛의 이론으로 안정적인 자기대상을 가질 수 없었다. 그것이 공격성으로 나타나 애굽 관리를 죽였고, 시내산에서 만난 하나님 앞에서는 못한다, 못 간다 하면서 낮은 자존감으로 드러났다. 그럼에도 하나님은 모세에게 지팡이를 들려주시며 함께하심을 확신시켜 주셨다. 모세의 자기대상이 수정된 것이다. 하나님의 말씀은 이렇게 역기능적인 심리적 역동을 희망으로 변화시킨다. 그래서 복음이다.

가인의 마음속 미해결 감정

인간은 잉태되는 순간 관계 속으로 들어가고, 관계는 정서적 만남을 의미한다. 인류 최초의 관계인 아담과 하나님의 관계는 선악을 알게 하는 나무의 열매를 따 먹은 후 불편한 관계가 되었다. 아담과 하와도 불편한 관계가 되었다. 가인이 동생을 죽인 사건 이후 가인과 하나님의 만남은 불편한 관계가 되었다. "네 아우 아벨이 어디 있느냐"라는 하나님의 질문에 가인이 불쾌하다는 듯 하나님께 툭 쏘아붙였다. "내가 알지 못하나이다 내가 내 아우를 지키는 자니이까" 하나님도 황당하셨을 것 같다. 가인의 불쾌함의 원인은 어디에 있었을까?

인간이 살아가면서 보고 듣고 느끼는 모든 것이 경험이다. 그리고 한 경험이 끝나면 그 사건은 우리 기억과 마음에서 정리가 되어야 한다. 그런데 속상한 일, 부끄러운 일, 억울한 일 등 제대로 처리되지 않은 사건은 우리 마음에 미해결된 사건으로 저장된다. 마치 큰 사건이 일어났는데 범인을 잡지 못하면 미해결 사건으로 처리되는 것과 같다.

아이가 친구와 놀다가 다투고 집으로 돌아와 엄마에게 속상한 마음을 이야기했다. 엄마가 잘 들어주고 공감해 주면 아이의 속상한 감정은 누그러져 친구와의 갈등이 마음 깊은 곳에 저장되지 않는다. 엄마가 다독여 주게 되면 이제 아이는 다른 이야기를 하거나 친구들과 놀려고 밖으로 나갈 수 있다. 그런데 엄마가 공감 대신에 야단치고 훈계했다. "네가 뭔가 잘못했으니 친구가 그러지. 괜히 그러겠어?" "내가 뭐라고 그랬어? 그 친구와 놀지 말라고 했어, 안 했어?" 이렇게 반응

한다면 아이의 속상한 감정은 풀리지 않고 미해결 감정으로 남게 된다. 아마도 문을 꽝 닫고 제 방으로 들어갈 것이다. 그리고 해가 지고 잠이 들면 낮에 친구와 있었던 사건은 미해결 사건으로 마음 파일에 깊게 저장된다.

이후 친구와 비슷한 일로 다투게 되면 저장되었던 이전의 미해결 감정이 자신도 모르게 올라와 이번 사건에 달라붙는다. “자라 보고 놀란 가슴 솥뚜껑 보고 놀란다”라는 속담이 이에 해당한다. 자라에게 물려 아플 때 어머니가 물린 곳에 약을 바르고, 아픈 부위를 감싸 주시고, 놀라고 아픈 마음을 다독여 주신다. 그러면 상처가 탈 없이 아물면서 자라에게 물린 사건은 정리되고 깊이 저장되지 않는다. 이후 비슷한 것을 경험해도 마음에서 올라올 것이 없다. 즉 자라 비슷한 솥뚜껑을 봐도 놀라지 않는다.

제대로 공감받지 못한 미해결 감정은 다른 사람과의 관계에서 늘 작동하다 보니 현재의 사건과 만남을 방해한다. 즉 지금 보고 있는 솥뚜껑을 솥뚜껑으로 보지 못하게 만든다. 솥뚜껑을 보면서도 자라를 만난 지나간 사건과 계속 연결된다. 놀라지 않아야 할 솥뚜껑을 보고 놀란다. 이것은 지금의 내가 과거에 경험한 사건과 만나는 것이다. 가슴 아픈 일, 화나는 일, 억울한 일, 속상한 일 등을 경험할 때 내 마음은 지금 내 앞에 있는 상대방이나 사건과 만나는 것이 아니라 과거의 처리 되지 않은 일과 만난다. 무의식적으로 빠르게 과거의 미해결 감정과 나의 현재가 연결된다. 나와 내 마음에 담긴 미해결 과거와의 만남이 지금 여기에서 이루어진다.

인정하고 싶지 않겠지만, 아내에게 화가 난다면 나는 지금 현실의 아내와 만나는 것이 아니라 과거 나의 원가족에서 있었던 미해결된 화났던 일과 내 마음이 만나는 것일 가능성이 아주 크다. 마찬가지로 남편에게 억울한 감정이 드는 것은 지금 현실의 남편과 만나는 것이 아니라 친정에서 억울했던 미해결된 감정과 내 마음이 만나는 것이다. 물론 아내와 남편이 어떤 자극된 말이나 행동을 했을 수 있으나 깊은 원인인 나와 과거의 나와의 만남이다.

“내가 내 아우를 지키는 자니이까”라는 반응을 보면 가인의 마음에 동생을 돌보는 일과 관련되어 마음에 미해결된 감정이 남아 있었던 것으로 보인다. 즉 가인은 지금 자신 앞에서 질문하시는 하나님과 만난 것이 아니라 과거 자기 동생을 돌보는 일과 관련된 미해결된 불쾌한 감정과 만난 것이다. 가인이 들에서 아벨을 죽였을 때도 가인과 아벨이 만난 것이 아니라 동생과 관련하여 해결되지 않았던 불편한 감정과 가인 자신이 만난 것이다. 하나님이 아벨과 그의 제물을 받으셨을 때도 가인 속에 담긴 미해결 감정이 아벨과 하나님께 옮겨붙었다. 하나님의 질문은 가인으로 하여금 미해결 감정과의 만남으로 인도해 자신을 돌아보게 하셨는데, 가인은 오히려 미해결 감정으로 인해 하나님께 발끈하고 말았다. 가인의 미해결 분노가 아벨에게 옮겨붙었다.

서기관들과 바리새인들이 음행 중에 잡힌 여자를 끌고 와서 예수에게 어떻게 했으면 좋겠냐고 여쭈었다. 저들의 궁극적인 목적은 예수에게 율법을 파괴한 자라는 누명을 씌우고 자신들의 마음에 있는 불편한 어떤 감정을 덜어내기 위해 예수에게 돌을 던지려는 것이었다. 저들의 마음과 시선은 지금 예수와 여인에게 연결되어 있었다. 예수가 잘못하고 있고, 저 여인이 잘못했다며 씩씩거리고 있다. 예수는 그들에게 “죄 없는 자가 먼저 돌로 치라”고 말씀하셨다. 예수의 이 말씀은 그들로 하여금 자신들의 미해결된 감정과 현재 자신과의 만남으로 연결해 주셨다.

바리새인들과 서기관들은 말씀을 붙들고 사는 사람들이다. 율법대로 살지 못했을 때 책망받을 가능성이 누구보다 크다. 한편으로는 자기를 비하했을 가능성도 있다. ‘내가 이 정도밖에 안 되는가?’ 인간은 생태적으로 미숙하게 태어나 실수할 수밖에 없다. 이런 미숙함은 모든 인간에게 자연스러운 일이고, 예외는 없다. 그들은 이런 미숙함과 허물을 그저 인정하면 되는데 감추려고 했다. 예수께서 미해결된 그들의 감정을 회칠한 무덤 같고 화인 맞았다고 하셨던 것으로 보아도 될 것이다.

당시 유대 사회는 우리 봉분 묘와 달리 평토장(平土葬)을 했다. 그런데 누군가 무덤인 줄 모르고 밟는다면 율법에 따라 부정하게 된다. 그래서 유대에서는 석회로 희게 칠해서 무덤과의 접촉을 피했다. 정결법을 소중히 여기는 바리새인과 서기관들이 먼저 무덤에 회칠하기 시작했고, 곧 유대의 관습이 되었다. 예수께서 회칠한 무덤이라 하신 말씀은 겉은 아름답지만, 그 속에 상처와 추함을 억압하고 있는 그들의 마음을 비유로 지적하신 것이다. 그들에게 미해결 감정이 많다는 뜻이다. 즉 금욕적인 바리새인으로 살면서 자신들이 억압했던 성적 욕망을 보게 하셨다.

예수께서 바리새인들에게 "안식일에 선을 행하는 것과 악을 행하는 것, 생명을 구하는 것과 죽이는 것, 어느 것이 옳으냐" 물으셨을 때 겉으로는 잠잠했지만, 뒤로는 헤롯당과 함께 어떻게 예수를 죽일까 의논했다. 그들의 마음이 예수와 연결된 것이 아니라 자신들의 미해결 감정에 연결된 것이다. 이때 자신들의 마음이 미해결 감정에 연결되어 몹시 불편한 것을 알아차렸어야 했다. 즉 그들이 음행 중에 잡힌 여자를 보고 마음에 분노가 일었을 때 그 분노가 자신들의 어떤 미해결 감정과 연결되어 있음을 알아차렸어야 했다. "죄 없는 자가 먼저 돌로 치라"는 예수의 말씀에 그들의 분노가 지난 과거 자신들의 죄가 남긴 분노에 연결되었다. 인정할 수밖에 없어 돌을 내려놓았다.

배우자와 사랑에 빠져서 결혼했는데 갈등하는 관계가 되었다면 결혼 후 변하기 시작해서 빵덕어멈이 되었는가? 천사가 싸움꾼으로 바뀌었나? 아니다. 결혼 전 사랑에 빠졌을 때는 내 안에 원가족에게서 받았던 지극한 사랑과 현재의 내가 만난 것이다. 그런데 사랑이 식으면 과거 원가족에게서 받았던 미해결 감정(분노, 억울함)과 내가 만나게 된다. 한때 우리는 어머니의 품에서 지극한 사랑을 받았던 때가 있다. 더 근원적으로 하나님이 우리를 창조하실 때 주신 하나님의 형상, 즉 지극한 선한 이미지가 있다. 이 선한 이미지가 타인에게는 보이지 않아도 나와 내 안에 있는 선한 이미지와 잠시 연결되는데, 이때가 사랑에 빠진 때다. 그러다가 내 안에 있는 선한 이미지를 거둬들이면, 즉 사랑이 식으면서 미해결 감정과 내가 만나면서 사랑했던 배우자가 밉게 보인다. 만남이 불편해지는 것은 이렇듯 나와 내 안의 미해결되고 불편했던 과거 감정과의 만남일 가능성이 크다.

가인이 자신의 마음속에 있었을 미해결 감정을 먼저 볼 수 있었다면 하는 아쉬움이 아프게 밀려온다. 이런 아픔이 되풀이되지 않도록 돕는 사람들이 많아지면 가인처럼 눈물을 흘리는 이들이 줄어들 텐데 속상하다. 어떤 눈으로 성서를 읽어도 가인이 동생을 죽인 사건은 비극이고 고통이고 아픔이다. 가인은 죄에 대한 벌로 사람들이 자기를 죽일 것이라고 두려워한다. 그때 하나님의 위로의 말씀이 전해졌다.

> 주께서 그에게 말씀하셨다. "그렇지 않다. 가인을 죽이는 자는 일곱 갑절로 벌을 받을 것이다." 주께서는 가인에게 표를 찍어 주셔서, 어느 누가 그를 만나더라도, 그를 죽이지 못하게 하셨다. (창 4:15, 표준새번역)

동생을 죽인 가인의 죄는 용서할 수 없는 죄이지만, 하나님은 다시 용서해 주셨다. 즉 복음이다.

가인의 아픔을 받아줄 수 있었다면

한 지인이 어릴 때의 기억을 들려주었다.

초등학교 들어가기 전쯤이었는데, 가을걷이가 끝난 어느 가을날 산기슭에 있는 고추밭에서 엄마에게 매를 맞았다. 자기의 편을 들어주는 사람이 없는 곳이라 이를 악물고 참았다. 엄마에게 야단을 맞을 때 화나고, 몹시 무섭고, 아프고, 서러웠다. 늦가을의 산기슭이라 아무도 없었지만, 나무숲을 스치고 지나가는 바람 앞에 자신이 벌거벗겨진 느낌이었다. 누군가 숲속에서 보고 있는 것 같아 수치스러웠다. 친구들이 매를 맞는 자기를 본 것처럼 그 후 한동안은 친구들과 눈을 마주칠 수 없었다.

고추밭에 있는 엄마와 아들의 모습 위로 가인과 아벨이 겹친다. 그의 기억에 엄마는 늘 아버지의 폭언을 들어야 했고, 할머니로부터 고된 시집살이를 했다고 한다. 그때마다 그는 무서워서 떨어야만 했다. 그의 엄마가 아들 앞에서 시어머니에게 비난받을 때 얼마나 수치스러웠을까? 아이들 앞에서 남편이 욕하고 물건을 던질 때 얼마나 창피했을까? 엄마는 그때 그 감정을 적절하게 처리하지 못해서 보는 이 없는 고추밭에서 아들에게 폭발한 것은 아닐까? 엄마의 미해결 감정이 아무도 보는 이 없는 곳에서 모습을 드러냈다. 그 사건으로 인해 엄마의 수치심이 아들에게 담긴 것으로 보인다.

그는 자신이 그날 왜 엄마에게 야단을 맞아야 했는지 기억은 없지만, 몹시 억울했다고 한다. 훗날 엄마에게 여쭈었지만, 기억이 없다고 했단다. 어찌 기억이 없을 수 있겠는가? 의식적으로 기억에서 지웠거나, 아니면 차마 인정할 수 없었을 것이다. 억울했지만 기억도 없다는 엄마에게 더 이상 따질 수 없었다고 한다. 그는 자신의 수치심을 덜어내지 못하고 수십 년을 지냈다. 이렇게 대물림된 수치심은 어디에서부터 시작되는 것일까?

대상관계 심리학자들은 인간은 관계에 대한 욕구가 있다고 말한다. 우리는 자신이 원하는 곳에 소속되고 싶어 하며, 다른 사람들이 우리를 좋아하고 이해해 주고 소중하게 대해 주기를 바라는 열망을 가지고 있다. 또한 우리를 둘러싸고 있는 관계는 우리에게 기대하는 것이 많다. 첫 양육자인 부모는 자녀가 건강하게 사회적으로 인정받으면서 성장하기를 기대한다. 아이는 스스로 엄마 젖을 무는 것, 조금 커서는 우유병을 두 손으로 잡는 것, 흘리지 않고 먹고 마시는 것, 넘어지지 않고 걷는 것 등 기대에 부응해야 한다. 재미로 하는 행사이지만, 돌잡이에 부모들의 열망이 잘 드러난다. '붓을 잡아야 하는데, 청진기를 잡아야 하는데….' 걷기 시작하면 벽에는 'ABCD' '가나다라' 등 교육용 학습 벽보가 붙는다. 서너 살쯤 되면 부모의 기대가 겹겹이 쌓이고, 층층이 쌓인다. 그런데 생태적으로 미숙하게 태어난 아이는 이 기대를 온전히 충족시킬 수 없다. "너 돌잡이 때 법봉 잡았다. 알았지?" 이런 기대에 부응하지 못하면 부모의 사랑에서 제외될지도 모른다는 불안에 휩싸이게 된다.

인간의 생태적인 미숙함은 수치심의 근원이 된다. 엄마가 유아의 미숙함과 욕구에 바르게 반영해 주어야 한다. 아이가 욕구를 표현할 때 이를 수용하고 지지해 주면 유아는 자기의 욕구에 대해 수치심을 느끼지 않고 자연스럽게 펼칠 수 있게 되면서 하나님이 주신 참 자기(true self)를 드러낸다. 반면 모성적·공감적 돌봄을 충분히 받지 못하면 자라면서 엄마의 말을 따르지 않으면 버림받을지도 모른다는 유기 불안을 느끼게 된다. 유기 불안의 위협을 없애기 위해 아이는 엄마를 기쁘게 하려고 순응하기를 반복하면서 아이의 참 자기는 거짓 자기(false self) 뒤로 몸을 숨기고 거짓 자기·순응적 자기로 살아가게 된다.

수치심은 자신의 부족한 결점과 관련하여 생기는 정서로 실패와 연결되어 있다. 또한 자신이 정한 기준에 미치지 못하는 결핍감 때문에 생기기도 한다. 곧 자신이 부족하면 다른 사람에게 버림받지 않을까 하는 무의식적인 '버려짐'에 대한 두려움과 불안감에 의해 수치심이 생기는 것이다. 수치심은 의식적이고 상상적인 감정으로 자기를 평가절하할 때 생겨나는 고통스럽고 좌절된 감정이다. 이런 상황에서 대부분은 자신의 가치를 지켜내고 보호하기 위해 관계를 단절하고 자기 안으로 숨어 버린다. 사랑에서 제외될지도 모른다는 불안에서 시작된 뿌리 깊은 감정인 수치심은 아담과 하와도, 가인도 숨고, 숨겼다.

아이가 태어나서 일정 기간은 엄마와 공생 단계로 어머니가 젖을 주고 우유를 줄 때 아이는 엄마가 준 것을 인지하지 못한다. 자신이 만들었다고 여긴다. 모든 것을 자신이 했다고 인식하는데, 이때를 전능환상 시기라고 한다. 마치 자신이 신처럼 모든 것을 할 수 있다고 인식한다. 그런데 어느 날부터 엄마와 자기가 다른 존재임을 알아차리면서 젖을 주고, 기저귀를 갈아주는 자가 엄마라는 걸 인식한다. 이제는 엄마가 신과 같고 자신은 아무것도 할 줄 모른다고 느끼게 된다. 자기 가치가 곤두박질치는 것이다.

전능환상 단계가 깨질 때, 나는 아무것도 할 수 없다고 인식하게 될 때의 느낌이 불안이다. 또 전능환상과 미숙한 현실적 자기의 차이가 수치심이 시작되는 지점이다. 그런데 아무것도 할 수 없는 단계에서 엄마가 포근하게 안아주고 받아주는 경험을 하게 되면 불안이 줄어들고, 자신에 대한 실망도 줄어들면서 미숙한 자신을 받아들일 수 있게 된다. 자연스레 수치심을 느끼는 정도가 가벼워진다.

또한 자신이 엄마와 다른 존재임을 인식하게 되면서 욕구 충족이 엄마에게 달려 있음을 알게 된다. 아이의 울음에 엄마가 즉각 반응하지 않아 욕구가 충족되지 않을 때 욕구 충족의 대상인 엄마에게 미운 감정을 가지게 되고, 반대로 욕구가 충족되면 사랑의 감정을 가진다. 곧 엄마에게 양가감정을 가지게 되는 시기다. 아이는 욕구가 충족되지 않을 때 생존에 대한 위협을 느끼게 되고 두려움과 불안이 생기면서 수치심으로 연결된다.

아담과 하와는 에덴에서 하나님과 동행하며 살았다. 마치 하나님처럼 살았을 것이다. 그런데 선악을 알게 하는 나무의 열매를 먹으면 하나님과 같이 된다는 유혹을 받으면서 하나님이 모든 것은 만들고 자신들은 그렇지 못하다는 것을 인식한 듯하다. 마치 아이가 전능감에서 벗어나 아무것도 할 수 없다는 현실과 마주쳤을 때의 느낌 같았을 것이다. 하나님이 도와주시지 않으면 아무것도 할 수 없다는 불안감과 불안을 잠재우기 위해 하나님과 같이 되고 싶었을 것이다. 그런데 선악을 알게 하는 나무의 열매를 따 먹고 나서 자신의 존재 가치가 떨어진 것에 대해 고통스럽고, 또 그런 모습을 들키고 싶지 않아 숨었다. 이렇게 수치심이 생겼고, 수치심은 그의 아들 가인에게서 반복된다.

하나님은 가인과 그의 제물을 받지 않으셨다. 하나님이 받으실 수 없는 어떤 아름답지 못한 면이 하나님 앞에 드러났을 때 가인의 마음에 수치심이 일어났을 것이다. 자신의 기대와 하나님의 기대, 즉 이상적인 자아와 제사에 실패한 현실적 자아의 차이가 두려움과 불안과 수치감을 일으켰을 것이다. 형이기에 동생보다 더 나은 제사를 지내려는 욕망, 동생보다 앞서야 하고 더 인정받아야 한다는 마음이 역설적으로 가인에게 수치심을 심고 말았다. 에덴을 잃어버린 후 하와가 가시덤불과 엉겅퀴 나는 세상에서 땀 흘려 일하면서 갖게 된 불안과 고단함 가운데 가인을 낳아 기르면서 그의 마음에 담긴 부정적인 것들이 가인에게 담겼을 것이다.

유대인 랍비이자 철학자인 마르틴 부버(Martin Buber)는 만남의 문제로 씨름했다. 만남의 문제는 아담과 하와 이야기에 다루었으므로 여기서는 결을 달리해 보자. 그는 유대인답게 "태초에 관계가 있었다"라는 말로 그의 사상을 전개한다.

인간이 맺는 관계를 '나-너'의 관계와 '나-그것'의 관계로 구분한다. '나-너'의 관계는 인격적인 관계로, 무엇으로도 대체될 수 없는 관계다. 마음에 맞지 않아도 타인으로 대체되지 않는다. 반면 '나-그것'의 관계는 가치와 기능적인 관계로, 더 나은 기능이나 가치를 가진 다른 것과 언제든지 대치될 수 있다. 즉 물건처럼 마음에 들지 않으면 버리거나 바꾸는 관계다. 그래서 '나-너'의 관계는 사랑의 관계이고, '나-그것'의 관계는 쓸모의 관계라고 한다. 그런데 우리는 자신의 존재 자체가 나와 그것의 관계로 전락하는 것을 두려워한다.

철학자 이마누엘 칸트는 '이 세상 모든 것들은 가격을 갖거나, 아니면 존엄성을 갖는다'라고 했다. 부버의 개념으로 존엄성으로 대하는 것은 나와 너의 관계이며, 가격으로 대하는 것은 나와 그것의 관계로 이해할 수 있다. 그렇기에 인간은 그것 또는 가치로 떨어지지 않기 위해 타인의 요구에 민감할 수밖에 없다.

생태적으로 미성숙한 시기를 보내면서 모든 인간은 생태적 열등감과 수치심을 갖게 된다. 수치심을 느끼게 되면 자아 정체감(ego identity) 전체를 위협하기 때문에 이를 회피하기 위해서 억압, 부인, 투사, 투사적 동일시, 전치 등 방어기제가 작동하게 된다. 또 수치심은 모욕감과 노여움, 분노감으로 전환되어 타인에게 투사하고 비난할 수도 있다. 가인의 수치심이 곧바로 공격성으로 연결된 것이다.

수치심이 거절감에서 시작되었다면 치유는 받아들여짐에서 찾아야 한다. 즉 공감이다. 가인의 아픔을 받아줄 그 누군가가 있었으면 좋았을 텐데 한없이 마음 아프고 속상하다.

> "가인아, 동생 돌보라는 엄마에게 짜증 나고 속상했어? 하나님이 동생 제사만 받으셔서 화가 많이 났구나. 동생이 미웠구나. 그랬구나!"

편집-분열적 자리에 놓인 가인

아담과 하와는 에덴의 모든 것을 가졌지만, 나머지 하나까지 누리고 싶었다. 탐욕이란 좋은 것은 내가 소유하고, 나를 위해서 남김없이 쓰고 싶은 마음이다. 아담과 하와는 선악을 알게 하는 나무의 열매를 먹었을 때 얻게 될 것으로 예상한 것, 즉 하나님과 같이 되는 전능성을 누리고 싶었다.

탐욕의 결과로 에덴을 잃었을 때 아담과 하와의 마음에 불안, 아픔, 분노가 일었고, 나아가 내가 갖지 못할 바에야 남도 못 가졌으면 좋겠다는 마음이 들었을 수도 있다. 이런 경험을 우리도 어렵지 않게 하고 있지 않은가? 에덴동산으로 가는 길을 하나님이 화염검으로 막으셨을 때 어쩌면 아담과 하와는 차라리 잘 되었다고 생각했을 것이다. 자신들이 더 이상 가질 수 없는 에덴을 남들이 누리면 배가 아플 텐데 속 시원하지 않았을까? 아담과 하와를 너무 못된 사람 취급하는 것 같아 살짝 미안하지만, 우리 주변에서 자주 경험하는 일이자 우리의 현실이 아닌가?

시기(猜忌)와 질투(嫉妬)는 자주 헛갈리게 한다. 두 단어를 보통 구분하지 않고 사용하지만, 결이 약간 다르다. 아리스토텔레스는 질투란 이웃이 지닌 것을 자기가 소유하지 못한 사실에 슬퍼하는 것이고, 시기란 자기가 갖지 못한 좋은 것을 이웃이 가진 사실에 슬퍼하는 것이라고 했다. 그게 그것 같기도 하지만, 질투는 초점이 자신에게 있다. '왜 저 친구에게는 있는데, 내게는 없지?' 질투의 무게 중심이 나에게 있는 반면, 시기는 초점이 상대방에게 있다. 타인에게 있는 좋은 것을 보면 단지 그 사실 때문에 불편해지는 느낌이다. 시기는 늘 다른 사람을 의식하면서 그저 친구가 잘되거나 좋은 것을 지닌 상황에 배가 아픈 느낌이다.

누가 사랑받을 때 사랑받는 사람에 대해 느끼는 불편한 감정을 질투라고 한다면 누가 자신보다 앞서 나갈 때 느끼는 불편한 감정을 시기라 할 수 있다. 질투할 때는 상대방을 싫어하는 감정도 있지만 내가 사랑받기 위해 노력하려는 강렬한 마음도 있다. '저 좋은 것을 내 것으로 만들고 싶다'라는 마음이다.

시기는 앞선 사람이 주저앉거나 없어지기를 바라는 마음이 강하다. 그래서 좋음 자체를 파괴하고 싶은 욕구이기도 하다. 확대하면 '내가 갖지 않은 이 세상의 좋은 것들은 별것 아니야! 그래도 다 없어져라'고 하는 여우 심보다. "저 포도는 어차피 시어서 못 먹어."『이솝 우화』에서 너무 높아 따먹을 수 없는 포도를 보면서 포기한 여우의 말에 속마음이 묻어난다. '나보다 앞선 놈들은 뭔가 편법을 썼거나 특혜를 받았을 거야'라는 마음도 작용한다. 속담 "남의 호박에 말뚝 박기"의 놀부 심보처럼 시기심은 내가 갖지 못한 좋은 것 자체를 비하하고 깎아내리고 싶어 하는 욕구다.

질투하는 마음이 생기면 내가 그것을 얻기 위해 더 노력할 수 있고, 그것을 목표로 삼아 더 발전할 수도 있다. 그러나 시기는 초점이 타인에게 있어 자신이 할 수 있는 거라곤 아무것도 없다. 할 수 있는 일은 그저 남을 깎아내리거나, 그가 없어지거나, 스스로 좌절하는 것이다. 그래서 시기심은 공격성이나 우울감으로 표현되기도 한다.

영화 「질투는 나의 힘」은 제목부터 질투의 속성을 담아낸 듯하다. 사랑하는 사람을 빼앗긴 연인이 선택할 수 있는 길은 질투이거나 시기일 텐데 무엇을 선택하느냐에 따라 삶의 질이 결정된다. 일상에서 질투는 보통 삼각관계에서 사용하고, 시기는 이자(二者) 관계에서 사용한다. 가인도 하나님의 사랑을 받고 싶었던 데다 자기보다 앞서 있는 동생에 대한 마음이 어우러져 질투와 시기심이 동시에 작동한 것이다.

앞에서 다루었는데 대상관계학자 멜라니 클라인은 유아 시기에 주목했다. 그에 따르면, 태어난 아이는 일정 기간 어머니와 자기를 구분하지 못한다. 또 엄마를 부분적으로 인식한다. 젖을 주는 어머니와 어머니의 젖가슴도 부분적으로 인식하는 시기가 있다. 어린아이는 젖을 잘 주는 좋은 젖가슴과 젖을 주지 않는 나쁜 젖가슴을 나누어 인식한다. 이 시기를 '편집-분열적 자리'라고 부른다. 젖을 잘 주고 포근히 안아주는 젖가슴, 더 먹고 싶은데 젖을 잘 주지 않고 밀어내는 젖가슴을 모두 어머니의 것이라고 인식하지 못하고 분열된 두 젖가슴으로 인식하여 자기 내면으로 받아들이는 시기를 말한다. 이는 전체 대상으로 보지 못하고 부분 대상만 보는 것으로, 두 가지 젖가슴을 나누어 내면화한다. 어머니의 젖가슴에 대한 상반된 두 느낌이 아이의 마음에 사랑과 증오, 신뢰와 원망이나 분노로 자리 잡는다.

그런데 어느 날 자신이 사랑했던 젖가슴과 미워했던 젖가슴이 한 어머니의 젖가슴이라는 사실을 인지하고 우울해진다. 젖을 잘 주었는데 나쁜 젖가슴이라고 미워했으니 엄마에게 무척 미안해지고 혹여 자기를 버릴지도 모른다고 느끼게 된다. 클라인은 이 감정을 '우울 불안(depressive anxiety)'이라고 부른다. 멜라니는 이러한 우울적 자리를 좋은 젖가슴(어머니와의 만족스러운 경험과 아이가 투사한 사랑)과 나쁜 젖가슴(어머니에 대한 좌절 경험과 아이가 투사한 증오)의 분열과 둘의 통합 과정으로 설명했다.

멜라니 클라인에 의하면 좋은 젖가슴과 나쁜 젖가슴이 통합되지 않은 사람은 세상을 좋고 나쁨으로만 구분해서 본다고 한다. '편집'은 한자로 치우칠 편(偏), 잡을 집(執) 자를 쓴다. '편집-분열'이라는 말은 둘을 나누어 한쪽만 붙잡는다는 의미이다. 동시에 둘을 볼 수가 없다. 이런 사람이 성장하면 세상을 선과 악으로만 구분한다. 다른 말로 'Black and White, All or Nothing'인 사람이다. 한 사람과 잘 지내다가도 그 사람의 부족하거나 싫은 것을 느끼게 되면 그 사람 모두를 나쁜 것 또는 없어져야 할 것으로 느껴 관계를 끊는다. 물론 자신 안에 있는 좋음과 나쁨도 동시에 보지 못한다. 자신의 나쁨만 보면 우울해지고 좋음만 보면 모든 것이 좋아 신난다. 사실 나쁨과 좋음을 엄마에게서 느끼는 것은 아이가 자신의 마음을 엄마의 젖가슴에 투사한 것이다. 아이는 나쁜 젖가슴을 싫어하는 마음을 엄마의 젖가슴에 던져(투사) 놓는다. 아이가 엄마에게 자신의 공격성을 던져 놓고 엄마로부터 내가 공격받을 것 같은 불안과 죄책감이 함께 올라오게 된다.

그런데 좋은 젖가슴에 대한 경험이 더 많은 아이는 불안과 우울을 잘 극복해 낸다. 아이가 나쁜 젖가슴을 경험할 때의 불편한 감정, 짜증, 울음에 대해 엄마가 "괜찮아, 괜찮아" 하면서 포근히 안아준 경험이 더 많다면 아이는 좋음과 나쁨을 통합한다. '내가 짜증 내고 울어도 좋은 젖가슴 엄마가 받아주고 안아주신다. 나를 나쁜 사람 취급 안 해! 나는 그래서 엄마가 좋아. 내게도 좋음과 나쁨이 있지만, 그래도 나는 내가 좋아.' 그런 경험이 있는 사람은 우울적 자리에서 좋음과 나쁨이 통합되어 앞으로 나아가게 된다.

바로 이 시기가 자아가 형성되는 때다. 자아에 대한 개념은 학자마다 다르다. 본서에서 자아는 대상의 세계와 구별된 인식·행위의 주체이며, 생각과 감정 등을 통해 외부와 접촉하는 행동의 주체로서의 '나 자신'을 말한다. 이전에 유아는 자신과 젖가슴을 다른 존재로 인식하지 못했다. 우울적 자리에 들어갔다는 것은 둘을 구분하지 못했던 자신을 발견한 것이다. 대상과 구분된 자기를 발견하게 되면서 자아가 탄생하는 순간이기도 하다. 이때 젖을 자기가 만든 게 아니라 엄마의 젖가슴에서 나온다는 걸 알고 엄마의 젖가슴을 시기하게 된다. 중요한 것은, 이 시기에 좋음과 나쁨이 통합되지 않으면 편집-분열적 자리로 자주 퇴행하는 자아를 가지게 된다는 점이다.

두 젖가슴을 통합한 사람은 타인을 좋음과 나쁨으로 나누지 않고 선악으로 나누지 않는다. 타인의 좋음과 싫음을 모두 포용하는 사람이 된다. 선악을 알게 하는 나무를 두 그루가 아닌 하나의 나무로 에덴동산에 두신 하나님의 뜻이 여기에서도 새삼 다가온다. 두 젖가슴이 통합된 사람은 좋음을 칭찬하고 나쁨은 격려한다. 안타깝게도 가인 안에 좋음과 나쁨이 분열되어 있었고, 세상도 선악으로 보았던 것 같다.

하와가 에덴을 잃어버리고 가시덤불과 엉겅퀴가 나는 땅에서 가인을 낳아 기르려니 아기 가인에게 민감하게 반응하지 못했을 수 있다. 가인의 마음에 좋은 젖가슴보다 나쁜 젖가슴에 대한 기억이 더 많았기에 분노로 표출되었을 가능성이 크다. 그렇다면 가인은 우울적 자리에서 편집-분열적 자리로 퇴행한 것이다. 어머니 품에서 좋음과 나쁨이 통합되지 못하여 둘로 나뉘어 현실에서 작동하게 된다. 나쁜 젖가슴이 작동하면 내 안에 좋음이 없고, 우울해지고, 불안하고, 세상에도 좋은 것이 없다고 느낀다. 아니, 좋은 것이 있어서는 안 된다. 이것이 가인의 시기심의 뿌리가 아닐까?

가인의 마음을 훔쳐보자. '나도 하나님의 사랑을 받고 싶어. 그런데 아벨만 사랑받았지. 내게 없는 걸 가진 아벨을 없애 버리고 싶었어!' 화가 난 가인은 아벨을 전체로 보지 못하고 부분으로 보면서 나쁜 기억만으로 판단했다. 편집-분열적 자리의 특성이 나타난 것이다. 아벨만 없어진다면 가인은 비교 대상이 없으니 더 이상 불행해지지 않을 것 같았다. 아벨만 없어지면 배 아플 이유가 없을 것으로 여겨졌다. 하나님에게 사랑받는 아벨이 꼴 보기 싫다. 그 순간 분노는 공격성으로 드러났다. 이 공격성을 아담과 하와가 담아 주었으면….

가인의 자기중심적 편향 오류

하버드대 인지심리학자인 스티븐 핑커가 쓴 책『우리 본성의 선한 천사』에 의하면 선사시대 유골을 분석한 결과, 15퍼센트는 인간에 의한 타살로 밝혀졌다. 반면 제1·2차 세계대전으로 죽은 사람은 인구 대비 3퍼센트라고 한다. 즉 인간이 고대로 올라갈수록 더 폭력적이었다는 뜻이다. 스스로 자신의 생존을 책임지던 수렵시대에 공격성은 생존에 필수적인 본능이었다. 노예제도, 노비 제도, 신분제도 역시 폭력성 없이는 가능하지 않다. 순순히 노예나 천민으로 살려는 사람은 없다. 인간성을 말살하는 폭력으로만 가능한 제도였다. 그럼에도 인간은 공격성보다 공감과 협력이 생존에 유리하다는 걸 알고 협력하는 길을 계속 찾아서 생존해 왔다.

눈에 아벨이 보이는 것 자체가 가인의 기분을 나쁘게 했다. '아벨만 없어지면 나는 덜 불행할 거야. 아벨이 없었다면 엄마와 아빠의 사랑도 독차지하고, 하나님의 사랑도 독차지했을 텐데…. 아벨이 모두 망쳤어. 넌 없어져야겠어!' 가인의 시기심이 공격성으로 나타났다. "엄마, 동생 없어졌으면 좋겠어!" 아이들에게서 자주 듣는 말이 가인에게 현실이 되었다. '아, 아벨이 태어나기 전으로 돌아가고 싶다!'

가인은 자신이 하나님께 제사 드리기 위한 과정에 대해서는 세세히 알고 있었다. 반면에 아벨이 얼마나 힘써 제사를 준비했는지는 모른다. 아벨이 하나님께 제사 드리기 위해 준비한 과정에 대한 정보가 부족했기에 가인은 아벨의 제사를 폄하했다. 가인이 보기에 아벨은 제사 준비를 별로 하지 않았다고 여겼을 것이다. 이때 작용하는 것이 자기중심적 편향(egocentric bias) 오류다. 자기중심적 편향은 자신의 관점에 지나치게 의존하고 현실보다 자신을 더 높이 평가하려는 경향을 말한다. 자기 판단에 별로 노력하지도 않은 것 같은 아벨의 제사만 받으신 하나님께 화가 났지만, 그 화는 아벨에게 향했다.

"하나님, 아벨은 제사 준비를 대충했습니다. 정성이 없었다고요. 그런데 왜 아벨의 제사만 받으셨어요? 말이 안 됩니다!"

"아벨! 네가 뭔데 하나님 앞에서 나를 작게 만드는 거야! 네가 뭔데 나에게 좌절감을 줘! 내가 가질 수 없는 하나님의 사랑을 네가 받는 걸 용납할 수 없어! 내가 받을 몫이라고!"

우리가 삶의 현장에서 자주 경험하는 감정이 아닌가?

멜라니 클라인은 시기심을 원시적이고 난폭한 성격을 띤 공격성이라고 설명했다. 시기심은 대부분의 증오 감정이 나쁜 대상을 향하지만, 때로는 좋은 대상으로 향한다는 특징이 있다. 유아기 시절 돌봐주던 대상으로부터 돌봄을 받지만, 동시에 모든 인간은 완벽할 수 없기에 그 돌봄을 충분하지 않다고 느끼기도 한다. 좋은 대상에게 부러우면서도 한편으로는 부정적인 감정을 느낀다. 이것이 시기심의 시초라 할 수 있다. 시기심은 부러움, 열등감, 적개심, 분노, 악의, 불만, 갈망, 미움 등이 섞여 나타난다.

시기심이 작동하면 세상에서 내게 없는 좋음 자체를 없애고 싶어서 삶을 즐기지 못한다. 시기심은 불행감에서 벗어나려는 욕망에서 시작되는데, 방향을 잃었을 땐 공격성이 된다. 도널드 위니컷은 공격성이 박탈에서 기인한다고 보았다. 가인은 자신이 누렸던 것을 아벨이 빼앗아 갔다고 느꼈기 때문에 되찾아 와야 한다고 생각했을 것이다. 빼앗아 오는 것을 정당하다고 믿었다는 뜻이다. 그리고 빼앗아 올 때 가인의 공격성이 튀어나왔다.

위니컷에 의하면, 청소년기는 숨죽이던 참 자기가 움직이기 시작하기에 반항을 좋은 것으로 해석했다. 반항해야 하고 그것이 받아들여질 때 박탈감으로 인한 분노가 수정될 수 있다고 보았다. 청소년기 이전에 엄마 품에서 일차공격성(primary aggression)을 다룰 수 있는 기회를 놓쳤다면 청소년기에 다룰 수 있다. 가인은 이 둘 다 놓친 것 같아서 마음 아프다. 유아는 성장하면서 몸짓을 하거나 소리를 지르고 손짓 발짓을 한다. 이는 유아에게 본성적으로 주어진 능력으로, 최초의 참 자기의 표현이다. 그렇지만 유아는 자신의 모습과 행동을 볼 순 없다. 오직 엄마의 반응을 통해서만 인지할 뿐이다. 유아의 몸짓에 대한 엄마의 반응을 거울 기능이라고 하는데, 유아의 감정을 그대로 비추어 주고 반응해 줄 때 참 자기를 왜곡시키지 않고 올바르게 느끼고 인식할 수 있게 된다.

태어나서 일정 시기가 지나면 유아는 나와 너 그리고 제삼자를 인식하게 된다. 유아가 외부 세계를 인식하게 되면서 그것을 확인하는 과정을 거치게 된다. 위니컷은 유아가 외부 세계에 대한 확인 작업에서 본래적으로 가지고 있던 공격성을 사용한다고 주장한다. 공격성으로 대상을 손상시키면 유아는 자기 자신을 행위의 주체로 느끼게 된다. 이것이 주체와 대상의 탄생이자 자아가 형성되는 시기다. 공격성은 곧 유아의 자기 확인이라고 할 수 있다. 자신이 무엇인가를 했다는 것을 느끼게 해주는 행동인데, 위니컷은 이를 공격성(aggression)이라고 표현한 것이다.

공격성은 인간의 생존에 필수적 요소로 하늘이 준 생태적 선물이라 할 수 있다. 유아의 공격성은 본래적인 유아의 생명 그 자체이며, 현실감을 발달시키는 중요한 요소다. 위니컷은 유아의 공격성은 생득적(生得的)인 것으로 보았다. 그에 의하면 공격성은 일종의 생명력과 같은 요소로서 자신의 살아 있음을 증명해주는 것이라고 한다. 또 청소년기 반항이 심한 경우는 어린 시절 박탈이 많았기 때문이다. 청소년기에 아무런 반항이 없다면 자기가 없는 것으로, 거짓 자기로 살아가는 슬픈 인생이라고 보았다. 상담 현장에서 위니컷과 같은 마음으로 다가간다면 청소년기의 공격성을 어렵지 않게 다룰 수 있을 것이다.

엄마가 유아의 공격성을 잘 받아주고 참아 주면 유아는 공격성이 어떤 것인지 알게 되고 인격 안에서 통합되기 시작한다. 그렇게 해서 얻은 통합된 공격성은 인격의 힘이 되고 참 자기를 지켜내는 힘이 된다. 그래서 이 공격성은 파괴적이지 않고 창의성으로 발현된다. 하지만 안타깝게도 가인은 어머니 품에서 공격성이 발현될 수 없는 환경이었고, 거절당한 공격성이 파괴적인 에너지를 갖게 되어 결국 동생 아벨을 향한 것으로 유추해 볼 수 있다.

유튜브 영상을 시청하다 보면 비슷한 추천 영상이 계속 올라온다. AI가 나의 성향과 과거 경험에 맞추어 정보를 추천해 준다. 결국 SNS 시대에 '내가 옳다'라고 주장하는 사람끼리만 만날 가능성이 많다. 그러다 보면 AI의 추천으로 자신과 의견을 달리하는 사람들의 이야기는 듣지 않고 각자가 가진 생각만 추구하는 '확증편향(confirmation bias)'을 갖게 된다. 어쩌면 AI 기반의 자동화된 알고리즘이 사람들의 성향을 파악해 필요한 정보만 취사선택하여 제공해 주는 게 매우 편할 수 있다. 하지만 사용자의 선택을 넘어 생각까지 바꿀 수 있는 힘이 생기기 시작했다는 점에서 위험하다.

AI의 필터링 기능으로 인해 타인을 판단하는 순간 타인에 대한 경계와 증오가 늘어나게 된다. 하버드대 로스쿨의 법학자인 캐스 선스타인(Cass R. Sunstein)은 '반향실 효과(echo chamber effect)'라는 용어를 사용했다. 반향실에서 소리를 내면 그 소리가 메아리가 되어 돌아오듯 인터넷 공간에서 자신과 유사한 생각을 하는 사람들과만 소통하면서 편향된 사고를 갖는 현상을 말한다. 또 세계 최대 시민단체 중 하나인 아바즈(Avazz.org)의 공동창립자인 일라이 파리저(Eli Pariser)가 그의 책 『생각 조종자들』에서 '필터 버블(filter bubble)'이라는 말을 처음으로 사용했다. 필터 버블은 AI 추천 알고리즘에 의해 사용자에게 맞게 필터링된 정보가 마치 거품처럼 사용자를 가둬 버린 현상을 말한다. AI 시대에는 증오가 공격

본능으로 강화될 수 있으며, 수렵시대부터 잘 적응된 뇌를 가지고 있던 인간은 본능적으로 타인을 경계한다. 자기 영역 안에 없는 사람들에 대한 경계가 진화적으로 유리하기 때문이다. AI의 추천 영상으로 인해 온라인 공간은 다시 수렵시대로 돌아갈 수도 있다. 이미 SNS를 통해 편을 갈라 증오가 증폭되는 현상을 쉽게 볼 수 있다.

소위 껌 좀 씹는다는 일진들은 주는 것 없이 모범생이 싫다. 공부에 집중하는 모습에 배알이 뒤틀리고 학구적인 안경을 쓴 모습은 더더욱 싫다. 모범생의 뒤통수를 치고 발을 걸어 넘어뜨린다. 왜 이렇게 미워할까? 껌 좀 씹는 자들이 모였을 때 늘 험한 욕과 상스러운 말을 서로 주고받는 가운데 세상에 대한 증오가 증폭된다. 그런데 좀 논다는 아이들은 공부 잘하는 모범생이 하는 말이나 표정을 유심히 그리고 자주 본 적은 없다. 노력도 하지 않은 것들이 공부 잘하는 것들에 비해 자신들이 부당하다고 여길 수 있다. 이런 경우에 공격성은 힘을 얻는다. 그런데 이런 증오가 이제는 뒷골목이 아닌 SNS 공간에서 더 빨리, 더 폭력적으로 분출된다. 그래서 SNS를 사용하려는 아이들과 이를 막으려는 엄마 사이에 이미 치열한 전쟁 중이다.

위니컷에 따르면 양육자는 아동의 정서 상태를 이해하고 그 감정을 수용한다는 것을 보여줌으로써 아동에게 감정을 공유하는 경험을 만들어 준다. 즉 거울 뉴런(mirror neuron)이 발달된다. 그런데 가인은 이런 받아들여짐이 부족했던 것 아닐까? 가인의 유아기 공격성, 그의 자아 탄생을 위한 몸부림을 엄마 품에서 받아들여졌다면 얼마나 좋았을까? 혹 놓쳤다 해도 사춘기 때 담아주었으면 좋았을 것이다. 가인 곁에서 "괜찮아"라고 해 주었으면 좋았을 텐데 속상하다. 선악을 알게 하는 나무를 에덴동산에 주셔서 선악을 나누고 공격성으로 발전하는 것을 처음부터 허락하지 않으신 하나님의 뜻은 AI 알고리즘 시대에도 복음이다.

7장

홍수 이야기에서 희망을 읽다

사람이 죄를 지었는데, 왜 짐승이 죽어야 해?

맨해튼 서쪽을 흐르는 허드슨강에는 제2차 세계대전과 한국전쟁, 베트남전쟁 등에 직접 동원되어 많은 임무를 수행한 항공모함 인트레피드(USS Intrepid)를 개조해서 만든 인트레피드 해양항공우주박물관(Intrepid Sea, Air & Space Museum)이 있다. 이 항공모함은 에식스급 항공모함으로 갑판의 크기는 길이 262.7미터에 폭 32.9미터다. 3천여 명의 승무원과 90대의 함재기를 싣고 작전에 참가했다. 아이들과 함께 군함을 둘러보면서 노아의 방주를 생각해 보았다. 1940년 인간의 기술이 집약된 항공모함인데 이 배에 과연 얼마나 많은 동물이 타고 생활할 수 있을까?

미국의 창조과학단체 AiG가 1억 달러(약 1,200억 원)를 들여 켄터키주 윌리엄스타운에 성경에 나오는 노아의 방주를 실제 크기로 만들어 2016년에 개장했다. 길이 155미터, 폭 25미터, 높이 16미터로 성서의 기록을 토대로 6년에 걸쳐 만들었다고 한다. 실제 크기로 만든 노아의 방주에 성서에서 지시한 숫자대로 모든 동물이 들어가서 생존할 수 있는지에 대한 검증은 전문가들의 몫으로 돌리고 성서를 찬찬히 읽어 보자. 성서의 관심이 방주에 정한 대로 모든 짐승이 들어갈 수 있다는 걸 증명하기 위해 기록한 것이 아니라는 데에는 이견은 없다. 그런데 노아의 방주 이야기를 조금만 주의를 기울여 읽어 보면 앞뒤가 맞지 않는 구절을 다수 발견할 수 있다.

홍수의 원인 제공이 네피림인데, 홍수 후 노아의 가족 외에도 네피림족(민

13:33)이 살아남았다. 창세기 6장에서는 노아의 방주에 들어갈 짐승의 수를 암수 한 쌍씩(창 6:17~20)이라는 말한다. 그런데 7장에서는 정결한 짐승은 암수 일곱씩, 부정한 것은 암수 둘씩(창 7:2) 데려오라고 하고, 7장 9절에서는 정결한 짐승과 부정한 짐승 구분 없이 "암수 둘씩 노아에게 나아와 방주로 들어갔으며"라고 말하고 있다. 어느 것이 맞는가? 하나님이 만드신 짐승인데 어떤 짐승은 정결하고 어떤 짐승은 부정하다고 한다면 부정한 짐승이 억울하지 않겠는가?

게다가 남극의 펭귄, 북극의 곰, 아프리카의 사자와 가젤, 한국 호랑이, 밀림의 원숭이, 아마존강의 아나콘다 등이 방주에서 어떻게 같이 지낼 수 있을까? 방주에는 남극과 북극의 얼음, 밀림과 사바나 지역도 있어야 하지 않은가? 성서학자에 따라 다르지만, 노아의 가족이 방주에 머물렀던 기간을 대략 1년 10일로 계산한다. 그러면 그동안 육식동물들의 먹이는 어떻게 되는가? 육식동물의 종류가 퍽 많아서 먹잇감 짐승들은 겨우 몇 쌍 가지고는 해결될 문제가 아니다. 초식 동물이 먹는 풀의 종류와 양도 엄청난데 어떻게 해결했을까? 이런 질문을 하면서 몇 가지를 살펴보자.

> 당시에 땅에는 네피림이 있었고 그 후에도 하나님의 아들들이 사람의 딸들에게로 들어와 자식을 낳았으니 그들은 용사라 고대에 명성이 있는 사람들이었더라 (창 6:4)
>
> 거기서 네피림 후손인 아낙 자손의 거인들을 보았나니 우리는 스스로 보기에도 메뚜기 같으니 그들이 보기에도 그와 같았을 것이니라 (민 13:33)

창세기 6장 4절 이후 구절에서 네피림은 홍수 심판의 중요한 원인이었다. 그래서 야훼 하나님은 경건한 노아의 가족만 남기기로 정하셨고, 결국 홍수 심판으로 그의 가족만 살아남았다. 그런데 홍수가 일어난 지 한참 후인 민수기 13장 33절을 보면 가나안 땅에 네피림의 후손이 있었다. 노아의 가족 이외에 네피림족이 노아의 홍수에서 살아남았다는 성서적 증거가 된다. 민수기가 맞을까, 창세기가 맞을까? 민수기는 역사 시대 이야기이니 창세기 기록보다 사실에 가깝다. 그렇다면 창세기에서 무언가 놓친 것은 아닌가?

> 혈육 있는 모든 생물을 너는 각기 암수 한 쌍씩 방주로 이끌어 들여 너와 함께 생명을 보존하게 하되 (창 6:19)
> 너는 모든 정결한 짐승은 암수 일곱씩, 부정한 것은 암수 둘씩을 네게로 데려오며 공중의 새도 암수 일곱씩을 데려와 그 씨를 온 지면에 유전하게 하라 (창 7:2~3)
> 정결한 짐승과 부정한 짐승과 새와 땅에 기는 모든 것은 하나님이 노아에게 명하신 대로 암수 둘씩 노아에게 나아와 방주로 들어갔으며 (창 7:8~9)

방주에 들어갈 짐승 또는 들어간 짐승의 숫자에 대해서 세 번 모두 다르게 기록했다. 암수 한 쌍씩(창 6:19), 정결한 짐승은 암수 일곱씩, 부정한 것은 암수 둘씩(창 7:2), 정결한 짐승과 부정한 짐승 구분 없이 암수 둘씩(창 7:8~9) 들어갔다고 되어 있다. 어느 것이 맞는가?

필자의 딸 채리가 예닐곱 살 때였다. 노아의 홍수 이야기를 읽다가 의문을 제기했다. "아빠, 사람들이 죄를 지었는데 왜 짐승들이 죽어야 해?" "아빠, 물고기는?" 다른 짐승들은 심판받았어도 물고기는 홍수 심판을 받지 않았을 것 같은데, 어떻게 된 것이냐는 질문이었다. 채리는 고양이와 개 등 동물을 참 좋아하는데 인간의 죄로 인해 동물을 심판하시는 하나님을 이해할 수 없었다. 사실 인간의 죄로 짐승까지 심판하셨다면 하나님의 성품에 전혀 맞지 않다. 전혀 생각지 못했던 질문을 받고 적잖이 당황했다. 이에 대한 답을 주지 않고 그냥 믿으라고 해서 해결될 문제가 아니었다. 이런 질문에 교회가 답을 주지 못하면서 노아의 방주를 찾았다느니, 방주를 실물 크기로 만들어 보여 주면서 노아의 홍수 이야기를 문자 그대로 믿으라고 한다면 다시 앞에서 했던 질문에 답하라고 한다.

물론 채리는 조직신학을 공부한 것도, 체계적으로 성경 공부를 한 것도, 교회의 가르침을 받은 것도 아니다. 교회의 권위나 조직신학 등 기존 신앙 선배들이 물려준 지식으로 성경을 보는 게 아니라 성서를 읽다가 생긴 질문이다. 아이들은 주입된 개념이 없거나 적기 때문에 오히려 자신이 느끼고 해석한 대로 "임금님은 벌거숭이"라고 말할 수 있는 것이다. 채리의 눈에는 심판받지 않는 물고기가 보인 것이다. 죄 없이 물로 심판받은 동물들과 육지 식물들이 보였다. 채리가 좀 더 자라면 더 많은 질문을 하게 될 것이다. 같은 피조물인데 왜 몇몇 짐승은 노아의 방주에 들어가고 나머지는 물로 심판을 받았는가? 죄는 인간이 지었는데 오랜 기간 물에 잠기면 육상 식물은 어떻게 되는가?

노아의 홍수 이야기에 동물들이 타락했다는 내용은 없다. 따라서 심판받을 이유도 없다. 그런데 인간의 타락으로 억울하게 다른 피조물들이 심판을 받았다. 같은 피조물인 물고기는 오히려 더 신이 났을 법하다. 온 천지가 물로 뒤덮였으니 얼마나 좋았겠는가? 자연과 동물을 사랑하는 독자들이라면 기존의 성서 해석을 듣다가 성서를 멀리할지도 모르겠다. 하나님 당신이 창조하시고 좋았더라고 하신 동물들을 이유도 없이 죽이다니 어찌 그러실 수 있는가?

그런데 성서는 이런 질문에 답이 없다. 물론 물어도 답하지 않을 것이다. 성서는 이런 목적으로 주신 말씀이 아니기 때문이다. 그렇다면 성서를 읽는 방법을 돌아봐야 한다. 채리가 이 질문을 한 지 20년이 훌쩍 지났고, 여전히 믿음 안에서 살고 있다. 그가 했던 질문에 대한 답을 얻었기 때문이다.

노아의 홍수 때 하나님은 정결한 짐승과 부정한 짐승이 있음을 전제로 말씀하신다. 그런데 부정한 짐승에 관한 정결법은 레위기 11장에 나오는데, 어떻게 정결법이 주어지기도 전인 노아 시대에 정결법이 적용되었을까? 이 기록은 정결법이 주어진 이후 기록일 수밖에 없다. 하나님께서 부정하게 만들어 놓으시고 부정하다는 이유로 적은 숫자만 방주에 태우라 하셨으니 부정한 짐승에게는 억울할 만하다. 아니면 동물들이 지킬 만한 율법을 주시고 그것을 어긴 동물은 부정하고 잘 지킨 동물은 정결하다는 말인가?

부정한 짐승과 부정한 물고기들은 어떻게 정결케 되는가? 그들에게도 정결케 하는 제사가 있고, 최후에 그들의 부정을 씻어 줄 메시아가 필요한가? 노아의 홍수 때 일부 방주에 탄 짐승들 외에는 짐승들도 심판받았기 때문에 짐승의 구원도 질문할 수 있지 않겠는가? 동물들에게는 심판만 있고 구원은 없는가? 또 노아가 방주에서 나와 정결한 짐승으로 번제를 드렸는데, 한 쌍씩 들어갔으므로 정결한 짐승은 멸종되어야 맞지 않는가? "노아가 여호와께 제단을 쌓고 모든 정결한 짐승과 모든 정결한 새 중에서 제물을 취하여 번제로 제단에 드렸더니"(창 8:20) 물론 한 쌍의 짐승이 방주 안에서 새끼를 낳았을 수도 있다.

짐승에 대한 정결법은 구약성서의 레위기 11장과 신명기 14장에 등장한다. 법을 주시기도 전에 정결하다거나 부정하다는 말씀은 앞뒤가 맞지 않는다. 결국 정결한 짐승과 부정한 짐승을 구분한 홍수 이야기는 정결법을 주신 이후에 기록되었음을 말하고 있지 않은가? 그래서 한 쌍씩 들어갔다는 홍수 이야기는 정결법으로 정결한 짐승을 제물로 드리고 나면 논리적으로 설명이 되지 않는다. 정결법을 가지고 있는 공동체에서 전해진 홍수 이야기와 정결법을 가지고 있지 않은 공동체에서 전해진 홍수 이야기가 하나의 이야기로 편집된 흔적으로 볼 수밖에 없다. 그래서 정결한 짐승과 부정한 짐승을 구분하지 않고 한 쌍씩 들어가라는 명령은 정결법이 주어지기 전에 기록되었다고 볼 수 있다.

뿐만 아니라 홍수로 심판하시겠다는 선포가 두 번이나 등장한다(창 6:7, 13). 홍수의 원인인 인간의 타락 때문이라는 이야기도 두 번 나온다(창 6:5, 11). 또 노아가 하나님의 말씀대로 준행했다는 말씀도 두 번씩 나온다(창 6:22; 7:5). 홍수 묘사도 다르게 두 번 나온다(창 7장). 자세히 읽어 보면 노아의 홍수 이야기에는 두 번씩 반복되는 유사한 구절이 들어 있다. 정리하면 두 가지 홍수 이야기가 하나로 편집된 것으로 볼 수 있다. 두 이야기가 후대에 하나의 이야기로 편집되었다는 가정을 부정하면 노아의 홍수 이야기는 스스로 모순에 빠진다.

어떻게 읽어야 할까? 성서는 노아의 방주 이야기를 통해서 과학적 사실을 설명하려고 기록하지 않았다는 것을 어렵지 않게 알 수 있다. 노아의 홍수 이야기는 무엇을 말씀하시려는 것인가?

성서는 왜 노아 후손들의 근친혼을 다루지 않는가?

「나무꾼과 선녀」를 읽으면서 선녀처럼 아름다운 소녀를 마음에 그리던 어린 시절이 있었다. 나무꾼과 선녀의 이야기는 중국, 일본, 몽골, 인도, 한국 등 세계 전역에 널리 알려진 전래 동화 중 하나다. 나라마다 조금씩 다르지만, 이야기 줄거리는 대동소이하다. 나무꾼이 사냥꾼에게 쫓기는 사슴을 숨겨 주었고, 사슴이 가르쳐 준 대로 나무꾼은 하늘에서 내려온 선녀의 옷을 감추어 결국 아내로 맞이하여 아이들을 낳았으며, 선녀는 결국 날개옷을 찾아 하늘로 올라간다는 이야기다.

나무꾼과 선녀의 결혼이 생물학적으로 가능한가? 이들 사이에서 태어난 아이들은 인간인가, 천상의 존재인가? 사슴과 나무꾼이 대화하는데, 과연 가능한가? 나무꾼은 목욕하는 선녀를 훔쳐보고 옷을 훔쳤으니 범죄자다. 목적을 위해 수단을 가리지 않은 나무꾼과 어쩔 수 없이 결혼한 선녀가 행복하긴 어렵다. 아들 둘 낳고도 하늘로 돌아간 걸 보면 이들 부부가 행복하진 않았던 것 같다. 게다가 인간과 선녀 사이에 태어난 아이들이 어떻게 하늘에서 살 수 있는가? 인간인 나무꾼이 두레박을 타고 올라가 하늘에서 가족과 재회하여 살 수 있을까?

그런데 이런 질문을 하면서 나무꾼과 선녀의 이야기를 읽는 사람은 없다. 심지어 이 이야기가 청소년들에게 유해하다고 출판을 금지하지도 않는다. 이 이야기가 말하려는 의도를 누구나 알기에 위의 질문들을 하지 않는다. 그럼 성서는 어떻게 읽어야 할까? 나무꾼과 선녀 이야기에 대해 했던 질문들을 성서에도 그대로 적용할 수 있다. 아니, 이미 하고 있다. 성서는 하나님의 말씀인데, 피조물 인간의 질문에 답을 못한다면 이상하지 않은가?

앞에서 했던 질문 외에도 노아의 홍수 이야기에는 몇 가지 질문이 더 남아 있다. 노아의 홍수가 전 지구적이고 성서의 기록대로 오직 노아의 가족만 살아남았다면 노아의 손자 손녀들은 누구와 결혼했는가? 가인과 아벨 이후 인간은 다시 근친상간할 수밖에 없지 않은가? 창세기 6장 2절에서 하나님의 아들들이 나오는데, 이들은 어떤 존재인가? "하나님의 아들들이 사람의 딸들의 아름다움을 보고 자기들이 좋아하는 모든 여자를 아내로 삼는지라" 사람의 딸들을 아내로 맞이한 하나님의 아들들의 정체는 누구인가? 욥기 1장 6절에서는 하나님의 아들들의 정체가 하늘에 있는 자들로 묘사된다. "하루는 하나님의 아들들이 와서 여호와 앞에 섰고 사탄도 그들 가운데에 온지라" 구약성경에서 "하나님의 아들들"이라는 말은 천사들을 지칭했다(욥 2:1; 38:7). 이 구절을 욥기에 따라 해석하면 천사와 인간의 딸이 결혼했다고 읽히는데 가능한 일인가?

예수님은 천사들이 결혼하지 않고 죽지도 않는다고 말씀하셨다. "부활 때에는 장가도 아니 가고 시집도 아니 가고 하늘에 있는 천사들과 같으니라"(마 22:30) 아무리 생각해도 하나님의 아들들과 사람의 딸들의 결혼은 설명이 어렵다. 혹 그렇다고 해도 천사와 인간의 딸이 결혼하면 거인족이 태어나는가? 거인족은 사람인가, 아니면 신적 존재인가?

아담과 하와 이야기에서 언급했던 내용인데 이곳에서도 반복된다. 성서에서는 가인이 동생을 죽인 후 아담과 하와 외에 다른 이들이 있음을 전제하고 이야기가 전개된다. 노아의 홍수 때도 살아남은 사람은 노아 부부, 세 아들 부부, 모두 4쌍의 부부만 살아남았다. 노아 가족만 살아남았으니 노아의 손자들은 근친결혼을 했어야만 한다. 그럼에도 성서는 노아 후손들의 근친혼 문제를 다루지 않는다.

그런데 신명기 법과 레위기 법에서 근친상간을 금하고 있다. 신명기 27장 22절 말씀에서는 근친상간을 저주한다. "그의 자매 곧 그의 아버지의 딸이나 어머니의 딸과 동침하는 자는 저주를 받을 것이라 할 것이요"(신 27:22, 레 18:6~18 참조) 그렇다면 아담과 하와의 자녀들과 노아의 자손들은 근친상간이니 저주를 받아야 한다. 레위기와 신명기에 나오는 근친상간 금지법이 주어지기 전이니 문제가 없을까? 성서를 자세히 읽다 보면 이런 말씀들은 불편하고 윤리적으로 수용하기 힘든 벽에 부딪힌 느낌이 든다. 생물학적으로 설명이 불가능한 부분이 있는데, 혹자들은 자꾸 역사적 사실을 강조하려 한다. 사실이라고 해서 진리는 아닌데 말이다.

근친혼 문제는 성서에서 근친상간에 대한 금지 계명이 주어지기도 전에 나오는데 여러 문화권에서 발견되는 신화나 설화에서도 중요한 윤리적 문제로 다루어지고 있다. 우리 민족에 구전된 홍수 전설로는 고리봉 전설·남매혼 전설·행주형 전설(行舟形傳說) 등을 들 수 있다. 홍수로 사람들이 모두 죽었으나 남매 두 사람만 살아남아서 부부가 되었고, 그 뒤 인류의 조상이 된다. 홍수 설화 속 생존자들은 식욕 및 성욕과 더불어 인류를 존속시켜야 하는 과제를 안고 있다. 즉 근친혼이라는 윤리 문제로 갈등한다.

'남매혼 전설'에서는 홍수 이후 근친혼에 대한 고뇌를 담고 있다. 옛날 이 세상에는 큰물이 져서 세계는 모두 바다로 변하고 한 사람의 생존자도 없게 되었다. 그때 남매 두 사람이 겨우 살게 되어 백두산같이 높은 산의 상상봉(上上峯)에 도착했다. 물이 다 걷힌 뒤 남매가 세상에 나와 보았으나 인적이라고는 구경할 수 없었다. 만일 그대로 있다가는 사람의 씨가 끊어질 수밖에 없으나 그렇다고 형제 자매 간에 결혼할 수도 없었다. 얼마 동안 생각하다 못해 남매가 각각 마주 서 있는 두 봉우리 위에 올라가서 계집아이는 윗 맷돌인 암돌을 굴려 내리고 사내는 아랫 맷돌인 숫돌을 굴려 내렸다. 그들은 각각 하느님에게 기도했다. 암돌과

숫돌은 이상하게도 산골 밑에서 마치 사람이 일부러 포개 놓은 것처럼 합쳐졌다. 남매는 여기서 하느님의 의사를 짐작하고 결혼하기로 서로 결심했다. 사람의 씨는 이 남매의 결혼으로 인해 계속 늘어나게 되었다.

우리 민족의 홍수 설화는 구전으로 전해지면서 몇 개가 합쳐지기도 한다. 누이와 동생만이 살아남았으므로 이 둘은 인류의 번식을 위해 결혼을 할 수밖에 없었다. 그러나 섣불리 혼인할 수 없다. 누이와 동생은 이 문제로 고민하다가 신의 뜻을 묻기로 한다. 각각 음산(陰山)과 양산(陽山)에 올라가 맷돌을 굴리지만, 맷돌은 겹치지 않았다. 그들은 거기서 포기하지 않고 키와 체를 굴렸지만 마찬가지였다. 마지막으로 산 위에서 연기를 피웠을 때 연기가 합쳐져 비로소 하늘의 뜻을 얻었다. 근친혼의 문제를 불가피한 경우 신의 허락으로 문제를 피해 간 것이다.

그러나 성서는 침묵한다. 어쩌면 성서의 아담과 하와 이야기나 노아의 홍수 이야기는 근친혼이 문제가 되지 않던 때 전수된 이야기가 아닌가 생각해 볼 수도 있다. 혹은 근친혼이 일반적으로 통용되었으므로 남매혼 전설처럼 극복을 위한 노력이 필요 없었을 수도 있다. 전설은 신화와 성격이 다르고 후대에 전해진 이야기라 대부분 윤리적 문제가 가미된다. 남매혼 전설은 근친혼이 금지된 시기에 전해진 이야기라 신의 특별한 예외적 허락을 얻으려 했던 것으로 보인다.

물론 성서에서도 근친혼 금지 계명을 주시기 전에 근친상간 문제로 약간 갈등하는 이야기가 있다. 롯은 두 딸과 함께 소돔과 고모라를 나와 산속 동굴로 들어갔다. 딸들은 소돔과 고모라가 유황불에 의해 멸망하는 것을 보고 아버지를 통해서라도 대를 이어야겠다고 생각하게 된다. 먼저 큰딸이 작은딸에게 제안했다. "우리 아버지는 늙으셨고 온 세상의 도리를 따라 우리의 배필 될 사람이 이 땅에는 없으니 우리가 우리 아버지에게 술을 마시게 하고 동침하여 우리 아버지로 말미암아 후손을 이어가자"(창 19:31~32) 그래서 아버지가 술을 마시고 취했을 때 두 딸이 차례로 아버지와 동침한다. 결국 롯은 딸들에게 일종의 성폭행을 당한 꼴이다.

그런데 롯은 술을 마셔서 자신의 의지로 근친혼을 한 것이 아님을 암시하는 듯하고, 딸들도 우리 배필이 될 사람이 없다고 스스로 합리화한다. 좀 궁색한 논리이지만 성서는 이 사건에 대해 어떠한 판단도 하지 않는다. 이들은 남매혼 전설처럼 하나님의 뜻도 묻지 않는다. 하나님의 심판을 경험했음에도 말이다. 즉 성서의 관심은 여기에 있지 않다는 뜻이다. 성서는 이런 문제에 답하려고 주신 말씀이 아니다.

프랑스 인류학자 클로드 레비 스트로스(Claude Lévi-Strauss)의 친족 체계에 대한 연구에 따르면 홍수로 남매가 남았다는 여러 홍수 신화에서 신이 허락할 때까지 거듭된 시험 과정이 드러나는 것은 근친상간 회피 심리가 강하게 달라붙어 있다고 말한다. 하늘의 뜻이 허락될 때까지 묻는 시험을 하는 것은 가능한 한 근친상간을 피하려는 태도이거나 하늘의 지속적 확증을 통해 근친상간으로 인한 심리적 부담을 하늘의 뜻에 전가하려는 태도이다.

그러나 성서는 이런 문제에 대해 침묵한다. 소돔과 고모라의 멸망 후 롯의 딸들이 남자가 없다면서 아버지와 관계해서 자손을 낳은 것에 대해서도 윤리적 판단을 내리지 않는다. 왜 다루지 않을까? 근친 문제는 하나님이 말씀하시려는 홍수 이야기의 주제가 아니기 때문이다. 그런데 대부분 홍수 이야기는 기본적으로 혼돈에서 질서로의 이행(移行), 새로운 시대의 시작을 나타내는 구조를 지닌다. 따라서 노아의 홍수 이야기에서 하나님이 말씀하시려는 뜻은 타락한 인류에게 여전히 구원을 주시려는 하나님의 사랑과 희망을 전하시려는 이야기로 읽어야 한다.

비슷하지만 전혀 다른 홍수 이야기

이 글을 정리하는 동안에도 친구 아들의 결혼 이야기, 리비아의 안타까운 홍수 소식, 캐나다의 산불 등 컴퓨터와 스마트폰으로 전 세계에서 일어난 일들이 실시간으로 들어온다. 이런 일이 가능해진 것은 최근의 일이다. 그런데 태고 때에도 그런 일이 있었던 것처럼 읽히는 성서 이야기가 있다. 대홍수 이야기는 세계 각지에 발견되는데, 대표적으로 수메르 신화가 노아의 홍수 이야기와 매우 유사하다. 홍수 이야기 두 가지를 비교하면서 읽어보자.

홍수 이야기 1

이 집을 헐고 배를 지어라. 재산을 버리고 목숨을 구하라. 세상적인 재물을 버리고 생명을 구하라. 모든 생물의 씨를 그 배 안에 태워라. 네가 만든 배는 치수가 맞아야 하느니라. 그 배의 폭과 길이는 같아야 하며, 암수와 같이 뚜껑을 덮어라. 나는 주에게 말했다. "나의 주여, 보소서. 주께서 명하신 바를 나는 그대로 준행하리이다. 그러나 도시와 백성 그리고 장로들에게 무엇이라 말하리이까?" … 어린것들은 역청을 날랐다. 어른들은 필요한 것을 날랐다. 닷새가 되는 날 나는 방주의 틀을 짰다. 벽의 높이는 각기 120큐빗이었다. 갑판은 각기 120큐빗이었다. … 제칠 일에 방주는 완성되었다. … 들의 짐승과 들의 야생 동물들 … 방주를 타도록 했다. 저녁에 태풍을 보내신 이가 비를 소나기처럼 붓기 시작하면 너는 방주에 들어가서 문을 봉하라. … 제칠 일이 되었을 때 나는 비둘기를 내보냈다. 비둘기는 나갔지만, 다시 돌아왔다. … 그다음에 나는 까마귀를 내보냈다. 까마귀는 나가서 물이 많이 빠진 것을 보고 주위를 빙빙 돌면서 소리를 내고는 다시 돌아오지 않았다.

홍수 이야기 2

너는 잣나무로 너를 위하여 방주를 짓되, 그 안의 칸들을 막고 역청으로 안팎을 칠하라. … 거기 창을 내되 위에서부터 한 큐빗에 내고 그 문을 옆으로 내고 상중하 삼 층으로 할지니라. … 새는 그 종류대로, 땅에 기는 모든 것이 그 종류대로 각기 둘씩 네게로 나아오리니 그 생명을 보존케 하라. … 너는 먹을 모든 식물을 네게로 가져다가 저축하라. 이것이 너와 그들의 식물이 되리라. 칠 일 후에 홍수가 땅을 덮으니 … 그가 또 비둘기를 내어놓아 지면에 물이 감한 여부를 알고자 하매 온 지면에 물이 있으므로 비둘기가 접촉할 곳을 찾지 못하고 방주로 돌아오는지라. … 까마귀를 내어놓으매 까마귀가 물이 땅에서 마르기까지 왕래했더라.

보고 베낀 것처럼 유사하다. 위의 홍수 이야기 중 하나는 성서에 나오는 것이고, 다른 하나는 고대 근동에 널리 알려진 「길가메시 서사시」에 나오는 것이다. 나는 이 두 이야기를 인쇄해서 여러 번 교우들과 학생들에게 테스트해 보았다. 교회에 꽤 다녔다는 분들도 헷갈려 한다. 게다가 더 놀라는 부분은 노아의 홍수 이야기와 유사한 이야기가 존재한다는 사실에 큰 충격을 받는다. 충격을 받은 이들에게 노아의 홍수 이야기가 하나님의 말씀임을 설명해야 한다.

두 번째 이야기가 성서에 있는 홍수 이야기다. 지금까지 연구한 결과, 「길가메시 서사시」가 성서보다 훨씬 고대 문헌으로 밝혀졌다. 유다 백성/이스라엘 백성(두 명칭을 특별한 경우가 아니면 구분하지 않고 사용한다)이 바벨론에 포로로 끌려가기 훨씬 이전에 「길가메시 서사시」는 바벨론 사람들 사이에 널리 알려진 이야기였다. 아브라함이 메소포타미아에서 이주했으니 어쩌면 홍수 이야기를 그곳에서 들었을 수도 있다. 유다 백성들도 바벨론에 포로로 끌려갔을 때 「길가메시 서사시」를 알게 되었을 수 있다. 그들의 홍수 이야기를 들으면서 하나님의 사람은 이스라엘 공동체에서 구전으로 전해져 온 노아의 홍수 이야기가 진실이라고 이야기했을 것이다. 한편으로는 이야기가 편집되는 과정에서 다양한 진술이 섞인 것으로 보인다. 두 홍수 이야기를 다시 살펴보자.

「길가메시 서사시」에서는 인간들이 번성하여 너무 시끄럽게 굴자 엘릴이 도저히 잠을 이룰 수 없을 정도가 되었고, 땅에 사는 사람들과 초원의 짐승들을 죽이기로 결정한다. 성서는 인류의 도덕적 부패가 원인이다. 홍수 이후에 희생 제사를 지내는데, 「길가메시 서사시」에는 "신들이 좋은 향내를 맡았다. 신들은 마치 파리떼처럼 제사를 바친 자들에게 몰려들었다"(토판 11:159~161)라고 쓰여 있다. 이에 반해 성서에는 "모든 정결한 짐승과 모든 정결한 새 중에서 제물을 취하여 번제로 제단에 드렸"다고 되어 있다(창 8:20).

「길가메시 서사시」에서는 신들이 "이제까지 우트나피쉬팀은 사람에 불과했다. 그러나 이후로 우트나피쉬팀과 그의 아내는 우리와 같은 신들이 될지어다"라고 축복한다. 이는 성서에서 하나님이 창조 시에 말씀하셨던 복을 그대로 이야기한다. 그리고 성서에서는 홍수 후에 다시는 물로 인간을 벌하지 않겠다고 언약을 체결하는데, 「길가메시 서사시」에는 그런 내용이 없다. 이처럼 「길가메시 서사시」의 홍수 이야기와 노아의 홍수 이야기는 많은 부분에서 비슷하지만, 중요한 부분에는 차이가 분명하다.

홍수에 관한 설화는 세계적으로 널리 분포되어 있으며, 홍수 신화, 홍수 전설, 홍수 민담으로 나누어 볼 수 있다. 이러한 홍수 이야기들은 '갑자기 물이 세상을 덮어버리자 단 몇 사람만 남기고 인종을 전멸시킨다'라는 기본 틀을 가지고 있다. 보통 홍수의 발생 이유를 보면 신이 그때까지 인류의 죄악에 대한 벌로서 홍수를 일으켰다는 형식과 이런 윤리적 동기가 배제된 형식 두 가지로 구분할 수 있다. 인류의 죄악 때문에 홍수를 벌로 주었다는 내용은 고대 바빌로니아 신화나 성서에서 나타나며, 동남아시아나 오세아니아 지역의 홍수 신화 대부분은 윤리적 동기가 명확하지 않다.

이때 신들은 인간처럼 희로애락의 감정과 선악에 대한 상벌의 도덕이 있어야 하므로 인격적인 신성을 가진다. 또한 선택되어 살아남은 소수의 인간은 신의 뜻에 합당한 문명을 창조하면서 생육하고 번성해야 한다는 소명감을 부여하고 있다. 세계적으로 홍수 이야기의 내용은 인간 타락, 신의 진노, 구원받은 가족, 살 방도와 배의 마련, 식량 준비, 물로 징벌, 인간 시조의 구원, 동물 시조의 구원, 산 위에 안착, 새를 내보냄, 예배함, 신의 축복, 인간 존속 방법의 등장, 홍수의 증거로 신앙·풍습·자취 등을 남김 등으로 이루어져 있다.

스코틀랜드의 인류학자 제임스 조지 프레이저(James George Frazer)는 인류학과 신화를 연구한 다음, 홍수 설화에 대해 다음과 같은 결론을 내리고 있다.

홍수 전통과 같은 유형의 설화가 온 세계에 널리 분포되어 있다는 것은 의심할 여지가 없다. 전체적으로 볼 때 홍수의 원인으로는 폭우 또는 폭설의 결과나 지진의 충격으로 인한 해일이 주종을 이루고 있다. 지구의 어느 지역에서는 실제로 홍수 사건이 일어났는데, 현재 전해지는 홍수 전설 가운데 대부분은 지역적인 홍수 설화들이 전 세계적인 홍수로 과장한 것에 불과하다고 보는 것이 매우 타당하다. 그래서 오늘날 유포된 홍수 설화들이 부분적으로는 전설적이고, 부분적으로는 신화적이다. 그런 설화들 가운데 지역적이나마 실제로 일어난 홍수 사건의 추억이 보존되는 한에서는 전설적이고, 결코 일어난 일이 없는 세계적인 홍수를 이야기하는 한에서는 신화적이다.

구약성서에 나오는 노아의 홍수 이야기도 세계 곳곳에 분포된 홍수 이야기의 커다란 틀에서 크게 벗어나지 않는다. 앞에서 비교한 것처럼 학자들은 성서의 홍수 이야기가 바빌로니아·아시리아 문헌에 있는 설화의 영향을 받았을 것이라고 추측한다. 지리적으로 오갈 수 없는 고립된 지역이 아닌 한 홀로 존재하는 문명은 없다. 현재까지 발견된 것으로는 바빌로니아의 홍수 이야기가 세계에서 가장 오래된 것으로 보고 있다. 성서에 있는 노아의 홍수 설화는 다른 어느 지역의 홍수 이야기보다 바빌로니아 영웅 서사시의 주인공 길가메시의 홍수 설화와 가장 유사하다. 그래서 이들로부터 들은 이야기와 고대로부터 전해지던 이야기를 하나님의 시선으로 담아내면서 이러한 흔적이 남게 되었다고 볼 수밖에 없다. 성서에 담긴 홍수 이야기를 하나님의 말씀이라고 하는 이유는 앞에서도 언급했듯이 홍수 이야기를 통해 주시려는 말씀은 홍수에 대한 구체적이고 역사적인 사실을 알리려는 것이 아니라 하나님의 뜻을 전하기 위함이다.

그러면 성서 기자는 왜 노아의 홍수 이야기를 기록했을까? 남유다 멸망 후 유대/이스라엘 백성들이 바벨론에 포로로 끌려갔다. 그들은 그곳에서 「길가메시 서사시」에 묘사된 홍수 설화를 들었을 것이다. 그리고 하나님의 영감을 받은 사람은 「길가메시 서사시」를 탄생시킨 바벨론 신들의 이야기가 아니라고 항변하고 있다. 성서는 홍수의 원인이 「길가메시 서사시」에 나와 있는 것처럼 인간들이 시끄럽게 해서 바벨론 신들이 심판한 게 아니라는 것이다. 하나님은 바벨론의 신들처럼 당신이 편히 쉬기 위해 인간을 심판하는 속 좁은 존재가 아니라는 히브리인들의 신앙고백이 담겨 있다. 또한 인간이 시끄러워서 심판하는 「길가메시 서사시」 속 고대 근동의 신들은 참 신이 아니라는 고백이기도 하다.

성서의 홍수 이야기는 철저하게 인간의 죄와 연관시키면서도 의로운 사람은 반드시 살아남는다는 희망의 메시지를 담고 있다. 홍수를 주관하시는 이가 하나님이시며, 하나님이 만드신 세상은 그렇게 비관적이지 않다는 메시지를 주고 있다. 다른 부분들은 하나님의 구원 이야기를 이끌어가는 소재로 보아야 할 것이다. 노아의 홍수 이야기는 하나님이 인간을 끝까지 포기하지 않으시고 복을 이어가도록 도우신다는 복된 이야기다.

좌절한 인간에게 주시는 하나님의 희망

필자가 비록 자연 과학을 연구하는 사람은 아니지만, 책을 통해 빙하기와 대홍수가 있었음을 어느 정도는 알고 있다. 얼마 전만 해도 인류는 지구 저편에서 무슨 일이 일어나는지도 몰랐다. 또한 자신이 살고 있는 땅 외에 다른 땅이 있다는 사실도 전혀 알지 못했다. 그저 자신이 살고 있는 곳이 세상의 전부였다. 바이킹과 아메리고 베스푸치(Amerigo Vespucci)가 아메리카 대륙을 유럽에 알리기 전에는 유럽 사람들로서는 자신이 알고 있는 것이 세상의 전부였다. 더 멀리 태고 때는 자기 마을이 세상의 전부였던 시절도 있었을 것이다. 이것은 인간의 한계이자 자연스러운 일이다.

통신과 교통이 발달되지 않아 이웃과의 교류가 없던 오래전에 남아시아 해일이 발생했다면 해일로 초토화된 피피섬(Ko Phi Phi) 같은 곳에 살던 사람은 그 해일을 전 지구적인 해일로 받아들였을 것이다. 남아시아 해일로 일부 소수 종족 중에는 살아남은 자가 거의 없다고 한다. 어떤 종족은 기적적으로 몇 사람만 살아남았다는 기사도 보았다. 고립되어 살아가던 종족이 거의 멸망하고 한두 가족만 살아남았다면 이들에게 있어 해일은 전 지구적인 사건이 된다. 신을 믿었다면 살아남은 그들은 자신들의 신의 도움으로 살아남은 사건이다.

해일과 홍수에서 기적적으로 살아남은 사람들은 자신들이 해일에서 살아남은 것을 어떻게 해석할까? '왜 우리 가족만 살아남았을까? 왜 신은 해일을 보냈는가? 그래. 특별히 우리 가족에게만 해일의 징후를 알게 하셨어! 신이 동물들을 통해서 계시하셨어! 사람들이 흥청망청 사는 바람에 신이 노해서 해일을 보낸 거야.' 충분히 있을 법한 이야기다. 또한 해일로 인해 어느 섬에 남매만 남았다면 남매혼 전설이 되고, 아버지와 딸들만 살아남았다면 롯과 두 딸의 이야기처럼 남겨질 수 있었을 것이다.

이렇게 세계 곳곳에 노아의 홍수 이야기와 비슷한 전설, 설화, 신화들이 유포되는 사실로 미루어 지구 곳곳에 대홍수가 있었음을 알 수 있다. 이러한 대홍수에 놀란 인간의 집단 무의식 속에는 홍수에 대한 두려움이 남아 있다. 무의식 속에 있는 이야기들이 표출되어 홍수 신화나 홍수 설화를 가지고 있을 가능성이 크다. 이런 추론은 이제 학자들 사이에서 이의 없이 받아들여지고 있다.

학자에 따라서는 노아의 홍수 이야기가 어느 민족에게나 있는 하나의 홍수 설화로 이해되기도 한다. 고대인들은 오늘날과 같은 세계관을 가지고 있지 않았다. 그저 자신들이 살고 있는 지역을 세상의 전부라고 생각했다. 예를 들어 자신이 살고 있는 지역에 큰 홍수가 나서 마을이 물에 잠겼을 때 그들은 그것을 전 세계적인 홍수의 사건으로 이해했을 것이다. 그들의 세계는 자신들이 살고 있는 세계에 한정되어 있었기 때문이다. 인류가 자신이 살고 있는 지역을 벗어나 다른 곳에도 사람이 살고 있다는 사실을 안 것이 그리 오래되지 않았다. 자연과 우주에 대한 그런 제한적인 개념을 갖고 있었기 때문에 모든 설화 가운데 나오는 홍수가 전 지구적인 홍수로 묘사될 수 있었다.

고등학교 국어 시간에 성서의 홍수 이야기 전문을 주면서 이 이야기의 주제가 무엇인가라고 물었다면 어떤 답을 쓴 학생이 좋은 점수를 받을 수 있을까? ① 노아 홍수는 사실이라는 것을 말한다. ② 교만한 인간을 하나님이 심판하신다. ③ 인간의 타락에도 불구하고 희망을 주시는 하나님의 성품을 말한다. ④ 인류가 노아의 세 아들의 후손임을 이야기한다. ⑤ 노아의 방주에 모든 짐승을 암수 한 쌍씩 모두 실을 수 있다. 답이 몇 번인가? 학교 다닐 때 답을 잘 모를 때 찍는 방법을 배웠다.

그중 한 가지는 '문장이 제일 긴 것이 정답일 가능성이 크다'였던 걸로 기억한다. 위의 문제는 연필을 굴려 답을 고르지 않아도 쉽게 답할 수 있는 문제다. 그런데 그동안 많은 교회에서는 노아의 홍수 이야기가 사실이냐 아니냐라는 문제로 너무 많은 시간과 힘을 낭비했다. 사실은 단지 사실일 뿐, 사실이라고 해서 모든 게 진리가 아닌데 말이다.

홍수 이야기의 핵심은 하나님이 인간을 사랑하신다는 것이다. 비록 인간이 타락했지만, 하나님은 인간을 구원하기 원하신다. 인간은 끝없이 하나님을 거역하지만, 하나님은 당신이 세상을 처음 만드실 때 약속하셨던 복을 주길 원하신다. 그래서 다시 복을 선언하시고 희망의 상징으로 무지개를 주셨다. 하나님의 형상으로 지음 받은 인간에게 희망을 주는 이야기다. 즉 홍수 이야기는 인간에게 복음이 되고, 구약성서와 신약성서의 메시지가 한 이야기가 된다. 이것이 전 세계에 흩어져 있는 다양한 홍수 이야기 가운데 성서의 이야기가 하나님 말씀인 이유다. 노아의 홍수 이야기 속에는 하나님의 마음이 담겨 있기 때문이다.

이야기를 마치면서 한 청년의 잃어버린 꿈이 생각난다. 이 청년은 사진을 전공한 유학생인데, 월드트레이드센터 91층에서 전시회를 열기도 했다. 그 청년이 우리 교회에 출석하면서부터 예수를 믿기 시작했는데, 노아의 홍수 이야기를 성경공부 시간에 듣고 예술가로서 새로운 꿈을 이야기했다. 빛으로 월드트레이드센터의 두 빌딩 사이를 잇는 무지개를 만들겠다는 꿈이었다. 그래서 사람들이 그 무지개를 보면서 희망을 갖도록 하겠다는 야무진 꿈이었는데, 그만 두 건물 모두 무너지면서 그의 꿈도 무너지고 말았다.

노아 홍수 이야기는 전 지구적인 홍수가 있었다는 사실을 이야기하려는 글이 아니다. 방주에서 성서에서 말한 짐승들이 들어가 홍수가 끝날 때까지 생존할 수 있다는 것을 증명하려는 것도 아니다. 성서는 인간 삶 속에서 일어나는 사건에 대한 하나님의 마음을 드러내는 말씀이다. 즉 하나님의 마음을 찾으면 된다. 성서는 본래 그런 목적으로 주신 말씀이기 때문이다. 그런데 그동안 많은 교회들이 성서는 과학적 사실로서 문자적으로 틀림없다고 주장하니까 세상에서도 그것이 사실인지 과학적·논리적으로 따져 보자고 덤벼들었다. "교회여! 노아의 방주를 성서의 기록대로 실물 크기로 만든 후 성서에서 말한 대로 모든 짐승을 싣고 증명하면 되지 않는가? 뭘 망설이는가? 성서의 규정대로 모든 짐승을 종류대로 싣고 8명이 1년 10일 동안 바다 위에서 살아봐라. 그럼 내가 믿을 테니!"

현대 교회는 성서의 기록대로 방주를 만들 힘이 있다. 이미 노아의 방주를 성서의 기록대로 만든 모형도 있고, 그 안에 칸을 나누고 여러 동물의 모형을 만들어서 전시하고 있다. 게다가 노아의 방주와는 비교할 수도 없는 훨씬 큰 배를 만들고 있지 않은가? 그러면 가능한가?

그런데 그런 질문이나 답은 필요 없다. 성서는 그것을 말하려고 주신 글이 아니기 때문이다. 하나님의 마음을 드러내기 위해 여러 가지 글쓰기 형태가 동원하는데, 홍수 이야기도 마찬가지다. 복 주시기를 원하고, 인간의 죄와 허물에도 불구하고 희망을 버리지 않으시는 하나님의 마음을 읽으면 된다. 노아의 홍수를 통해 하나님이 주시려는 말씀을 읽는다면 앞에서 했던 질문은 필요 없다. 답할 필요도 없다.

중요한 것은 하나님이 노아의 홍수를 통해서 희망을 이야기하고 있다는 점이다. 「길가메시 서사시」는 인간에게 희망이 아니라 신에게 희망을 이야기하고 있다. 반대로 노아의 홍수 이야기에서 하나님은 온통 인간 사랑에 마음이 가 있으시다. 비록 죄로 인해서 인간을 심판하셨지만, 여전히 인간을 사랑하시고, 인간에게 기대를 걸고 계시며, 인간에게 복 주기를 원하시는 하나님이라는 신앙을 고백하고 있다. 그래서 세상을 창조한 후 주셨던 복을 홍수 이후에 노아에게 다시 주셨다.

하나님이 그들에게 복을 주시며 이르시되 생육하고 번성하여 여러 바닷물에 충만

하라 새들도 땅에 번성하라 하시니라 (창 1:22)

하나님이 그들에게 복을 주시며 하나님이 그들에게 이르시되 생육하고 번성하여 땅에 충만하라, 땅을 정복하라, 바다의 물고기와 하늘의 새와 땅에 움직이는 모든 생물을 다스리라 하시니라 (창 1:28)

하나님이 노아와 그 아들들에게 복을 주시며 그들에게 이르시되 생육하고 번성하여 땅에 충만하라 (창 9:1)

고대에는 자연적인 현상을 신의 심판과 연관시켜서 이해하는 것이 자연스러웠다. 전 세계에 흩어져 있는 홍수 이야기를 모두 읽은 것은 아니다. 하지만 지금까지 알고 있는 홍수 이야기를 읽으면서 성서의 홍수 이야기 속에서 인간을 창조하시고, 인간이 행복하게 살기를 원하시는 하나님을 만날 수 있기 때문에 노아의 홍수 이야기를 하나님의 말씀이라 믿는다.

그리고 다시는 홍수로 멸망시키지 않겠다고 무지개를 약속의 상징으로 주셨다. 삶의 터전을 전부 잃어버리고 가족을 삼킨 홍수로 인해 좌절한 사람들에게 무지개를 보면서 홍수의 두려움에서 해방되라고, 더 이상 물로 인한 심판은 없으니 희망을 가지라고, 저 무지개가 하나님의 약속이라고 희망을 이야기하고 있다. 따라서 이 무지개는 여자 후손이 뱀의 머리를 상하게 할 것이라는 희망, 아벨 대신에 셋을 주신 희망을 이어가면서 계속되는 성서의 핵심인 '인간의 희망'이다. 그래서 노아의 홍수 이야기는 복음이다.

8장

바벨탑 이야기에서 내일을 읽다

바벨탑 이야기에 담긴 하나님의 성품

'모순(矛盾)'이라는 단어는 중국 초나라의 상인이 창과 방패를 팔면서 창은 어떤 방패로도 막지 못하는 창이라 하고, 방패는 어떤 창으로도 뚫지 못하는 방패라 하여 앞뒤가 맞지 않는 말을 했다는 데서 유래했다고 한다. 바벨탑 이야기도 앞서 읽었던 성서 이야기처럼 논리적이지 않은 부분이 보인다. 누구나 쉽게 알아차릴 수 있을 만큼 앞뒤가 맞지 않는 이야기가 바벨탑 이야기에도 있다. 이상하지 않은가? 성서 기자가 이런 사실을 모르고 기록하지는 않았을 것이다. 성서의 원역사 부분은 연대기적 서술이 아니라는 것을 바벨탑 이야기에서도 알 수 있다.

바벨탑 이야기의 시작인 창세기 11장 1절은 "온 땅의 언어가 하나요 말이 하나였더라"라는 구절로 시작한다. 즉 바벨탑 사건 이전 인류는 한 언어를 사용했다는 뜻이다. 그런데 인간들이 교만해져서 탑을 쌓는 것을 멈추게 하려고 하나님이 인간의 언어를 흩으셨다고 되어 있다. 이 구절을 보면 바벨탑 사건이 다양한 언어의 기원이라고 읽을 수 있다. 그런데 바벨탑 사건 이전에 다양한 언어가 있었다는 기록이 있다. 창세기 10장 2절부터 야벳의 후손에 대한 기록이 계속되는데, 5절에 "이들로부터 여러 나라 백성으로 나뉘어서 각기 언어와 종족과 나라대로 바닷가의 땅에 머물렀더라"고 말씀하고 있다.

이미 야벳의 후손이 여럿으로 나뉘었고, 각기 다른 언어를 가지고 있었음을 알 수 있다. 그런데 어떻게 야벳의 후손이 어떻게 각기 언어를 가지게 되었는지에 대해서는 설명이 없다. 또한 여러 언어가 있었음을 설명하고 있지만, 어떤 방법으로 각기 다른 언어를 가지게 되었는지도 알려 주지 않는다. 따라서 바벨탑 사건 이전에 이미 여러 언어가 있었으므로 바벨탑 사건으로 말미암아 여러 언어로 나뉘었다는 이야기는 앞의 내용과 충돌한다.

뿐만 아니라 10장 6절부터 함의 자손의 계보가 나오는데, 함의 자손들도 각기 다른 언어를 가지고 있다. "이들은 함의 자손이라 각기 족속과 언어와 지방과 나라대로였더라"(창 10:20) 여기에서도 여러 언어의 기원에 대해서는 언급하지 않고 기정사실로 받아들인다. 10장 21절부터 셈의 계보가 나오는데, 마찬가지로 31절에 "이들은 셈의 자손이니 그 족속과 언어와 지방과 나라대로였더라"라고 말한다. 셈의 자손들도 이미 여러 언어를 쓰고 있었다.

종합해 보면 창세기 11장부터 시작되는 바벨탑 사건 이전에 이미 여러 언어가 있었다. 따라서 언어의 기원을 이야기하려면 11장 이전에 세 번 나오는 "각기 언어와 종족" "각기 족속과 언어" "그 족속과 언어"라는 부분에서 다양한 언어가 왜, 언제 생겼는지 이야기했어야 한다. 성서는 침묵함으로 언어가 다르다는 것을 현실적으로 인정한 상태에서 시작한다. 11장 1~9절에서 바벨탑 이야기가 나오더니 10절부터 갑자기 앞에서 이야기하던 셈의 후손의 계보가 계속된다. 바벨탑 사건이 언어의 기원을 말하기 위해 기록되었다고 보기는 어렵다. 바벨탑 이야기는 어떤 사실을 전하기 위하여 노아의 후손 이야기 사이에 끼어든 단편이라고 할 수 있다. 당시에 있었던 어떤 사건에 대해서 하나님의 감동을 받은 사람이 하나님의 뜻을 전하려는 의도인 것이다.

바벨탑 이야기에 "여호와께서 사람들이 건설하는 그 성읍과 탑을 보려고 내려오셨더라"(창 11:5)라는 신인동형론적인 표현이 있는데, 이는 에덴동산 이야기에서 "바람이 불 때 동산에 거니시는 여호와 하나님"(창 3:8) 같은 문학적 표현이다. 하나님이 마치 사람처럼 에덴동산을 구경하며 즐기시는 듯한 모습으로 표현되었다. 하나님은 거닐지 않으셔도 에덴을 볼 수 있지 않은가? 전능하신 하나님이 하늘에서 인간이 하는 일을 얼마든지 볼 수 있는데, 구태여 내려오실 필요가 없다.

신이 인간처럼 보기 위해 내려왔다는 표현은 고대로부터 전해진 이야기에 자주 등장하는 특징이다. 즉 이 이야기는 사실의 기록이라기보다 앞에서 살펴보았듯 이차적인 의미를 읽어 낼 때 하나님이 전하시려는 뜻을 바르게 알 수 있다.

"자, 우리가 내려가서 거기서 그들의 언어를 혼잡하게 하여 그들이 서로 알아듣지 못하게 하자"(창 11:7)는 세상을 창조하실 때 "우리의 형상을 따라 우리의 모양대로 우리가 사람을 만들고"(창 1:26)라는 표현처럼 "우리"라고 지칭하고 있다. 이 표현은 앞에서 설명했듯이 하나님이 주재하시는 천상회의의 모습으로 볼 수 있다. 결국 바벨탑 이야기는 성서 기자가 살던 시대에 있었던 어떤 사건에 대한 하나님의 뜻을 전하기 위해 기록한 신인동형론적 형식에 하나님의 말씀을 담고 있다고 보는 것이 더 적절할 것이다.

앞에서 설명한 '금기'로 바벨탑 이야기를 이해할 수도 있다. 하나님의 창조 이야기와 선악을 알게 하는 나무 이야기를 다루면서 경계 짓기의 아름다움을 설명했다. 히브리들의 세계관, 즉 그들이 이해하는 야훼 하나님의 뜻은 빛과 어둠, 하늘과 땅, 물과 땅, 사람과 동물, 남자와 여자 등을 나눔으로 존재가 드러났다. 즉 나누는 것이 곧 창조였고, 아름다움이었다. 나눔으로 구별되고, 나눔으로 차이가 존재하는 것이 아름다움이라고 말씀하신다.

그런데 힘으로 이러한 차이를 제거하려 들면 충돌하게 되고, 결국 차이가 파괴되고 소멸되는 곳에는 언제나 아픔과 고통이 뒤따라온다. 즉 죄가 된다. 각각 다르게 존재한다는 것은 차이의 체계로 이루어진 질서를 말하는 것이다. 따라서 접근해야 할 것과 하지 말아야 할 것, 생각해야 할 것과 생각하지 말아야 할 것의 경계를 넘나드는 것은 아픔이요, 파괴요, 혼란으로서 아름다움이 아니다. 하나님이 세상을 창조하기 이전의 상태로 돌아가는 것이 된다. 그것은 공허, 혼돈, 어둠이다. 따라서 하나님은 당신이 정하신 차이의 경계를 무너뜨리는 인간을 싫어하신다. 성서는 그것을 죄라고 말한다.

바벨탑 이야기는 바벨론이라는 대제국을 배경으로 한다. 고대 근동의 강대국 바벨론은 힘으로 이웃 나라의 경계를 무너뜨렸다. 바벨론은 남왕국 유다의 경계를 무너뜨리고, 하나님의 도성 예루살렘을 철저하게 파괴해 버렸다. 유다의 왕족과 지도자들을 포로로 끌고 가서 바벨론의 여러 곳으로 흩어 버렸다. 즉 바벨론은 하나님이 정하신 경계를 무너뜨리고 혼란케 했다. 예레미야 선지자는 바벨론의 침략을 창조 이전의 상태로 묘사했다.

> 내가 땅을 본즉 혼돈하고 공허하며 하늘에는 빛이 없으며 (렘 4:23)
> 땅이 혼돈하고 공허하며 흑암이 깊음 위에 있고 (창 1:2)

즉 바벨론이 유다의 경계를 무너뜨리고 침략하여 백성들을 바벨론으로 끌고 간 것은 하나님의 창조에 역행하는 죄가 된다는 의미다.

또한 바벨론 사람들은 자신들의 힘을 과시하고 이름을 널리 드러내려고 탑을 쌓아 하늘에 닿게 하려고 했다. 즉 하나님과 인간의 경계를 무너뜨리는 탑을 쌓은 것이다. 높은 탑을 쌓아 하늘과 인간의 경계를 무너뜨리는 이야기를 성서에 나오는 금기의 연장선에서 이해할 수 있다.

바벨탑은 바로 이러한 차이를 거부한 것으로 하나님이 싫어하신다. 하나님과 인간, 바벨론 사람들과 유다 사람들의 차이와 경계는 인간을 행복하고 평화롭게 하려는 하나님의 뜻으로 우주 만물의 질서이다. 그런데 바벨론의 침략과 바벨탑을 쌓는 것에는 이러한 경계를 무너뜨리는 상징적 의미가 있다. 그러므로 하나님은 바벨론이 유다 사람들을 잡아 와서 탑을 쌓는 것을 금하시고 죄로 여기신다. 창조 이전 상태를 혼돈이라 했는데, 경계가 없는 상태가 바로 혼돈이 아닌가? 어둠과 혼돈 상태에서 인간이 살 수 없기 때문에 하나님이 경계를 그으셨는데, 바벨론은 그 경계를 무너뜨리고 유다 공동체를 혼란하게 만들었다.

하나님이 정하신 질서 안에서 연합하는 것은 좋은 일이다. 그러나 왕들이나 대제국의 지배자들이 자신의 욕망을 채우기 위해 타국 사람들 잡아 와서 억지로 언어의 경계를 무너뜨리고, 노예로 만들고, 중노동을 시키는 폭력을 하나님은 거부하신다. 하나님이 경계를 정하셔서 심히 보기 좋은 세상을 만드신 뜻은 이후 역사 속에서도 계속된다. 저들의 언어를 흩으셔서 각기 자기 언어로 말하게 하시는 바벨탑 이야기에는 하나님의 성품이 드러나 있다.

바벨탑 이야기는 고대제국의 통치자들이 자신들에게 대항하지 못하도록 웅장한 탑을 만들어 열방을 지배하려는 욕망을 하나님이 무너뜨린 사건이다. 하나님이 각기 족속대로 자신들의 언어를 사용하며 살도록 하셨는데, 하나님의 뜻을 거역하고 강제로 언어를 통일하려고 했다. 이에 대해 하나님이 진노하신다는 그분의 뜻을 바벨탑 이야기를 통해 전하고 있다. 따라서 바벨탑 이야기는 경계를 무너뜨린 세력들을 경계하기 위해 주신 이야기로 보아야 모순이 아니며, 각 나라들이 침략받지 않을 권리를 보장하는 복음으로 읽힌다. 바벨탑 이야기도 이야기의 이차적 의미를 알면 구원 소식, 즉 기쁜 소식이 된다.

자신들의 언어를 갖는다는 것

우리 글 한글은 창제자와 창제 시기, 창제 원리, 창제 동기를 정확히 알 수 있는 유일한 문자라고 한다. 한글 창제의 뜻을 밝힌 『훈민정음』 서문에서 백성을 긍휼히 여긴 세종대왕의 마음을 읽을 수 있다. "백성이 말하고자 하여도 뜻을 제대로 펴지 못하는 사람이 많다. 내가 이를 불쌍히 여겨 새로 28글자를 만드니 사람마다 일상생활에 편리하게 쓰기를 바란다."

그런데 성서의 바벨탑 이야기를 문자적으로 읽을 때 하나님의 마음은 세종대왕의 마음보다 좁은 것 같다는 느낌을 받는다. '백성들이 좀 마음에 안 든다고 말을 바꿔 버리시다니…. 하나님의 마음은 밴댕이 소갈머리 같네!' 정말 하나님의 마음이 그렇게 좁은가? 다른 언어를 배우는 것이 얼마나 어려운데, 너무 하셨다. 앞에서 다룬 이야기처럼 바벨탑 이야기도 많은 질문을 하게 만든다. 하나님이 언어를 흩어놓지 않으셨다면 온 인류가 언어의 장벽 없이 소통하니 얼마나 좋은가? 통역하고 번역하는 사람들, 언어를 배우기 위한 교재를 만드는 사람들은 설 자리가 없어져서 많이 섭섭할 것이다. 언어가 하나였다면 통역사나 번역자도 처음부터 없었을 테니 억울할 일도 처음부터 없었을 것이다.

인류는 매우 다양한 언어를 사용한다. 인류는 언제부터, 누가, 어떻게 언어를 사용했을까? 언어는 신의 선물인가, 아니면 인간의 발명품인가? 그도 아니면 두뇌의 발달로 자연스럽게 발달한 것인가? 창세기 11장에서 바벨탑 사건으로 하나였던 언어를 흩으셨다는 기록에서 언어가 어떻게 기원했는지에 대한 설명이 없다. 하나님이 언어를 흩으시기 이전의 언어는 어떤 것이었을까? 유대인들은 인류 최초의 언어가 히브리어라고 하지만, 히브리어는 한참 후대에 등장한 언어다. 바벨탑 이야기의 배경인 시날 땅에 존재했던 바벨론 시대에는 이미 다른 지역에 다양한 언어를 사용한 기록이 넘쳐나는데, 언어가 하나였다는 것은 무엇으로 설명할 수 있을까? 바벨탑 이야기를 기록한 성서 기자도 알고 있었을 것이다. 바벨탑 이야기는 언어의 기원을 설명하려고 기록한 것이 아니다. 이 역시 메타포로, 줄거리 뒤에 있는 뜻을 찾아야 한다.

퓨전 영화 「황산벌」은 백제 멸망 직전을 배경으로 김유신이 이끄는 신라의 5만 대군과 백제의 계백 장군이 이끄는 5천 결사대의 '황산벌 전투'를 다룬 영화다. 1,300년 전의 백제와 신라가 현재의 호남과 영남 지방 사람들처럼 방언을 사용했을 것이라는 전제하에 영화가 시작된다. 그래서 신라는 경상도 사투리를, 백제는 전라도 사투리를 사용한다. 나당연합군이 백제를 공격하려고 한다는 소식을 듣고 의자왕은 계백과 독대하여 술을 몇 차례 권하고 어렵게 입을 연다. "니가 거시기해야것다." 계백은 이 말을 알아듣고 왕 앞에서 물러 나와 황산벌로 출정한다. 계백은 의자왕이 무엇을 말하는지 정확하게 알고 있었다. 계백은 최후의 일전을 앞두고 군사들을 모아놓고 작전 명령을 하달한다. "황산벌에서 머시기하기까지 갑옷을 거시기해라!"

신라의 정탐꾼들이 백제 진영을 침투해서 "황산벌에서 머시기하기까지 갑옷을 거시기해라!"라는 계백장군의 작전 명령을 염탐해 왔다. 그런데 문제는 정탐꾼들이 염탐해 온 '거시기' '뭐시기'라는 말이 무엇을 뜻하는지 신라군의 암호전문가들도 해독하지 못한다.

전라도 사람들은 '거시기'란 단어를 자주 사용한다. 그런데 전라도 사람들이 대화 중에 사용하는 거시기는 말하는 사람과 듣는 사람 외에는 알기 어렵다. 거시기의 뜻은 사용하는 사람에 따라, 장소에 따라, 시기에 따라 뜻이 다르기 때문에 상황을 공유하는 사람, 즉 말하는 상황과 말하는 사람을 아는 경우에만 거시기의 의미를 알 수 있다. 같은 사람이 사용해도 시기에 따라, 장소에 따라, 주제에 따라 거시기의 뜻이 달라진다. 거시기가 암호는 아니지만, 암호라 한다면 세상에서 가장 해독하기 어려운 암호일 것이다.

그리고 의미로 따진다면 세상에서 가장 많은 의미를 내포한 단어일 것이다. 거시기는 사람도 되고, 짐승도 되고, 사물도 되고, 사건도 되고, 귀신도 되고, 세상 모든 것을 지칭할 수 있기 때문이다. 국어사전에 대명사로서의 '거시기'는 "이름이 얼른 생각나지 않거나 바로 말하기 곤란한 사람, 사물 또는 사건을 가리키는 말"이다. 감탄사로서의 '거시기'는 "하려는 말이 얼른 생각나지 않거나 바로 말하기가 거북할 때 쓰는 군소리"라고 되어 있다. "저, 거시기 있잖아요. 그날 제가 드린 것 말입니다." 거시기는 표준어로 세상 모든 것을 지칭할 수 있다. 얼마나 멋있고 황홀한 말인가?

영화 초반부에 백제 군사 두 명이 신라군 속으로 침투해서 그들의 정체를 감추기 위해 호남 방언을 숨기고 영남 방언을 사용한다. 하지만 무의식중에 '거시기' '했당께'라는 말을 사용하는 바람에 정체가 탄로 난다. 이런 일은 성서에도 있다. 사사기 12장 6절에 '쉽볼렛(שבולת, Shibboleth)'이라는 말과 관련된 이야기가 나온다. 길르앗 사람들이 그들의 적인 에브라임 사람들을 색출하기 위해 사람들에게 이 단어를 발음시켰다. 어두의 'sh' 발음을 제대로 못해서 's'로 발음해 '십볼렛(Sibboleth)'이라고 하면 에브라임 사람으로 간주하여 죽였다는 기록이 있다. 오늘날 'shibboleth'이라는 영어 단어는 국적, 계층, 소속 집단의 특징을 이루는 말투나 말버릇을 가리킨다. 영화에서 신라군 속 백제군 첩자나 백제군 속 신라군 첩자를 색출하려면 '쌀/살'의 발음 차이로 쉽게 식별해낼 수 있었을 것이다. 넓지 않은 우리 땅에서도 지방에 따라 이런 언어 차이가 있어 어려움을 겪었다. 반면에 언어가 달라 고유한 문화를 지켜낼 수 있었고, 다양한 문화가 공존하고 있다. 얼마나 멋있는 일인가?

하나님이 언어를 흩으신 뜻이 나라와 나라가 전쟁할 때 암호를 알아듣지 못하게 하려고 하신 것일까? 그렇게 읽히지는 않는다. 바벨탑 이야기를 사실적 진술로 읽는다면 그 속에 나타난 하나님은 부모님보다 사랑이 없으신 분처럼 여겨진다. 아이들이 말을 안 듣는다고 큰 놈과 둘째 놈이 쓰는 언어를 바꿔 버려서 서로 못 알아듣게 심술부릴 부모가 있겠는가? 과연 바벨탑 이야기를 통해 인간의 교만을 벌하시려고 언어를 흩으셨고, 다양한 언어의 기원을 설명하려고 바벨탑 이야기를 주셨을까?

노아의 홍수로 하나님이 지으신 피조물들이 사라지고 선택받은 소수만 살아남았는데, 그들은 아담과 하와에게 주셨던 것처럼 똑같은 복을 약속받았다. 결국 이전 것은 없어지고 경건한 노아의 가족만 남았으므로 홍수 사건은 제2의 창조에 해당한다고 볼 수 있다. 첫 창조 때 세상은 흑암이 덮여 있고, 공허하고, 혼돈되어 있었는데, 하나님이 질서를 잡아주셨다. 마찬가지로 홍수로 인해 온 세상이 흑암에 덮였고, 공허하고, 혼돈되었다가 물이 빠지면서 다시 사람이 살 수 있는 땅이 되었으니 상징적으로 두 번째 창조에 해당된다. 또 질서가 다시 잡히고 하나님이 아담과 하와에게 주셨던 복을 노아의 가족에게 그대로 주셨으니 노아의 가족은 제2의 아담과 하와에 해당되는 셈이다. 아담의 아들 가인이 죄를 지어 벌을 받았듯 노아의 아들 함도 저주를 받는다. 아담의 아들 셋이 하나님의 뜻을 이어간 것처럼 노아의 아들 셈도 하나님의 뜻을 이어간다. "또 이르되 셈의 하나님 여호와를 찬송하리로다 가나안은 셈의 종이 되고"(창 9:26)

아담과 하와의 후손들이 흩어졌듯이 노아의 후손들도 하나님의 약속대로 흩어져서 살았다. "노아의 이 세 아들로부터 사람들이 온 땅에 퍼지니라"(창 9:19) 그런데 성서는 그때 이미 노아의 후손들은 다른 언어를 사용했다고 증언한다. 노아의 후손들이면 노아가 쓰던 말을 사용해야 하는데 그의 세 아들의 후손들은 각각의 언어로 말했다고 한다(창 10장). 성서는 노아가 사용하던 언어가 세 아들의 후손에서 어떻게 각기 언어로 나뉘었는지에 대해 침묵한다. 노아가 최소한 세 가지 언어를 구사해야 야벳, 함, 셈에게 각기 다른 언어를 가르칠 수 있었겠지만 성서는 침묵한다. 만약 노아가 손자나 증손자들과 이야기하려면 수십 개 언어를 구사해야 하니 언어 공부하느라 고생 좀 했을 법하다.

그런데 성서는 노아 후손들의 족보를 기록하다가 갑자기 시날 땅에 있었던 사람들에게로 시선을 집중시키고, 곧이어 바벨탑 이야기를 꺼낸다. 사람들이 이름을 내려고 하늘에 닿게 탑을 쌓기 시작했고, 하나님은 인간의 교만을 참으실 수 없어 인간들의 언어를 흩으셨다고 한다. 그래서 탑 쌓기는 중단되었고 인간들은 흩어졌다. 문자적으로 읽으면 바벨탑 사건은 다양한 언어의 기원에 대한 근거가 되는 듯하다.

이것이 바벨탑 사건에 대한 일반적인 해석이다. 그런데 이렇게 바벨탑 이야기를 해석하면 은혜는 되지만, 앞서 이야기한 것처럼 앞뒤가 맞지 않는다. 인간의 교만을 경고하는 은혜의 말씀인데 왠지 석연치가 않다. 바벨탑 이야기 역시 읽을수록 궁금해진다.

『훈민정음』 서문은 언어학자 소쉬르의 언어 철학이 생각나게 한다. "언어의 주인은 내가 아니라 언어가 나의 주인이다." 우리말이 있지만 우리 문자가 없어 한자를 사용하다 보니 한자가 우리의 사고 표현을 제한한다. 즉 언어가 나의 주인처럼 생각과 뜻을 제한하는 셈이다. 지금은 한글을 전용으로 사용하기 때문에 어떤 의미에서 한글이 우리의 사고와 표현의 주인이 되었다. 우리의 뜻은 오직 한글에 담겨 전달되기 때문이다. 내가 사용하는 언어에 담기지 않는 내 뜻은 전달되지 않는다. 따라서 바벨탑 이야기에서는 문자적인 뜻을 넘어 이차적으로 드러난 하나님의 뜻을 읽어야 한다.

드라마 「뿌리 깊은 나무」에서 세종대왕 이도(李祹)와 개국공신 정도전의 조카

정기준이 독대하는 장면이 나온다. 세종대왕이 한글을 창제하려는 뜻을 말한다. "백성이 힘을 가지고 권력을 나누게 되는 새로운 균형, 새로운 질서, 새로운 조화다. 해서 나의 글자가 그런 새로운 세상의 작은 시작이 될 것이다." 백성들이 자기 글자를 가질 때 사대부의 욕망으로부터 백성들이 벗어날 것이라는 뜻이다. 그러자 사대부 정기준이 반대한다. 사대부들은 어려운 한자를 익혀 한자의 힘으로 한자를 모르는 백성들을 지배하고 있었는데, 세종대왕이 우리글을 만들어 백성들이 마음대로 사용하게 하려는 것에 대해 몹시 화가 났던 것이다.

자신들의 언어를 갖는다는 것은 자신들로 존재한다는 것을 뜻하며, 종속되지 않는다는 의미다. 하나님이 언어를 흩어 자기 언어로 마음껏 뜻을 펼치게 하신 일은 복된 소식이다. 세종대왕이 바벨탑 이야기를 읽었다면 참으로 기뻐했을 것이다.

자기 언어로 말하게 하시는 하나님

이 글은 한국어와 한글이라는 말과 글, 즉 언어로 되어 있다. 내가 사용하는 언어를 동원하여 말하고자 하는 뜻을 전하고 있다. 그래서 내가 가진 언어의 한계가 전달하려는 의미의 한계일 수밖에 없다. 나아가 독자가 가진 언어의 한계가 이 글을 해석하고 이해하는 한계가 된다. 전하고 싶은 뜻이 풍부해도 언어 구사 능력을 넘어설 수 없고, 독자 역시 언어 이해 능력을 뛰어넘어서 해석할 수 없다. "언어의 한계가 세계의 한계다." 이는 철학자 루트비히 비트겐슈타인(Ludwig Wittgenstein)이 우리에게 던지는 메시지다. 물론 그가 말하려는 뜻이 내가 구사하는 언어의 종류가 내가 세계를 이해하는 한계라는 뜻은 아니다.

나는 내가 사용하는 언어 이상으로 세상을 담아낼 수 없다. 미국의 언어학자 놈 촘스키(Noam Chomsky)는 "언어가 사고를 지배한다"고 했다. 언어의 한계가 곧 사고의 한계이자 해석의 한계일 수밖에 없기 때문이다. 인간은 보고 경험하는 것들 외에도 언어를 매개로 세계를 인식한다. 따라서 언어의 한계는 내가 인식하는 세계의 한계일 수밖에 없다. 언어에 대한 이해 부족은 인류의 지혜가 담긴 고전도 그냥 종이일 뿐이다. 『팔만대장경도 모르면 빨래판이다』라는 책 제목이 정곡을 찌른다. 언어는 나의 지적 세계, 정신세계, 영적 세계 등 많은 부분을 결정한다. 내가 지금 이 글에서 말하려는 뜻도 결국엔 이 글을 읽는 독자의 언어 한계 아래서 해석된다. 어쩌면 글 쓰는 나의 능력보다 해석자의 능력이 더 소중할 것 같다는 생각에 기대와 불안이 함께 슬슬 밀려온다. 롤랑 바르트(Roland Barthes)는 『텍스트의 즐거움』에서 '저자의 죽음'과 독자의 탄생으로 글쓰기와 해석을 설명하고 있다. 일단 글이 작가의 손을 떠나는 순간 작가는 자신의 작품 해석에 관여할 수 없다. 니체의 "사실은 없다. 오직 해석만이 존재한다"라는 말, '저자의 의도는 독자의 해석을 뛰어넘지 못한다'라는 혹자의 말이 무겁게 다가온다. 텍스트의 의미는 저자의 의도보다는 독자의 해석에 의해 구성된다. 필자의 이 글이 성령의 감동으로 해석되기를 바랄 뿐이다.

인류 태고사 연구에서 언어의 기원에 관한 연구는 늘 등장하는 주제다. 그런데 성서는 언어의 기원에 대해 침묵한다. 바벨탑 이야기는 언어의 기원에 관한 내용인데, 성서가 언어의 기원에 대해 침묵한다니 무슨 뚱딴지같은 말인가 싶을 것이다. 에덴에서 하나님과 인간이 대화했다. 인간이 뱀과 대화를 했다. 뱀의 언어인가, 인간의 언어인가? 그렇다면 인류 최초의 언어는 무슨 언어였을까? 2세기 이후 기독교 신학을 이끌었던 교부들은 아담과 하와가 사용한 언어는 '히브리어'였다고 생각했다. 하나님이 히브리어를 사용하시고 뱀도 히브리어를 사용했을까? 하나님과 아담, 하와와 뱀의 대화가 언어로 가능하기는 한 것인가? 나무꾼과 선녀 이야기와 같은 질문을 하게 되지만, 언어의 기원은 성서의 관심사가 아니었다.

자신들의 언어가 최초의 언어였다고 주장하는 인종과 학자들이 꽤 많다. 세계 여러 나라에 언어의 기원에 관한 이야기가 전해져 내려오는데, 바벨탑 사건과 유사한 이야기가 아프리카와 멕시코에도 있다. 특히 멕시코의 촐룰라 대피라미드(Great Pyramid of Cnolula)에 대한 이야기는 바벨탑 이야기와 매우 유사하다. 멕시코 남동쪽에 위치한 푸에블라주에 피라미드가 있는데, 규모가 이집트의 피라미드와 경쟁할 만하다. 높이가 거의 60미터가 되고 저변의 길이는 이집트 대피라미드보다 두 배나 길다. 이들의 전설을 보면, 인간들이 태양 빛에 매료되어 꼭대기가 하늘에 닿는 탑을 쌓기로 결정하고 진흙과 역청으로 탑을 만들었다. 하지만 하늘의 주민들이 불안을 느껴 탑을 무너뜨렸고, 괘씸한 인간들을 흩어 버렸다고 한다.

인도 아삼(Assam) 지방의 신화에도 언어를 혼잡케 한 이야기가 있다. 인간이 하늘에 닿으려고 탑을 쌓아 높이 올라가자 신들과 귀신들이 두려움을 느껴서 언어를 혼잡케 했다고 되어 있다. 그리스인들의 전통에 따르면 인간이 한 언어로 제우스신의 말만 들으면서 평화롭게 살았다. 그런데 헤르메스('Ερμῆς, 신들의 전령)가 인간의 언어를 갈라놓았다. 언어가 달라지자 인간은 이제 제우스의 말을 알아들을 수 없게 되었다. 누군가 제우스의 뜻을 해석해 주어야만 했다. 헤르메스가 언어를 바꿔 놓을 수 있는 능력이 있는 것으로 보아 헤르메스는 언어를 해석할 수 있는 능력이 있었던 것 같다. 흥미로운 것은 '해석학'이라는 단어가 헤르메스(Hermes)의 이름에서 온 'Hermeneutics'다. 헤르메스가 인간의 언어를 흩어 놓은 장본인이니까 언어가 다시 통하게 하는 책임도 져야 한다는 의미에서 헤르메스의 이름에서 따온 것이다. 퍽 어울리는 이름이다. '헤르메스, 당신이 언어를 흩었으니 당신이 책임지고 해석해!' 그런데 ChatGPT, 구글번역, 파파고 등 다양한 번역 앱들이 헤르메스 뺨치게 번역과 동시통역을 해 주고 있어서 이제 헤르메스가 무거운 짐을 조금은 내려놓아도 될 것 같다. 직장을 잃는 것인가?

그런데 신들이 언어를 흩어 놓았다는 이야기에서 공통적인 부분은 높은 탑을 쌓았다는 것과 신들이 이를 괘씸하게 여겨 인간의 언어를 흩었다는 점이다. 서로 보고 베낀 것일까? 아니면 같은 뿌리에서 나온 이야기일까? 앞에서 이야기했던 인류의 집단 무의식 속에 있는 원형이 바벨탑 이야기로 표현된 것으로 보는 것이 더 설득력이 있겠다. 그보다는 바벨론의 침략과 언어 정책에 대한 거부가 더 현실적으로 가깝게 다가온다.

성서의 바벨탑 이야기와 여타 태고사에서 언어가 흩어진 이야기는 유사한 부분이 많은데, 확연히 다른 점이 있다면 구체적인 역사의 현재성이다. '바벨탑' 이야기의 무대는 바벨론이다. 바벨탑(מִגְדַּל בָּבֶל)이란 단어는 바벨론이라는 도시의 히브리어의 어형이 '바벨(בּלל, [발랄])'밖에 없기 때문에 거기에 탑을 붙여서 만들었다. 원래는 바벨론 탑이어야 맞다. 남유다가 멸망하면서 많은 유다 사람들이 바벨론으로 끌려갔다. 비가 적게 내리고 광야가 대부분인 가나안의 거친 땅에서 살다가 물이 풍부하고 비옥한 대제국이자 도시국가인 바벨론에 끌려온 유다 사람들은 대도시의 규모에 큰 충격을 받았을 것이다.

사람들로 북적거리는 거리, 물건이 넘쳐나는 시장, 건물이 잇대어 있는 도시를 보고 갈피를 잡을 수 없었을 것이다. 어쩌면 높은 건물을 보고 입이 벌어졌을 것이다. 바벨론으로 끌려간 유다 백성들에게 바벨론은 정신적·종교적으로 큰 충격이었다. 나선형의 계단식으로 쌓아 올린 탑 모양의 지구라트(Ziggurat) 신전들이 그들에게는 두려움의 대상이었다. 마치 탑 꼭대기가 하늘에 닿은 것처럼 보였고, 아득하게 보이는 높은 신전 위 사람들의 모습은 유다에서 끌려온 포로들의 눈에 신에 대한 모독처럼 비쳤을 법하다.

현재까지 바벨론 지역에는 두 개의 지구라트가 남아 있는데, 어쩌면 바벨탑 이야기가 그 탑을 중심으로 엮어졌을 것으로 보인다. 하나는 바벨론 도시 안에 있고 다른 하나는 유프라테스강 남서쪽 약 15킬로 떨어진 보르시파(Borsippa)에 있는데, 현재 지명은 비르스-니므룻(Birs-Nimrud, '니므롯의 땅')으로 알려져 있다. 바벨론 시내에 있는 탑은 바벨론의 최고신 마르둑(Marduk)에게 봉헌된 신전이었다. 보르시파에 있는 탑은 지식의 신 느보(Nebo)에게 봉헌된 것이다. 비르스-니므룻의 사원 자리에서 발견된 비문에서는 보르시파에서 대사원을 건축하기 시작한 바벨론의 옛 왕이 그 공사를 미완성으로 남겨두었다는 기록이 있다. 즉 탑의 꼭대기를 만들지 못했다는 것이다.

바벨론의 느부갓네살 2세 때 기존 신전을 대대적으로 개축하기 위해서는 포로들의 언어를 강제로 통일시키고 효과적으로 일을 시킬 필요가 있었다. 하지만

탑 쌓기가 하나님의 뜻을 어겼기에 미완성에 그치고 말았다. 결국 언어를 통일하려는 것은 하나님의 뜻을 거역하는 것이라고 받아들였을 듯하다. 당시 이런 상황과 현장을 목격한 성서 기자는 이 탑을 보면서 하나님이 인간의 교만을 꺾으려고 언어를 혼잡케 하셨다는 이야기로 하나님의 뜻을 전한 것으로 보인다.

성서 기자가 전한 바벨탑 이야기를 들으면서 포로로 끌려와 노동에 시달리던 유다 백성들은 희망을 가졌을 것이다. '하나님이 우리를 잡아 온 교만한 저들을 꺾어 주실 것이다. 우리가 다시 흩어져 우리의 땅으로 돌아가는 것이 하나님의 뜻이지 않은가? 우리 조국으로 돌아가 우리의 언어를 사용하는 것이 하나님의 뜻이지 않은가?'

바벨론에 포로로 끌려간 유다 백성들은 자신들의 언어를 버리고 바벨론 언어를 강제로 배워야 했다. 포로나 노예를 효과적으로 통제하고 일을 시키기 위해서 언어를 통일하는 일은 역사 가운데 늘 있었다. 일제가 우리나라를 강제로 병합한 후 우리말을 버리고 일본말을 사용하라고 강요했다. 왜 그랬을까? 주시경 선생은 한글학회를 창설하면서 "말과 글을 잃으면 민족도 망한다"라고 했는데, 일제가 우리의 정체성을 빼앗고 말살하기 위해서는 언어를 빼앗아야 하기 때문이다. 그다음에는 일본말만 쓰도록 가르치다 보면 식민지 백성들을 통치하기가 쉬워진다.

식민지 백성으로 태어나 식민지 교육을 받았던 필자의 아버지께서는 학교에서 조선말을 쓰면 엄한 벌을 받았다고 하셨다. 일제 교사들이 종이에 도장을 찍어 학생들에게 나누어 주고 조선말을 사용하면 한 장씩 빼앗도록 했다. 많이 빼앗긴 학생은 엄한 벌을 받아야만 했다. 세종대왕이 서로 뜻이 통하도록 만들어 널리 사용케 한 한글을 배우지도 못하고, 침략자들의 언어를 익혀야 했던 우리 아버지와 어머니는 바벨탑 이야기를 어떻게 읽었을까? 언어의 기원에 관한 이야기로 읽었을까? 아니면 정복하고 언어를 통일하여 정체성을 빼앗고 무력화시키려는 세력에 맞서 흩어지게 하시고 자기 땅에서 자기 언어로 말하게 하시는 하나님의 뜻이 보였을까? 후자로 읽는 것이 훨씬 하나님의 뜻에 부합하지 않을까? 역시 바벨탑 이야기는 나라를 잃은 유다 백성들에게도, 우리에게도 기쁜 소식이다.

흩어짐의 복음

바벨탑 이야기를 읽을 때면 언제부터인가 내 마음에 베르디의 오페라 “나부코(Nabucco)” 중에서 「히브리 노예들의 합창(Va, pensiero)」이 들려온다.

선지자의 금빛 하프여, / 그대는 침묵을 지키고 있네 /
우리 기억에 다시 불을 붙이고, 지나간 시절을 이야기해다오/
예루살렘의 잔인한 운명처럼 /
쓰라린 비탄의 시를 노래 부르자 / 이 고통을 참을 수 있도록 /
주님이 우리에게 용기를 주시리라

곧이어 팝송 「바빌론 강가에서(Rivers Of Babylon)」가 자연스럽게 들려온다. 시편 137편을 노래로 만들었다고 한다. 전쟁에서 패한 유대인들은 바벨론으로 끌려가 강가에 앉아 시온을 떠올리면서 울고 있는데, 바벨론 사람들이 유다 노래를 부르라고 시킨다. 그런데 어찌 성전을 파괴한 자들 앞에서 하나님을 찬양하던 노래를 부를 수 있을까?

바빌론 강가에 앉아서 / 우리는 울었어 / 시온을 기억하면서 /
사악한 자들이 / 우리를 붙잡아 쫓아내면서 / 우리에게 노래를 시켰지 /
이국의 땅에서 어떻게 찬송가를 부를 수 있겠는가 /
입에서 나오는 기도와 마음속 바람을 / 오늘 밤 당신에게 기도할 뿐 그리고 자유의 땅 아메리카에 노예로 끌려온 이들이 16~18세기 노예 농장에서 불렸다는 흑인 영가 「깊은 강(Deep River)」과 「오, 자유(Oh, Freedom)」으로 화답한다.

깊고 맑은 요단강 건너 / 내 집 주님 계신 곳 / 그리운 고향에 가리로다
오 자유 / 오 자유 / 나는 자유하리라 / 비록 얽매였으나 나는 이제 돌아가리

시편 137편을 손에 든 청교도들이 세운 나라, 자유를 찾아 떠나온 땅에서 역설적이게도 노예상들은 노예들을 잡아 와 강제 노역을 시켰다. 노예들은 강제 노역에 시달리면서도 그들의 언어를 버리고 빨리 영어를 배우라고 강요받는다. 노예들은 움막 같은 집에서 살면서 주인들의 대저택과 하늘을 찌르는 고딕 교회당을 지을 때 바벨탑 이야기를 읽었다면 어떤 마음이었을까? 흑인 노예들의 마음은 바벨론에 끌려갔던 유다 백성들의 마음이었을 것이다.

바벨론 강가에서 유다 백성들이 그들의 노래를 부르도록 강요당했듯이 미국의 노예들도 포토맥(Potomac) 강가에서 아프리카 노래를 부르도록 강요당했을 듯하다. "야! 너희 노래 한 곡 불러봐. 거 있잖아? 아프리카 초원에서 부르던 노래 말이야!"

우리가 바벨론의 여러 강변 거기에 앉아서 시온을 기억하며 울었도다 그 중의 버드나무에 우리가 우리의 수금을 걸었나니 이는 우리를 사로잡은 자가 거기서 우리에게 노래를 청하며 우리를 황폐하게 한 자가 기쁨을 청하고 자기들을 위하여 시온의 노래 중 하나를 노래하라 함이로다 우리가 이방 땅에서 어찌 여호와의 노래를 부를까 예루살렘아 내가 너를 잊을진대 내 오른손이 그의 재주를 잊을지로다 (시 137:1~5)

하나님을 찬양하던 노래로 채찍을 든 바벨론 주인들의 귀를 즐겁게 하기 위해 부르다니! 하나님 어찌합니까? 하나님의 사람은 이런 부르짖음에 바벨탑 이야기로 답했을 것이다.

바벨에 대해 창세기 11장 5절의 표준새번역 성서 본문은 "도시와 탑"이라고 말하고 있다. 또 9절을 공동번역에서는 "그 도시의 이름을 바벨이라고 불렀다"라고 되어 있다. 사실 탑 이름이 바벨이 아니라 도시의 이름이 바벨이다. 그리고 8절에는 "도시를 건설하기를 그쳤더라"라고 기록되어 있다. 탑 쌓기만 그친 것이 아니라 도시 건설까지 그만둔 것이다. 유다 사람들에게는 바벨탑이 억압과 고통 그리고 하나님을 대적하는 악의 상징으로 보였다. 그래서 성서의 이 부분은 가나안의 유목 문화와 바벨론의 농업 문화의 충돌, 유목 문명과 도시 문명의 갈등 속에서 구전되고 기록된 이야기인 듯하다.

도시는 하나님을 만나기에 너무나 인간적인 것이 많은 공간이다. 소음이 많고 인간적인 술수가 넘쳐나는 곳이 도시다. 도시는 인간들이 뒤엉켜 이용당하고 이용하면서 하루가 저문다. 그러나 광야와 초원은 다르다. 하나님의 은혜를 의지하지 않고서는 살기 힘들다. 유다 백성들은 하나님을 만나기 힘든 도시 문명에 대한 강한 거부감이 바벨탑 이야기에 담겨 있다. 하나님은 사람들을 억압하는 도시 건설을 중단시키셨다! 따라서 노예도 필요 없고, 노예가 필요치 않으니 노예를 얻기 위한 전쟁도 별 의미가 없다. 나아가 언어를 강제로 통일시킬 필요도 없다! 흩어져서 자신들의 언어를 사용하면서 힘써 일하여 땅에 충만하면 된다!

바벨탑 이야기에는 포로들의 염원이 담겨 있다. 그 염원은 하나님의 약속이고, 곧 흩어져 조국으로 돌아가는 것이다. 하나님이 언어를 흩어주실 것인데, 언어의 다양성은 곧 하나님의 뜻이다. 반면에 단일 언어와 단일 사고는 전체주의 국가의 특징으로서 백성들로 하여금 다양한 생각을 하지 못하도록 만들 뿐이다. 그래서 통제하려는 세력들은 언제나 언어 통제부터 시도한다.

흩어짐을 두려워하는 것은 하나님의 창조 목적을 거부하는 것이다. 따라서 바벨탑 이야기는 언어의 기원을 이야기하는 것이 목적이 아니라 자신들의 탐욕을 위해 언어 통일을 꽤하는 교만한 인간들에게 주시는 하나님의 경고라고 할 수 있다. 성서 기자는 야훼 하나님의 이름으로 인간을 노예로 만들고 부역시키기 위해 언어를 통일하려고 할 때 이는 하늘의 뜻이 아님을 선언하고 있다. 이웃을 침략하여 흩어지지 못하게 강요하는 것은 하나님의 인간 창조의 원리에도 어긋난다고 고발한다.

하나님은 언어를 흩어서 인간들이 불편하게 만드시는 분이 아니다. 말은 하나님이 인간에게 주신 복이다. 형용사가 발달한 우리말, 명사가 발달한 영어, 클래식 노래 부르기에 적합한 이태리어 등 언어가 다른 것은 큰 복이다. 바벨탑 이야기는 노예로 끌려갔던 유다 백성들에게 희망을 이야기한다. '시온 동산으로 돌아가 우리의 언어로 하나님을 찬양하게 하실 것이다!'

바벨탑 이야기는 언어의 기원이라는 일차적 의미를 넘어 이차적 의미가 하나님이 주시려는 본래의 말씀이다. 시날(Shinar)이라는 지역은 메소포타미아 지역 전체를 가리킨다. 돌 대신 벽돌을 쓰고 흙 대신 역청을 썼다는 기록은 메소포타미아 문명의 특징이다. 유프라테스 강변의 바빌로니아 땅은 광활한 늪지대의 평원으로 돌이 거의 없는 지역이다. 따라서 벽돌로 집 짓는 기술이 발달하게 되었다. 바벨탑은 이런 지역의 벽돌 건축물로 지어진 지구라트를 배경으로 한 것으로 여겨진다.

지구라트는 피라미드 구조의 층계식 건축물로 그 꼭대기에는 신전이나 제단이 있었다. 이 건물은 도시 문화의 상징이자 종교적 중심지로서 바벨론에 영적 활력을 주는 장소였다. 바벨론의 통치자들은 그들의 신에게 제사를 지내고, 그들의 힘을 과시하고자 이 거대한 탑을 쌓았다. 여기에 포로로 끌려간 유다와 이스라엘 백성들이 동원되었다. 그들은 포로로 끌려와서 바벨론의 언어를 배워야 했고, 고통스러운 바벨탑 건설에 동원되어야 했다. 대제국을 건설한 통치자들은 노예를 효과적으로 부리기 위해 언어 통일 정책을 썼다. 뿐만 아니라 언어를 빼앗으면 그들의 문화, 종교, 민족의 얼을 빼앗을 수 있기 때문에 언어 정책은 정복자들이 비중을 두는 정책이었다.

고대 사회에서 대대적인 토목 공사는 거의 모두 왕궁과 신전이었다. 그런데 이 두 가지 사역을 하나님이 지극히 싫어하신다. 이스라엘 백성들이 왕을 세워달라고 할 때 하나님은 거절하셨다. 왕을 세우면 왕이 이스라엘의 젊은 남녀를 자신의 왕국과 영화를 위해 데려갈 것이고, 따라서 크게 고통받게 될 것이라고 경고하셨다. 그런데도 이스라엘 백성들은 하나님의 경고를 무시하고 왕을 세웠다가 솔로몬 때 자녀들이 왕궁과 신전 건축에 동원되어야만 했다. 그 고통을 경감시켜 달라는 백성들의 호소는 무시되었고, 결국 국가는 남북으로 분열되었다. 그 후 분열된 왕국은 차례로 멸망했고, 백성들은 바벨론으로 끌려왔다. 바벨론에서 그들은 자신들의 언어를 버리도록 강요받았으며, 하나님이 싫어하시는 이방 신전과 왕궁 건설에 강제로 동원되었다.

하나님의 영감을 받은 사람은 바벨탑 이야기를 통해서 바벨론의 폭력을 비판하고 있다. 언어를 강제로 통일하고 이방 신전을 건축하는 것은 하나님을 거역하는 교만이라고 말하고 있다. '인간의 교만을 벌하신 결과로 언어가 흩어졌는데, 다시 언어를 통일하고 신전을 짓는 정책은 하나님이 기뻐하시는 일이 아니다.' 원역사를 기록한 성서 기자는 이렇게 이차적 의미를 통해 하나님의 뜻을 전하고 있다. 바벨탑 이야기의 일차적 의미는 비논리적으로 보이지만, 전하려는 이차적 메시지는 지극히 명확하고 논리적이다.

세상을 만들면서부터 바벨탑 이야기까지 흐르는 한 줄기 메시지가 있다. '흩어짐'이다. 하나님이 세상을 창조하시고 아담과 하와에게 흩어짐의 복을 주셨다.

"생육하고 번성하여 땅에 충만하라"(창 1:28) 노아의 홍수 후에 하나님이 노아에게 주신 복도 흩어짐이었다. "생육하고 번성하여 땅에 충만하라"(창 9:1b) 그리고 바벨탑 사건을 통해 다시 흩으셨다. "여호와께서 거기서 그들을 온 지면에 흩으셨으므로 그들이 그 도시를 건설하기를 그쳤더라"(창 11:8) 이같이 널리 퍼져서 풍성해지는 것이 하나님이 뜻이다. 노아 후손들이 흩어져 다양한 언어를 사용한 것은 하나님이 주신 복이다. 또 하나님이 언어를 흩어 바벨론의 손아귀에서 벗어나게 하셨다는 말씀으로 원역사는 끝이 난다. 이제 조국으로 돌아가 자신들의 언어로 하나님을 찬양하게 될 희망으로 원역사는 끝난다. 원역사는 복음으로 시작해서 복음으로 마치고 있다.

그 후 성서는 자연스럽게 한 사람 아브라함에게로 시선이 쏠린다. "여호와께서 아브람에게 이르시되 너는 너의 고향과 친척과 아버지의 집을 떠나 내가 네게 보여 줄 땅으로 가라 내가 너로 큰 민족을 이루고 네게 복을 주어 네 이름을 창대하게 하리니 너는 복이 될지라"(창 12:1~2) 다시 복을 선언하심으로 새로운 하나님의 이야기가 이어진다. 천지 창조부터 아브라함으로 이어지는 하나님의 이야기는 복된 이야기들의 모음이다.

에필로그 |

하나님의 창조는 네겐트로피의 증가다

성서의 흐름을 다양한 맥락으로 정리할 수 있지만, 이 책은 다음 성경 구절로 설명할 수 있을 것 같다. "그러므로 우리가 낙심하지 아니하노니 우리의 겉 사람은 낡아지나 우리의 속 사람은 날로 새로워지도다"(고후 4:16)

뜸이 잘 든 따듯한 밥을 그릇에 담아두면 자연스럽게 식고, 더 시간이 지나면 상하게 마련이다. 이는 자연스러운 자연의 법칙이다. 이를 열역학 제2의 법칙 엔트로피(entropy, 무질서도, 無秩序度)라 한다. 즉 '어질러짐' '빛을 잃음' '흐려짐' 등이 증가하는 방향으로 흐르는데 이를 '엔트로피'라 한다. 엔트로피는 이렇게 늘 증가하는 방향으로 흐를 수밖에 없다. 사회도 어떤 힘을 가하지 않고 내버려 두면 저절로 질서가 잡히고, 조화롭고 아름다워지지 않는다. 엔트로피는 증가하는 방향으로 시간이 흐르지만, 하나님의 말씀 안에서 인간은 '네겐트로피(negentropy)'로 향한다. 오늘날 이 사회가 직면한 주요 과제 중 하나는 날로 증가하고 있는 '혼돈'을 이기는 네겐트로피를 증가시키는 데 있다.

하나님의 천지 창조는 혼돈을 질서로 만들어 가시면서 "보시기에 좋았더라"라고 여섯 번이나 말씀하셨다. 점점 더 좋아졌다는 의미이다. 마침내 천지 창조를 마치시고 "보시기에 심히 좋았더라"라고 말씀하셨다. 하나님의 창조는 네겐트로피의 증가다. 혼돈이라는 엔트로피가 극한인 상태에서 시작해서 질서를 부여하시면서 점점 보기 좋은 세상으로 만들어 가셨다. 즉 혼돈에서 네겐트로피가 증가하여 완전 질서의 세상을 만드시고 보시기에 심히 좋은 세상이라고 선언하셨다.

그런데 아담과 하와가 선악을 알게 하는 나무의 열매를 따먹으면서 아담과 하와의 사이가 갈리고, 하나님과 인간 사이에도 거리가 생겼다. 나아가 인간은 죽는 존재가 되었다. 다시 엔트로피가 증가하기 시작한 것이다. 선악을 알게 하는 나무를 금하신 데에는 엔트로피의 증가를 막기 위함이었다. 또한 하나님의 모든 계명도 엔트로피의 증가로 나아가는 혼돈을 막으려고 주신 말씀이다.

말씀을 떠난 사회는 계속 엔트로피의 증가로 나아갔다. 인간의 탐욕은 엔트로피 증가의 주범이었다. 타락 이후 자연은 엔트로피와 생명의 탄생인 네겐트로피의 반복이지만, 인간과 인간, 하나님과 인간 사이는 말씀 안에서 하나님의 복을 누리는 네겐트로피로 나아간다. 인간이 죄를 범할 때마다 인간 사회는 무질서가 증가하게 되는데, 그때마다 하나님은 용서와 사랑으로 다시 네겐트로피를 증가시키신다.

가인이 아벨을 죽인 후 하나님은 다른 사람들이 가인을 죽이지 못하게 표를 주셔서 인간 사회에 엔트로피가 증가하는 것을 막으셨다. 아벨 대신에 셈을 주셔서 네겐트로피로 나아가게 하셨다. 타락한 세상, 즉 혼돈한 세상에 새로운 질서가 증가하고 생명이 살아나는 세상을 회복하기 위해 노아를 부르셨다. 바벨탑 사건은 하나님께 도전하는 엔트로피의 증가였다. 바벨탑을 쌓은 것을 멈추게 하셔서 네겐트로피가 증가하는 세상으로 다시 나아가게 하셨다.

성서 역사는 타락으로 엔트로피가 증가하는 세상을 하나님의 사랑과 용서 그리고 조건 없는 은총으로 네겐트로피가 증가하는 세상으로 나아가는 기쁜 이야기다. 아브라함을 부르셔서 약속의 땅으로, 열국이 복을 받는 네겐트로피 증가의 길로 인도하셨다. 히브리들을 노예로 착취하는 애굽의 무질서로부터 히브리들을 약속의 땅, 즉 네겐트로피가 증가하는 길로 인도하셨다. 예레미야 선지자는 하나님의 말씀을 떠난 상태를 하나님의 천지 창조 이전과 같다고 표현했다.

> 내 백성은 나를 알지 못하는 어리석은 자요 지각이 없는 미련한 자식이라 악을 행하기에는 지각이 있으나 선을 행하기에는 무지하도다 보라 내가 땅을 본즉 혼돈하고 공허하며 하늘에는 빛이 없으며 (렘 4:22~23)

하나님은 선지자들과 예언자들을 보내셔서 엔트로피가 증가하는 타락한 세상이 네겐트로피가 증가하는 하나님께로 돌아오라고 외치게 하셨다. 타락한 세상은 엔트로피가 증가하는 것을 선택하도록 했고, 그것들이 마치 복을 줄 것이라고 말했다. 아담과 하와 이후 인간들은 엔트로피가 높아지는 것들이 더 먹음직하고 보암직하게 보여서 이런 것들에 이끌렸다. 하나님은 이런 세상을 구원하시려고 예수 그리스도를 보내셔서 마침내 새 하늘과 새 땅, 즉 네겐트로피가 다시 완성되는 구원으로 인간을 인도하셨다. 혼돈과 흑암에 매여 사형 판결을 받은 한 강도를 낙원으로 인도하셨다. 즉 엔트로피가 극에 달한 사람을 영원한 생명, 즉 네겐트로피가 완성된 낙원으로 초대하셨다. 십자가는 엔트로피가 증가하는 세상을 네겐트로피가 완성된 하나님 나라로 초대하는 구원의 길이다. 십자가는 생명나무의 상징이다.

> 귀 있는 자는 성령이 교회들에게 하시는 말씀을 들을지어다 이기는 그에게는 내가 하나님의 낙원에 있는 생명나무의 열매를 주어 먹게 하리라 (계 2:7)

새 하늘과 새 땅에 에덴에 있던 생명나무가 있다. 십자가의 은총을 입은 이들은 생명나무 열매를 먹을 수 있게 되었다. 인간의 죄와 허물로 잃어버렸던 에덴이 완전히 회복되었음을 보여 준다. 선악을 초월하여 늘 생명을 먼저 선택하신 예수 안에 있는 자들은 선악을 알게 하는 나무가 없는 새 나라에서 생명나무의 열매를 먹게 된다. 실낙원 이후 선악 뒤로 밀려났던 생명을 예수께서 늘 모든 것 앞에 세우셨다.

야훼 하나님의 창조 영성
네겐트로피

초판 1쇄 인쇄 2025년 6월 30일
초판 1쇄 발행 2025년 7월 10일

지은이 임양택
펴낸이 조현철

펴낸곳 카리스
출판등록 2010년 10월 29일 제406-2010-000097호
주소 경기도 파주시 청석로 300, 924-401
전화 031-943-9754 팩스 031-945-9754
전자우편 karisbook@naver.com
총판 비전북 (031-907-3927)

ISBN 979-11-86694-20-6 03230

값 21,000원